多少足迹烟雨中

——叙事心理学视野下的百则少年心事

杨再辉 编著

浙江工商大学出版社
ZHEJIANG GONGSHANG UNIVERSITY PRESS

图书在版编目（CIP）数据

多少足迹烟雨中：叙事心理学视野下的百则少年心事 / 杨再辉编著. —杭州：浙江工商大学出版社，2018.1（2018.10 重印）

ISBN 978-7-5178-2441-1

Ⅰ. ①多… Ⅱ. ①杨… Ⅲ. ①高中生－心理健康－健康教育 Ⅳ. ①G444

中国版本图书馆 CIP 数据核字（2017）第 276597 号

多少足迹烟雨中

——叙事心理学视野下的百则少年心事

杨再辉 编著

责任编辑	王　耀　白小平	
封面设计	林朦朦	
责任印制	包建辉	
出版发行	浙江工商大学出版社	

（杭州市教工路 198 号　邮政编码 310012）

（E-mail：zjgsupress@163.com）

（网址：http://www.zjgsupress.com）

电话：0571-88904980，88831806（传真）

排　　版	杭州朝曦图文设计有限公司	
印　　刷	杭州恒力通印务有限公司	
开　　本	710mm×1000mm　1/16	
印　　张	20.25	
字　　数	302 千	
版 印 次	2018 年 1 月第 1 版　2018 年 10 月第 2 次印刷	
书　　号	ISBN 978-7-5178-2441-1	
定　　价	58.00 元	

序一　心理叙事，青春足迹

认识杨再辉老师已经 15 年。15 年前，浙江省的心理健康教育工作几乎还是一片荒原，许多学校尚处在空白阶段。杨老师毅然从一个令人羡慕的语文老师转身，满怀热情地投入到一个在当时并不被看好的行业……如果没有对学生的爱心，没有对心理工作的热情，他肯定不会孤军奋战，用自己的青春足迹在德清甚至在浙江闯出一片心理健康教育的天空。我最初与杨老师相识，感受最强烈的就是他对心理健康教育工作的热情与执着。他总是不厌其烦地向同事介绍他的工作，介绍他新近编写的心育小手册，并为之欣喜满足。我感染于他的热情，佩服于他的投入。

到今年，杨老师担任专职心理教师已经 16 年了，而作为兼职心理教师，则已足足 18 个年头，18 年里，他接待过数不清的学生、家长。如果没有课，他总会直接到心理咨询室，有课的话，他会先去上课。他做得最多的事情就是开心理信箱，取出学生咨询信件和纸条，再把这些来信纸条摊在桌上，一封封一张张看过去，然后按照事情的紧急程度排序，拿起第一封最需要回复的信，再细读一遍，弄清问题的关键，然后提笔，摊纸（他通常都是用的备课纸）："某某同学：你好！非常感谢你对我的信任……"最多的一次，他曾经一天回过 7 封学生来信。以至于现在到一些学校和单位做讲座，常常会有人走上来跟他打招呼："杨老师，您还认得我不，那时候您给我回过信……"一般来说，学生毕业了，没有其他事情，他们就不再联系。作为一个专职的校园心理工作者，杨老师严格遵守"自愿、尊重和保密"的原则。他把咨询和生活分开，在咨询室里，是朋友，是交谈伙伴，走出来，就是一个个独立的人，不让学生因为得到他的帮助而背上"人情债务"。

　　杨再辉老师对工作的投入也激发了他的创作热情，慢慢地，他开始了心理的叙事创作。2014年，他出版了第一部短篇小说集《天底下有一片红绸子》，收录的三十几篇小说，概括了他学生时代的寻觅、毗邻湘西一带的黔东故乡记忆，以及杭嘉湖平原西陲生活。这些文字都有着太多的自传色彩，技巧上也不完全成熟。但恰恰是这些不太像小说的文字，无意间最真实地记录了一个激扬青年的心路历程。弗洛伊德说，诗人与作家的创作是通过其作品"在空中建筑城堡"，从而使自己现实的欲望得到一种"替代性满足"。《天底下有一片红绸子》就是杨老师为自己修建的"空中城堡"。而在接下来的《岩脑壳》中，也同样如此——岩脑壳是黔东的一个汉族寨子，在云贵高原向江南丘陵过渡的斜坡地带，北边40公里是沈从文的"边城"茶峒，东南90公里是凤凰。《岩脑壳》是他今年刚刚完成的一部17万字的非虚构长篇，具有浓郁的地方色彩和人性之美。这是属于杨老师的又一次"心理叙事"，他自己则当之无愧地是这场叙事里的"角色"。

　　角色是人格与社会的桥梁！叙事心理学擎大旗者、著名心理学家萨宾坚信，每个人的行为都必须与特定的社会角色期望相符，角色对行为的影响甚至比个体自身的态度更大。而叙事心理学流派的治疗师则认为，人活着的每一分一秒，都是在用自己的生命叙说着一个个独一无二的人生故事——在我们与他人交流的过程中，大部分时候我们在叙说着自己的故事，倾听着他人的故事，正是通过聆听他人对生活、体验的叙述，我们才能够进入对方的内心世界。叙事心理治疗把人与事分开，以人性的眼光看人，相信当事人才是自己的专家，咨询师只是陪伴的角色，当事人有能力并且更清楚解决自己困难的方法。

　　从2000年到2015年，在蕴藉旖旎的莫干山下的德清一中校园，长篇小说《零落》《蝴蝶来过这世界》《美丽邂逅》，中短篇小说集《结绳记爱》《请待我盛开》《她的距离》相继出现。一个个少男少女，借着手里的一支笔，在书本、讲义和试卷题海的夹缝中，用文字建构属于自己的心灵世界。也许，你可以说，作为文学作品，它们还缺少某些元素，还保存有太多的个人痕迹，但是对学生的心路历程，它们却终究不可或缺。正是靠了这些文字和青春呢喃，这些十六七岁的少男少女，在成长的烟雨中，"在个体生活故事的连续性遭到破坏时，寻求到了帮助，得以找出遗

漏的片段,唤起自己内心改变的强大力量,最终帮助了自己'修复故事'
(story repair),达到重新整合、构建人格的终极目的。"

　　这里的百则案例,都出自杨老师 1999 年至 2011 年间的心理咨询
记录,采自学生写给他的咨询信件。这些文字叙述了一个个生动曲折
的青涩故事,记录了一串串坚实凝重的成长足迹。这是杨老师跟他的
学生们的一场共同叙事,是杨老师跟他的学生们的一场关于心理成熟
的"出埃及记"!

庞红卫[①]

2017 年 8 月 27 日

---

① 庞红卫:浙江省中小学心理健康教育指导中心办公室主任、博士、副研究员。

序二　呼痛的信札，至真的文字

在创作长篇小说《红厂那年》的间隙，我挤出时间阅读了再辉的这部书稿。

初步的感觉，这是一部手写书信"绝唱"。再辉老师说这些故事都采自 1999—2011 年间学生的来信。那个时候电脑、网络已经出现并开始普及，但还没有强大到冲击和取代传统交流方式的地步。因此，这里的信和纸条，都出自亲笔手写，是学生用水笔、圆珠笔、铅笔一笔一画在纸张上写出来，然后投进他的心理信箱。这之后，短短的几年，电脑、手机和各种电子设备大量涌现，除了极少数对笔墨纸张仍然保留有特殊兴趣的人还在坚持以手写书信外，一般大众，包括学生，早已经疏远了纸笔和信封邮票。纸质沟通和分享的时代，今后会不会回归，现在还不好说，但是至少在目前的很长一段时间，是不会大量出现了。

二是青春心灵的呼痛。当年的书信主人——高中校园的少男少女，在写这些信的时候，绝对没有应试的目的，也没有要给除杨老师之外的第二个人看的想法。所有的文字和内容完全是秉着一种求助和诉说倾泻而出。因此，尽管它们不是诗歌，不是小说，但笔尖下的那种悸动和纯真明澈，却并不亚于任何的文学作品。某种意义上，这才是一种真正的心迹袒露和青春文学。

三是白璧无瑕的赤子情怀。这些信，包括再辉老师的回信，在当时除了要给对方看，力求陈述、分析和解决问题，也没有要给第二个人读的念头，更没有要出版面世的想法。一篇篇，一段段，一行行，一列列，都是从心底自然流淌；是一种最真实的青春倾诉与流露，一种洗净铅华、未经沾染的赤子情怀。

或许，也正是因为以上的这些特征，《多少足迹烟雨中》的读者除了可以是广大青少年，是家长，是教师，是心理学工作者，还可以是对文学尤其是对人的心理隐秘、心理小说有相当痴迷的群体。文学即是人学，我愿意把这一部纯粹和难得的呼痛文字介绍给爱好生活、爱好文字的朋友们。

杨静龙[1]

2017 年 9 月 15 日

---

[1] 杨静龙：著名作家、中国作家协会会员、湖州市文联副主席。

C 目录
ontents

>>> 2001年

多少足迹烟雨中

刚开始真是不容易。

　　跟领导说哪天倒下了，我的课叫个老师代，也不会耽误多少进度；学生的窗户玻璃课桌椅、头疼脑热拉肚子，都有地方去求助；心理呢，心里有了污迹有了裂痕，去找谁帮忙擦拭和修补？但很多老师不理解，"我们考试科目都来不及，试卷都做不完，还有时间上他这种课？！"领导班子中也有人不接受——"有问题靠他说说就好了，那还要我们做什么？！"

　　好在校长支持，让我只教一个班语文，另外时间负责高三心理指导课和个别咨询，做兼职心理教师；而且专门拨了一个四五平方米的楼梯间做心理辅导室；还交代总务处的老师"需要什么尽量满足他！"

　　信箱做好了，挂在教学楼一楼方便学生进出并且相对隐蔽的过道墙上；也在课堂上说了"有什么不好跟父母老师同学和亲朋好友说的话，可以跟杨老师说，传呼机号是×××，信和纸条的话，投在'心理信箱'，那里钥匙只有我有！"挂出去，头几天都是空的，有时候倒是不空，但开出来却是果皮果核、糖果包装纸、擦过嘴巴的餐巾纸，还有一次信箱被人恶意砸破……开出垃圾，我不动声色扔掉，信箱被损坏，总务处安排木匠师傅重新给做，而且一口气做了三个备用……但也有信件纸条被试试探探胆胆怯怯地投进来——

——杨再辉

最早的几位来访者

以下是笔者转述的最初几位同学关于学习、情感等方面的来信。

【男生　时间:1999 年 11 月 19 日】

事件的主人公是他和他的爸爸、妈妈。爸爸是大学毕业生,现在自己办厂。家族中表哥、表姐读书的成绩都很好,都在上大学。

父母平时都很关心他,但是因为他成绩不理想,心里总觉得对不起他们。"我是亲戚朋友辈孩子中读书最差劲的一个!"初中的时候就经常想,"如果考不上好的高中就从楼上跳下去!"现在高三了又想:"如果考不上大学就……"

每次考试之前总是很紧张,思路也混乱了,导致在考场上常常连一些会做的题目都做不出来。在班上,最后一名、倒数第几名都考过,最近一次好些,考了班里第 30 名的样子。从来都不敢去想今后,从来也都不敢去想万一考不上大学该怎么办……

在心理辅导室,谈话中几次他都泣不成声,每当他哭时,我都停下来,静静地理解地注视着他,不打断,也不马上安慰……

【女生　时间:1999 年 11 月 23 日】

目前,她在班上成绩并不好(能排到第二十几名),纵然考上了大学也只能是一个比较一般的本科甚至是专科学校,这种学校读出来也不会有多大的用处。而她的目标是浙江大学……

在家庭方面。她父亲与人合伙开石矿，因为关系弄僵了，石矿也破产了，现在家里已经是负债累累。她觉得再在这里读书，花冤枉钱实在是于心不忍。

想过很多次，会考完之后就回家，放弃高考。但又觉得不妥，因此这段时间她一直都很矛盾，学习上也有点分心……

只知道是个女生，高三，一些具体细节真的已经想不起来了。

【男生　时间：1999 年 12 月 8 日】

他喜欢和同学交往，但是因为说话口无遮拦，口气太冲，因而常常会得罪周围的朋友。

父亲感情出轨，父母的婚姻摇摇欲坠。父母的关心也给了他一种压力：家都没有了，归宿都没有了，读书还有什么用？为了逃避父母的争吵，他只身一人在外面租了间房子住。

对家里的事情，他心情好的时候还不觉得什么，当心情不好的时候，则感觉万念俱灰。尤其是当他做事情又不顺心的时候，就更加加剧内心的这种烦闷。"那时候，我整个就像是换了一个人似的，没精打采，死气沉沉。"

为了逃避家庭和学习上的烦恼，他有时候会自暴自弃，玩游戏机，放弃学习。十天半月也不会换一次衣服，不洗一次头……

父母当着他的面就已经把话说出来了：等他高中毕业了，两个人就离婚。高三的一年，他没有住在家里，自己在学校外面租了间房，据去过他那里的同学说，那房间乱糟糟的，脏得像狗窝。毕业后在街上我看到过他一次，一条牛仔裤磨得像纸板一样光，膝盖处还是破的（那时候还没有流行穿有破洞的衣服裤子）。见了我，昂着头假装不认识，走过去了……

　　尽管学校和家庭都不允许,但是她还是和社会上那些有工作和没有工作的人都有交往。

　　生下来的时候,爸爸看她是个女孩,当时就恨不得掐死她。爸爸很自私,妈妈对她很好,爸爸妈妈感情不和,经常在家里吵架。

　　初中的时候她就开始和社会上的青年交往了,同他(她)们在一起的感觉比同爸爸妈妈在一起有意思。后来看出和他们的交往也没有什么意思,才断绝了。

　　去年她认识了一位在银行工作的大学生,现在他去海南了,去了他们家自己的公司。她发觉爱上他了,不过他只是把她当一般的朋友看待。

　　她想去读外贸方面的学校,毕业之后去他们家的公司;又想去读广电类的学校;想想又觉得还是会考之后就不读了……但是不读了今后她自己又去干什么呢?

　　"你觉得我应不应该参加高考? 高考如果上不了该怎么办?"

　　应该是在心理辅导室里面谈的,当时也肯定给了她建议。不用说,跟她的家庭、成长环境比起来,这些建议所起到的作用是微乎其微的。

　　高中毕业后她上了大专,读了一段时间后,又回来了。后来在干什么,现在在做什么,我都不知道了。

005

有天分的男生

　　这也是一个给我买过书的学生。书名是《人的自我测验》。他大概觉得这本书对我的工作有用。那时他已经去读大学,把书托一个长相文静端庄的姑娘(他的一个留下来高复的同学)送到我办公室,里面夹着一张写有通信地址的纸条:浙江工业大学 9011 信箱×××。

杨老师:

　　我是一名报考艺术类学校的学生,学美术的。您应该知道,学美术是很费时费脑的,而同时作为一名高三的学生,学习负担也不轻。再加上其他一些杂七杂八的事,我觉得自己已受不了这多方面的巨大压力了。我常安慰自己:报美术的成绩并不太重要,考好点与考差点都无所谓。美术方面,当我遇到困难或是长时间没进步时,我又故意躲避它,躲避画画。借口便是:学习太差了,也是时候好好学习一下了。就这样,学习没了动力,画画又没了兴趣,常常有意无意地躲避着现实。而美术专业考试迫在眉睫,高考也已不远,我感到已没有时间再这样磨下去了,所以很想找您谈谈,听听您的看法,同时也希望能得到您的鼓励。

　　杨老师,不知您注意到没有,现在几乎已没有老师会对学生说:"相信自己,你一定能行!"

　　以上的问题每天都困扰着我,希望老师您能尽早帮我解决。

高三×班　×××

1999 年 12 月 7 日

　　接到信,我安排了一次面谈,时间是 1999 年 12 月 7 日晚自修上的一节课,地点在学校心理辅导室。

面谈中,我了解到他的学习成绩在班级里已排在倒数第七八名了,他唯一的升学希望是考艺术。他对卡通画非常感兴趣,美术老师的评价是"很有发展前途"。但受周围环境的影响,他对美术的认识不足,总认为学美术是"不务正业",存在"即使考个最烂的一般学校也比考艺术强"的想法;另外对自己的实力也估计不足。

交谈中,我肯定了他的天分和兴趣,鼓励他大胆走下去。并一起分析他目前学习上的优势和劣势,强调要将用功与休闲相结合,追求学习效率。后来,他考上了一所大学的艺术系本科,到校不久,他买了一本心理学方面的书籍托同学带来给我。

后来的日子里,我脑海里经常浮现他那句话——

"杨老师,不知您注意到没有,现在几乎已没有老师会对学生说:'相信自己,你一定能行!'"

一个高中女生的心路碎片

日记是个人隐私，但当人陷入困境、希望从心的牢狱中挣脱出来的时候——为了这，它们向需要被帮助的人出示自己最秘密的记录……这是一种无奈，更是一种绝望中的突围。每回捧着这些沉甸甸的日记，我心里都有一种异样的感觉。

首先是她的班主任跟我联系——

杨老师：

本班学生×××（女）近期思想波动较大，据我的分析是由许多心理因素导致的。由于我对此不甚了解，希望你抽时间找她谈几次话，以求共同配合把该生工作做好。谢谢！

高二×班班主任×××

1999 年 12 月 8 日上午

收到班主任的纸条，我安排时间跟她面谈。在学校刚刚开起来的心理辅导室。她说，我听——

我喜欢清静的地方，不喜欢跟许多人一起，在班上朋友不多。12月 7 日晚自修时，我去办公室向一位女教师诉说自己的焦虑，当着其他人的面失声痛哭。起因是当天作业太多，我完成不了。

我在初中时相当自信，但上了高中后没有了学习的兴趣。每天作业多，完不成对不起老师，抄作业则更加愧对自己，越是着急速度越是慢。很多时候"觉得有许多条绳子将自己拴住"。跟周围很多人都有种"谈不到一起的感觉"。

种种原因导致学习成绩每况愈下，我想通过转学来摆脱这一切。但"转学之后如果自己仍然摆脱不了这些烦恼，那么自己就连最后一条退路也没有了"。想主动找心理教师，但又顾忌着同学说闲话。问题越积越多，才导致了昨天晚自修在办公室的失态……

谈话的第二天，她就将日记交给了我，目的是希望我能更深刻地了解她的困惑，以便能够给予帮助，救她出苦海。

日子一天天过去，还有4天就开学了。暑假，整整50天竟然这么快就过去了，原本雄心勃勃的计划也逐个落空了。该读的书没读，该做的作业没做。于是我忏悔，其实我早在忏悔了，7月26日、8月4日、8月9日……每次下定决心，却始终没有付出行动。李大钊说："最能把握的是今天。"而我为何硬要在忏悔过去中度日，而不是从现在开始觉醒呢？宁愿从楼上跑到楼下，嘴里念叨着：没劲，也不愿安静地坐到桌前做作业；哦，一味沉浸在美妙的幻想中，而不愿通过现实的奋斗去实现的我！你总是在想："要是以前懂得珍惜时间，就……"而你却始终没有"把握现在"的决心，因为"现在"，你正慵懒地抱着收音机沉溺于那所谓的美妙之中。说到底，这是你的毅力问题。"学习永远不会太晚"，希望你能从这句话中觉醒起来，今天必（毕）竟才8月25日，现在也不过3:50，从现在开始的话，你还来得及！

——暑假日记

011

与其不尝试而失败，不如尝试了再失败。不战而败等于行动上的弃权，弃权是懦弱的行为，无论做什么事情都要抱着"就算失败也要试试看的决心"。

拿出力量改善你认为不满意的环境才是勇者。

凡事大处着眼，感悟自然不同。

雾是有限的，你如果照准一个方向往外冲，而不是在那里毫无目的地转圈子，我相信你会冲出浓雾，看见晴朗的天空。你觉得你在浓雾里，那是因为你只埋着头在那里怀疑，在那里发烦发闷！

什么样的生命才能得到珍惜？

怀疑不是办法。要肯定！肯定自己的才能，肯定自己的目标，肯定自己所要着手去做的事！

——暑假日记

　　我战栗，我笑我的幼稚，可笑，我又何必勉强那一帮人来理解我，又何必在乎她（他）们的"庸俗"，也许他们"并不"，但我坚持这样认为。为什么，我的内心如此容易掀起波澜？为什么，我是如此"脆弱"？这是否是我的"脆弱"？我迷惑……又何必在意别人不相信自己，可是我不能；又何必在这纸中发泄，那无济于事……我不知道，自己在面对别人的嘲笑时，还笑……也许你们感到很冷，但这些话都是我的心声——为什么？我是一个有多重性格的人——为什么？我在这旋涡中不能自拔——"别让别人的唾沫把你淹死！"——可我做不到！难道——为什么？你们不能理解我。你们那样若无其事，我无法忍受——难道这是一种病吗——为什么？疾驰的笔仍旧难以冲淡心头的郁闷，你们不理解我——我的心灵忍受着煎熬，你们如要把它理解为我想出风头，那我无话可说——

　　好久没有在此涂写心情了，我不知道这样做是不是一种不珍惜时间的表现。我也很矛盾，究竟是否应该把此刻自己心里所想的记录下来。"时间能冲淡一切。"我深信此话。那么，我就暂且放开那些很应该立即完成的事。

　　我很喜欢美术，今天的选修课上，我觉得很高兴——我又忽然想到，既能涂写心情，又不浪费太多时间的方法，就是把需要记的东西记下来，而不对将来做打算。

　　我又突然想到从前的我，我的现在似乎缺少一种意志与一种信心——其实，我也不错——又何必老怨自己，看到自己的不足呢？

——1999 年 11 月间日记

我独自一人缩在床角里，
打着手电，靠微弱的光学习，
我不愿到那灯火通明的教室去，
因为我惧怕那里的声音（巨大的吵声埋葬自己）。

我独自打起一束昏茫的光，
守着（属于）自己的宁静。

当然，不想让别人（来）分享。
…………

女人的细腻，说到头是种心胸的狭隘！

一个角落里，
蜷缩着一个人（一个颤抖的灵魂），那人
在想啊，钱是什么
东西……

——1999 年 11 月间日记

她的气质属于典型的胆汁质与抑郁质的混合型，兼有胆汁质的冲动、急躁和抑郁质的敏感、多愁与抑郁。这样的气质类型决定了她将比别人多一些感触与烦恼。

我的反馈——

××同学：

你好！你信手写下的一些片段我已经看过。看得出来，你是个很有抱负、很有才气的人。无论是这一方面还是字的个性，都与×××他们十分相似——这点很让人羡慕，也很值得你骄傲。

如果我没有说错的话，这个暑假你其实过得一点也不轻松！

"今天是 7 月 26 日了……"

"今天是 8 月 4 日了……"

"今天是 8 月 9 日了……"

"今天才 8 月 25 日，现在也不过 3:50……"

整个暑假你是在一种自责中过来的，对吗？如果你是依照"先苦后甜"的原则过这个暑假的话，可能就会是另外一种心情了！

似乎给我这样一种感觉：以前的你是贪玩的，玩过之后才来哀叹时间的白白流逝。玛蒂尔德是"片刻的虚荣""十年的艰辛"，你则是"片刻的欢乐"，换来的是无穷尽的自责和忏悔以及作业的不能按时完成。

玩的时候管不住自己，作业拖欠又于心不甘，于是你的焦虑和负罪感也就来得格外深刻。

所有的这些，只要你将它改过来，先做必须做的，再适当放松和休闲，"先苦后甜"，你一定会有很大改变的——无论是在心情上，还是在学习上！

再谈，祝好！

杨老师

1999 年 12 月 9 日

应该说，这封信解决的并不是根本的问题，根本问题也许谁都无法解决——典型的胆汁质与抑郁质的混合型，永远的两个极端……一切只能靠她自己慢慢去体验和摸索，一切只能靠她自己去慢慢成熟。别人，包括心理老师，最多只能陪伴她一小程。在笔者和班主任的努力下，她有了一个宣泄情绪的地方。日子过得不再像先前那样没有计划。

3 个多月之后，她给笔者写了一封信——

杨老师：

您好！

这次给您写信是因为我一直都觉得很内疚，上学期您给了我很大的帮助，我其实很早就想写几封信表达我对您的感激之情，可我停停写写，终没写完。一直写到了这个学期。

请原谅，我写完上面的话已觉得无话可写了，但我还得写下去，您也还得看下去，因为我如果一拖再拖，恐怕最后是什么也写不出了。时间能改变一切,时间能冲淡开始时的热情,这大概就是原因。

杨老师,我觉得我的语文水平在进入高中后就已止步不前了。基础知识、词汇量基本没有增加,甚至可以说是缩减了。

杨老师,以前的我是敏感而真诚的,可我觉得我的真诚并没有收获真诚,这里有些还是不公平的,成绩仍主宰着一切。或许,世界本不是公平的,不能奢望它是公平的;或许它的不公也是公平,角度不同而已。

杨老师,我很希望自己在期中考试中取得好成绩,哦,一次大考试或许不能证明什么,但如果失败了,它足以打掉我的自信,至少是一部分自信。

昨天,我到办公室问题目,没跟您打招呼,对不起!

我已很好,至少现在很平静,下课铃快响了,余言再叙!祝教祺!

学生:×××

2000 年 3 月 22 日晚

再一年后,她考上了北方一所重点大学。

四位高三学生的恋爱滋味

【女生　高三上学期 1999 年 12 月 10 日】

"早恋是否是美好的？我从中找不到快乐，更多的却是烦恼。我想终止，可又不想伤害对方，我该怎么办？"

他们俩是同班同学，他父母关系不好，他是在高二文理分班的时候才进到这个班里来的。他的座位和她的靠近，她对他是属于交往相对多；进而才由同情转到"爱情"的。他的成绩进步很快，而她却在走下坡路。

她有时候觉得他太小气、自私，性格不合，今后是绝对走不到一起的。现在关键的问题是她自己静不下心来学习了。暑假里他们中止过一段时间，但暑假回来后，他又想"复合"，而她自己又不想显得过于"残忍"。

他爸爸跟她谈过话，她觉得他爸爸也很自私。她爸爸不知道这个事情，如果知道肯定会大发脾气的……

【男生　高三上学期 1999 年 12 月×日】

这是一个高三的学生……这几个月来他一直在努力做一件事："我想忘掉一个女孩！"但无论怎样做，他都失败了。这一点使他不能安心学习……此外，该生认为自己缺乏自信，想树立起自信，但不知道怎样做才能快速有效，心结一直无法打开。

上学期他对她产生好感（他们是同桌），后来……他们在上周挑明了。他们都说了不影响学习,但是他却做不到。目前,该男生的成绩已经由班上的第二十几名退到了第三十几名……

【男生　高三上学期 1999 年 12 月×日】

该男生对班里的一名女同学有一种莫名其妙的感觉。她的成绩很好,在班里排前 6 名。每次和她在一起,跟她谈话,他心里都很高兴,但一说起学习上的事情他就觉得自己很自卑。

一个人的时候,他常常在想和她交往中的一些事情,没办法集中精力学习。甚至,有时候都很想约她出去单独谈谈。

为了摆脱目前的这种心情,该男生想请我给他点建议!

【Z 生　高三上学期 1999 年 12 月×日】

Z 生,平时自视甚高、内向,稍有点自我封闭、优柔寡断。高二文理分班之后与班上的一名女同学交往甚密,这名女同学属于单亲家庭,母女俩住在一起。成绩本来只算得上一般般,但是后来进步很大,差不多在班里算得上是进步学生中的一个典型。她外表等各方面都很优秀,为人处世也落落大方,是很多男生追求的对象。

班上一些同学去她家玩过,Z 生也去玩过。有时候和她一起单独相处的时候也会谈到一些诸如感情上的事情。甚至认为很多时候她也有跟自己一样的想法。有一次夜晚听收音机,节目主持人的一句"大胆去爱"的话给了他勇气。于是他采取写信的方式去向她"挑明",女生也回了信,但女生在回信中用"保持友好交往""暂时不谈恋爱"婉言相拒。

于是 Z 生心里觉得有点不是滋味,看见她的时候总感觉有点两样,心里又不知道她究竟是怎么想的。从而没有心思学习。

这种情况已经一个半月了……

坠入情网的女生

这是一个应该单独成篇的故事——

杨老师：

你好！

现在，我不得不请教你了。虽然我曾想坦然面对，但我做不到。

情况是这样的：我觉得越来越讨厌现在的自己和现在的生活了。自从过完那个 18 周岁的生日，黑暗就降临了——我发现我喜欢上了一个男孩。当然，我也不太清楚真正喜欢上一个人的感觉是怎样的。总之，他的声音、他的脸、他的眼睛以及周围与他有关的一切，当我看到、听到或感觉到的时候，似乎都在强调着"我喜欢他"。

我害怕这种感觉，我也讨厌这种感觉，但我却又很矛盾地想要见到他，和他说话。因为我知道自己已是一个高三的学生，明年就要高考了。想想家里辛苦的父母，我真的好难受。我怕我的学习成绩会下降。1 月份又要考试了，我真不知道该如何去应付，我心急如焚！

我一直觉得我是一个很乖的孩子。在没有这种感觉之前，虽然比初中稍微不爱说话些，但我觉得我还是开朗，顽强，胸襟开阔的。我最喜欢纪伯伦的那句诗：整个地球都是我的祖国，全部的人类都是我的乡亲。我会讨厌说"为了中国而学习"，我觉得学习应该是为了人类。我会喜欢自己的那一点也许别人认为可笑的哲学（暂且让我这么称它吧）。因此，我会努力。有时想到自己是他们中的一个时，我会很欣然地帮助他们，我觉得我是他们的一种环境，我应为他们创造好的环境，这时，在对待自己的事情时，我就会淡然一点。可是现在，我觉得我的思想越来越狭小。我讨厌我的思想整天围着他转，我该怎么办呢？当我尽力想忘记他时,却又好像更强化他。他又与我坐得很近,想避又避不开——他就坐我前面!我真的快崩溃了!而且有时做梦,也会梦见他告诉我他也一样喜欢我,就像我喜欢他那样。我讨厌这样的梦,但我又希望那是真的。

　　也许有人会说,这是成长,但我真的讨厌这种成长。我喜欢以前那个无忧无虑希望自己像男孩子一样的自己,去拥抱太阳、拥抱大树、拥抱一切。

　　我该怎么办呢?我的思想无法集中,我好苦,我好怕。这个问题一直困扰着我。你能教我怎么办吗?我不想让爸爸妈妈失望,也不想让自己失望。我的这些心事都怕和别人讲。我很想找你当面谈,可又怕见了你紧张,说不出来,所以我选择了写信。最后

　　谢谢!

期待你帮助的学生

1999 年 12 月 20 日晚

注:

你可将信叫人带给我,谢谢!

希望你能遵守你的诺言——替我保密,谢谢!

笔者的回信——

××× 同学:

　　你好!你的字写得很洒脱,几乎可以说不大像一个女孩子的字——我所指的女孩子当然是那种腼腆、文弱、羞答答的小女生!你的文字也很富有表现力。

　　这一切可能都跟你个性中洒脱的一面有关。"整个地球都是我的祖国,全部的人类都是我的乡亲。"拥有这种思想和境界的人是很幸福的,很多时候他们不会为了生活中一些鸡毛蒜皮的小事而烦恼,更不会患得患失,生活在自己给自己垒起的心的牢狱中。

　　从你的信中看得出来,你是个情感十分专一的人。你的这种资质注定你今后是受人欢迎和欣赏的。

同学间的相识、相知甚至相恋都是极正常的事情。从我所接触的一些情况来看,基本上都有这么一个规律:都在同一个班级或学校,座位都靠得近,都有比较出众的外表……而你,是不是也属于这种情况呢?!

十八九岁,流云似的好幻想的心却被关在无穷无尽的试卷中,所结识的人也十分有限,所经历的事也十分有限,很容易以自己目前所见所有的一切为最好……你是不是也正在犯同一个错误呢?

你"喜欢他""喜欢他的声音""他的脸""他的眼睛""周围与他有关的一切",当局者迷,旁观者清。其实与其说你喜欢"他",倒不如说你喜欢的是一个由自己的美好祝愿所塑造出来的他,喜欢由你的想象力"加工"过的他!

即使他真有出众的外表,好的学习成绩,以及其他种种优秀的东西,你怎敢就此断定他就是你今生的唯一呢?! 大家都还有很长的路要走,大家都还要经历很多的人和事,在以后的漫长的道路上,每个人都还要有巨大的变化,从身到心,那么现在就将一颗少女的心拴在一个其实你并不十分了解的且在某种程度上都还没有长大的男孩身上,是不是为时过早了点?! ——关于这点,等到明年的今天你坐在哪所大学的教室里的时候,肯定会有更深刻的体会!

人生中,属于我们的东西终归是属于我们的。但不到时令采摘下来的果子只会留下一种难以下咽的苦涩与酸楚!

"喜欢上一个人"不是丑事,没有必要责备和痛恨自己,你依然是一个"很乖的孩子",只有因为自己的喜欢断送了前程和青春,这"喜欢"才成为一种罪过。就将目前的感觉藏在自己的心底下和日记中,留待今后去回味,在高考前的紧要关头别乱了自己的阵脚。最后祝

心静,学成!

杨老师

1999 年 12 月 21 日

半夜哭醒的女生

分分分,学生的命根;考考考,老师的法宝——第一个说这话的人是谁?!

老师:

你好! 我不知道你是谁,可我认为既然学校开设这个心理信箱,在某些时间,我就可以向它畅谈我的苦恼。

我是高二的学生,高二是老师们口头常挂的关键阶段,我作为一名差生,当然不甘心就这么混三年。面对老师的"冷落",父母的不理解,我觉得活得真累。可是每一次考试我都不能如愿以偿地达到自己所向往的成绩。

进入高二,我开始奋起直追,晚上看书看到很晚。虽然学校禁止打手电,可是在这个充满竞争的地方,不打手电,挑灯夜读简直就是胡说。

奋斗了半学期,终于取得了成绩,我为之兴奋了好几个晚上,我从来没有像这样开心过。可不幸的事总是发生在我身上,当我去查自己在学校的名次时,无意地发现,他们竟然给我登记错了分,少了整整 20 分。这对我来说就是□□□(原信如此——笔者)。我顿时脑子里一片空白,事实已成定局,他们不会为了我的 20 分而去重新排整。泪水不断地涌出,这比考差了更难受,辛辛苦苦奋斗来的 20 分就这样被他们一个不小心给丢了。这算什么,难道倒霉的事总要轮到我吗?

更可气的是,当我十分悲痛时,旁边的同学竟然说:"不会吧,多扣 20 分不可能的,不可能! 是不是你看错了? 那有好几排呢,一般是不会错的啦!"这时的我最不想听的就是这些话,可她们偏就讲了,委屈的眼泪不争气地又流了出来,我便不管三七二十一,冲到寝室用被子盖起了头,逼着自己想一些快乐的事情,总算睡着了。

半夜里我哭醒了,因为我做了一个梦,当我把这件事告诉班主任,希望从他那得到一点安慰时,他却说,20分又怎么了? 还怎么去改? 还鄙夷地看着我。我哭了。

我很害怕,万一老师真的这样,我该怎么办? 我试着想象会发生的情景……

总算泪腺干了,经过一夜的发泄,我想开了,心情也平静了,草草地吃完早饭就去找班主任,与他讲述时我平静的心态让我和老师感到同样的奇怪。也许在老师认为,碰上这样的事,我一定会哭着找他。他和蔼地安慰我说,他会帮我在成绩单上改过来的,名次不重要。得到了安慰,我也就算了。

经过这件事,我在以后的三天补课生活中,不可能真有好心情了。

真痛快,向你说了这些,很感谢你,希望以后还能和你畅谈。

再一次谢谢你。

高二(10)班×××

这是一个多么渴望成功和进步的学生啊!

我们自己也是从学生时代,从一次一次的考试中走出来的,分数对学生意味着什么,那种感觉和滋味每个人都不陌生。遗憾的是,在"多年媳妇熬成婆"之后,我们常常"好了伤疤忘了疼"。更可悲的是,我们不仅把自己变成了没血没肉的机器,我们还固执生硬地对待一个个鲜活的生命。

一个不愿说却又不能不说的事实:学生的心理障碍除了来自家庭、学生自己的不合理认知等因素,另外一个就是来自教师——教师的有意无意的言语或行为伤害!

从高中一直写信到大学的姑娘

每次重新翻阅这位同学的信件,内心都充满惆怅。我不知道这该算是我工作的失败,还是她父母教育的失败,抑或是她本人人格的欠缺?

第一次收到她的信是在200×年元月的一天——

杨老师:

您好!我是一名高三的女学生,我叫×××。听名字像个男的,但我的性格中没有一点男孩子的果断、勇敢、开朗。相反,我是女孩子中性格最内向的那种,因此我的生活中很多的大事、小事都在困扰着我。我想到过很多的人,我想给他们其中的一个写信,但都觉得不妥,后来,我就想到了您。我想,杨老师您不认识我,也不了解我,我寄出信后也不会胆战心惊。因为我曾傻傻地给一个老师写了一封信,但没写名字。虽然他没有回信,但我一直都在担心,现在事情已经过了一年多,每次在路上见了那位老师我还是不敢看他。

说了那么一大堆,其实都是废话。杨老师,在我进入××中学的大门之前,我是个品学兼优的尖子生,曾连续9年担任班长,获得三好学生的荣誉。我曾有过美好的愿望,我要上重点大学,但是,从高一到现在,我几乎每次考试都是失败。我初中时的得意、自豪荡然无存,我只觉得我的颜面没有了,我对我的父母也没有了交代。我真的不想在父母面前哭,可是,我几乎每次都是用眼泪来博得他们的同情。我真觉得自己是个不孝之女。眼看着就要回家了,我想家可又不敢回,真的好害怕。

别的同学都说学习苦，可是我觉得不苦，只要学而有获，那么，再苦也是甜。如果学而无所获，那么再甜也是苦。我不怕苦，我可以做到起早摸黑，但是我却承受不了压在我肩上的沉重的担子。我是爸妈的长女，他们把一切希望寄托在我的身上，希望我将来有出息，让他们也沾点光、享点福。做女儿的我又何尝不想呢？现在，外公又患了重病，妈妈希望我考得好，给外公一点安慰。可是现在，捧着这些冷冷的分数我怎么去面对他们呢？我的泪怎么忍得住呢？

如果说这就是我的压力，那就错了。我最大的压力是同学之间的竞争。初中升高中，我们学校来××中学的有 4 个，2 个在读理科，我和另一个女同学在读文科。本来，我们是很好的一对，但是由于种种的原因，我们近乎反目成仇。我是比较注重友谊的，我不想让这段长达 10 多年的友谊就这么破碎，所以我尽量努力去修复。可是不管我多么努力，修了又破，破了又修，现在，我已经无能为力了。我决定放她去了，靠我一个人的努力换来的"友谊"也没有多大价值。但是，除了她"似乎"是我的朋友之外，我实在找不出别的，因为她们似乎都是三三两两配对好了，只剩我孤零零的一个人。她呢，她后面的女同学对她很好，而且，她后面的女生似乎有意让我难过，很小的事情也要两个人交头接耳好久，似乎很亲热的样子。本来我后面也有一位女同学，她对我比较好，因此，还算有个人和我讲话。但是，现在她调到前面位子上去了，于是就真的只剩我一个了。或许您会说，只要我努力，全班同学都可以成为我的好朋友。但我不需要这么多，我只想有那么一个，一个就够了，只要是知心朋友。我真的好孤独，我受不了这种生活。我曾经想过死，想过离家出走，想从楼上跳下去，想从楼梯上摔下去。但我都没有这么做。不是怕死，死对于我来说是一种解脱，活着就是在熬日子。但是，每当我做出这种可怕的决定的时候，我想到的就是我妈妈，我不想让她哭瞎眼睛，我不想让她想女儿想疯，不想让她陪着女儿一块儿去死。但是，如果我不死，我也早有一天会疯的。我怕我迟早有一天会做出傻事，我怕我的理智会失去控制，我不想到时候让别人看我的笑话。因此，我写信给杨老师，请您做我的朋友，可以吗？我知道，杨老师工作很辛苦，但是，您能否在百忙之中抽出半个小时给我写封回信，帮我出出主意呢？我简直到了不敢进教室门的地步了。明天，成绩就会出来，我害怕,我发抖,我不想揣着一张难看的成绩单去面对父母,面对生病的外公,面对在别的学校读书的老同学。我真想找个没有人知道的地方躲起来。杨老师,您说我该怎么办?

(杨老师要求我们把信投到那个箱子里,但我不想让杨老师来找我。我这样写信可以吗? 我真的不想让任何人知道,包括我的班主任。谢谢了,杨老师。)

高三×班×××

当天我就写了回信。因为暂时无法进一步了解她的情况,在回信中我只泛泛地谈了一些东西。我说,高中学生,每人都有一本难念的经,或在学习上,或在生活上。她实际上一直在忽略自己的优点:语文功底很好、书写漂亮、文字表达能力强,至于成绩下降有多种原因,其中也不排除自身心理上的困惑。而现在不是她自责的时候,现在需要的是学会努力正视和面对现实。我说,我可以做她的朋友,也将一切为她保密,以后遇到什么事情可随时写信给我或来找我。

回信送出后没再收到她的信——当时没有几天寒假就开始了。她的第二次来信是在 2 个月之后,两封信装在一起——

杨老师:

您好!

还记得我吗? 我是×××。这次给您写信,没有别的什么事情,只是想对您说一声"谢谢"。

当我收到你的回信并且看完的时候,我就想说谢谢了,后来,回到家,写了长长的一封信,但现在读来也没有什么意思了。

我只想告诉你一件事,那就是在我收到你的信的时候,我正发着高烧。怀揣着你的那封信,我去医院打吊针,一只手,冰冷的药水输进我的体内,而另一只,却欣喜地拿着你温暖的信。我想,没有人能体会到我当时的感受——对一位近乎素不相识的老师。

就让我再一次说声谢谢吧。

本以为高三下学期学习会出奇地紧张,但现在看来却较轻松。我想,或许是由于还没有进入状态吧。高三的学生不可能这么平静地去

迎接高考,因此,我觉得时间还是要抓紧的,"人生能有几回搏"?眼下不是最好的一次吗?但愿我能搏出好成绩。再见。祝:

　　你:工作顺利。

　　你的孩子:健康活泼。

　　你的家庭:美满幸福。

　　衷心谢谢您!

×××

200×年3月1日

杨老师:

　　您好!

　　真的是万不得已,我才提起笔来打扰您的。我知道您的时间很有限,备课、上课、改作业,一切都排得满满的,但是,我真的不知道向谁去说。

　　今天是我们高三月考的第二天,我糊里糊涂不知道考了什么,本想利用晚自修好好复习一下历史,准备明天考好一点,但是脑袋不知跑哪里去了,一点都没看进去,心里只盼望着快点下课,我就可以去睡觉了。但是哪里睡得着?只觉得鼻子酸溜溜的,想哭,因为我和她彻底闹翻了。她开学初到现在没有主动和我讲过话,我不知道是何原因,我也不愿去问,只是"以其人之道,还治其人之身",也不和她讲话了。但我们是同桌,又是来自同一学校的被公认为好朋友的一对,我心里总有说不出的难过。而且,这种难过一直不能离我而去,无论是在人群喧闹的街上,还是一个人静静地独处时,脑子里总会出现她的影子。她坐在我的旁边,我因为看到她而想到不愉快或许属于正常,但是,现在我是连见不到她也会难过。我会在心里盘算着她会到哪里去,是不是去看书了,不知不觉中,我发现自己浪费了很多的时间。我想让自己忘记不愉快,但是做不到,真的不知该怎么办。这样下去,我对她的讨厌永远是一个"增函数"。

　　"爱美是女孩的天性",常常听见同学之间彼此谈论发型、服饰,但是我对这些不感兴趣。我明白自己不是一个漂亮女孩,因此对自己各方面要求不高。衣服什么都是由父母"包办",从不过问漂亮与否。我觉得这是我的一大优势，但是，令我不安的是，我的口才实在很差。要是让我念课文，我自恃吐字清楚，音量适中，但若叫我参加辩论赛，我肯定是哑口无言。在我学习过程中，曾遇到过好些辩论课，但我没有一次是勇敢地站起来参加辩论的，因为我怕我话还没有出口，就被对方驳了下去。我从小就是听话的孩子，大人说话，从不插嘴，也不愿和小孩叽叽喳喳个没完。长大以后我更是被大人们夸为文静的女孩，然而现在才知道，那不应叫文静，而应叫沉默寡言，或叫内向。或许，正是由于这一点，我在班上更显得突出了。我总是在有意无意间看到别人用异样的眼光看着我。那也难怪，因为我回答问题老是结结巴巴，因为我从不和男同学讲话，因为我更不懂如何来拉近同学之间的距离。每当别人看着我的时候，我都能觉得自己面红耳热，心跳加快，甚至有时候老师问我问题，我却一问三不知，坐到位子上以后就想哭，再也不敢抬头。本来我可以来找您，但是我真的很怕面对面的交谈，我怕到时我会一句话也说不出来。

　　现在离高考越来越近，可我对自己越来越没有信心。六门功课中，英语最棒，属于上游（不好意思，夸口了），其次数学，再次语文，最后政史地三门是我最头痛的。我从小记性就差，当初报文科也是被物理"逼上梁山"的。看着别人能花很少的时间，记住很多的东西，我心里好羡慕。但对于这三门，我想还是有机会赶上去的。但是语文，我实在是怕了。杨老师曾夸我文字功底好，这话初中老师常讲，我初中时文章获过奖、登过报，但是现在，我最怕就是作文，脑子里积累的东西已经不能运用自如了。写出来的文章干瘪、枯燥，自己都不愿再读，要是想象文章，则更落俗套，不像有些同学，想象新奇而又有深刻含义。我想，这或许与老师有关。初中时，我是老师心目中的好学生，寒暑假总是多规定我一些作业，我也很争气，一个假期过来，往往有二三十篇文章。老师帮我细细修改，还常奖我一个"★""好""very good"，这些本子现在还保存着舍不得丢。而现在呢，如果有竞赛，我写都不愿写，因为即使我花大力气去写也没有用，老师心中已经有人了。或许，这些话对您来讲很不合适，因为您也是老师……

好了，就到此为止吧，其实我心里很害怕，因为我把复习历史的时间放弃了。唉，听天由命吧，但愿能考好。祝您工作顺利！

×××

2000 年 3 月 8 日晚

这是一封很难回的信，讲到了她和另一位女生的关系，讲到了自己的长相，讲到了从不和男同学说话，讲到了课堂上不敢回答问题，还讲到了自己现在对一些学科的无奈……以往的成长环境造就了她今天的缺陷，而这种缺陷不是在短时间内就能够扭转得过来的！于是这就注定了她在日后的相当长的一段时间内会有许多烦恼，只有走过了这些烦恼她才会真正变得成熟。

在这一年 5 月份，距离高考还有 2 个月的时候，她写了下面这封信——

杨老师：

这一次我真的不知该怎么办。放假在家，我就觉得度日如年，真想马上回到学校——那个充满压力与紧张的"战场"上去！我真的不能接受这个现实，我不能对任何人讲这件事——除了你！

我的妹妹——比我小 6 岁的妹妹，竟然看了我的日记！

今天妹妹不在，我无意中翻到她桌上的日记本，里面写了很多为成绩而忧虑的话，我很为她担心，怕她也像我一样承受如此大的压力——因为我从没有发现过外表乐天的她会有如此苦闷的心理。出于好奇，也是出于关心，我翻了她的日记本。但，令人难以置信的是，里面写的竟是男女同学之间的事，我真的从来都没有想到过我的妹妹，一个如此令我自豪的妹妹竟会庸俗到写这样的日记。我一边看一边考虑如何帮助她解脱，我甚至考虑着是否请您帮忙想想办法。但，我简直不敢相信我的眼睛，她竟是不希望我——她的姐姐考上大学！我真的是哑口无言，我只觉得我过去所做的一切的一切都付诸东流了！

在我们班级，要好的同学都知道，我对我妹妹的好，真是没的说，花钱给她买汉语词典、英语词典和课外书，每次回家都给她带去零食、小玩意儿，就连谈话也时常离不开她。老是嚷着要回家其实是为了看她，为了能与她在被窝里神侃。但现在，我不知该如何面对她。她为什么讨厌我？因为我的优秀？因为每次我回家，她就遭遇冷落？因为外婆、外公、舅舅等一系列的人都对我好？她讨厌我，讨厌爸妈，讨厌以上所有的人，但她却不知道这些年来，我默默为她做的。买了汉语词典，我苦口婆心劝她每天看一页，因为字典最有用；为她买了宣纸、字帖，"求"她练毛笔字；甚至给她买素描本以圆我画画的梦。我很想自己的妹妹能像城里人一样多才多艺。她来县城，我就牺牲星期天的休息时间，陪她爬山、逛街，为的是把原本我以为很亲的姐妹关系拉得再亲一点。但是，这一切，却换来了如此结果。

我本想在我来学校之前给她留封信，与她讲讲，如何处理男女同学的事。但是，现在已经没有资格了，因为当我翻到那一页，她说，她看了我的日记本，她把我的日记本高度概括成了五条：第二条就是写我喜欢一个叫×××的人，第三条就是写我喜欢我的一个老师……天哪，我简直不敢再看下去，我只觉得我的手在发抖，我的心在发抖，我的眼泪在流。一直以来，我都在担心，我的日记本会把我出卖，没想到，这种想法竟在几个月以前就已"兑现"了——而我却被蒙在鼓里。我真的彻底失败了。我一直以为，我在我的弟弟妹妹们眼里是值得尊敬的，他们从来都不喊我的名字而是叫我姐姐，他们的父母不一定能说服他们做某事或不做某事，而我一言既出，他们就会听我的。我一直都很骄傲，我有如此大的本事。每次到外婆家做客，我远远地就可以看见一群大小"喽啰"大呼小叫地跑来迎接我。那种感觉想来真好，那不是凭空而来的，而是靠我那自认为很好的脾性换来的。而现在呢，我还有什么资格喝令他们小小年纪不准想这种事情呢。我好不容易树立起来的威信已荡然无存，我似乎觉得自己也是他们这帮"污泥浊水"中的一个——我真的好没面子！

本来，我有足够的理由说自己是一个好女孩，我从来不给男同学写信、打电话，从初中到现在，我的同学可以帮我证明，我与好多男同学都是不讲话的——这一点，在我高三即将毕业时的同学录上也可以看出！至于那个×××，我能说什么呢？小学里，我们不同班，我就听说他被戏称为"花花公子"。初中时，同班了，时刻告诫自己与他保持距离。不巧的是，一次偶然的位子调动中，他却坐在我的身边。于是，天天听他唱歌，天天听他讲笑话，我不扰他，他却来扰我，但彼此相安无事，他帮我买饭，他帮我抄名言，他把他的复习资料全给了我——因为他是差生。我不想说出那些"情""爱"的字，我只觉得我和他的友谊纯洁而又无瑕。或许是我从来都不曾和男生接触，与他的这一份情谊就被看得格外重，以至于他后来中途辍学之后，我就老是哭，老是做梦，老是不能学习……杨老师，请您不要以为我是"大言不惭"的，同学之间谈恋爱在我看来也是正常的，更何况，我和他不是！不用提情书，就是一张小纸条也没有。对于他的留恋，是在他辍学之后才有的，他，或许根本就不知道。为了锁住与他一起的欢乐时光，我把我所能回忆到的点点滴滴全都写进了日记，我希望我老的时候，能重温这一段值得回忆的时光。我万万没有想到，因此而引来如此大的麻烦。

还有，那个老师，我更不知该如何说，我真的很欣赏很欣赏他的才华，喜欢他又有什么错？真的，请不要想歪了好吗？我说的喜欢就不一定是爱他，不是要嫁给他，只是，或许是崇拜罢了！但是，妹妹不懂，她就咬定我喜欢我的老师，我真的是有口难辩，更是有口不敢辩！

杨老师，最大的秘密，莫过于以上两件事，我没有其他的人可以信任，哪怕是最好的朋友也不能说。过去是写日记，而现在，我想把我的日记烧掉，或是丢进河里，我一看见它就心里发慌。其实，在这封信之前，我给你写过一封没有寄的信，是想告诉您，我很怕自己突然生病死去或是突然遭受意外，那么，我的日记本将把我给人的好印象给毁了。我现在真的感到，我不能再乱写了，哪怕只是在草稿纸上发泄，也会有在垃圾箱里被发现的可能。以前，为了避免被别人翻看，我准备了一本用英语写的日记本。而今，我所做的一切都白费了，我只觉得自己突然变得没有价值了。我更不知我是否该一如既往地关心我的妹妹，我是否该告诫妹妹，像她这么小的年纪不应该有如此的想法。我又该如何帮她，是否应该向她解释。而且，我又很不应该地看了她的日记！但我若不看，又从何而知她看我是这样的呢？

现在唯一的愿望是马上回到学校，忘记这件事，杨老师，你帮帮我吧。

×××

2000 年 5 月 2 日

注：

1. 家里没有信纸，Sorry。

2. 杨老师，可不可以不要叫你的学生送信？或者至少不要叫穿校服的，叫个"便衣"的女生吧。我实在害怕，一个穿校服的男生跑进班里来大声地说一声："杨老师叫我给你一封信！"Thank you！

　　从这封信里，笔者怀疑她家庭环境和成员之间的关系。

　　如果父母过分注重自己和自己家庭的利益，子女耳濡目染就会养成这种哪怕是对自己亲兄妹的防范和隔阂。另外就是我们对性教育的讳莫如深和自觉不自觉的忽视。

　　对她的这封信，笔者在6天后做了回复——

×××：

　　你好！首先向你道声对不起。由于近段时间事情比较多，没能及时回信——同时积压下来的除了你以外还有另外4位同学的来信。

　　信中说到你妹妹的事情，她比你"小6岁"，那么今年也就十三四岁的样子吧？我们"大人"总习惯于将比自己小几岁的人当成孩子看待，这其实只是我们的"一厢情愿"。实际上十三四岁的孩子（尤其是女孩子）往往比我们想象的要成熟。

　　你妹妹外表乐观，但在日记里却写了很多为成绩而忧虑的话，还写有"关于男女同学之间的事"，而且她还不希望她的姐姐考上大学……种种迹象表明，你妹妹同所有这个年龄的孩子一样，正经历着一个苦闷和迷茫的时期。步入青春期的人内心常常产生阵阵的风暴，他们需要引导，需要倾诉，但他们又害怕别人知道自己内心的秘密。于是他们便将一切锁进日记中……心情是需要宣泄的，你妹妹已为自己找到了一个安全且合适的宣泄方式，你不该剥夺她的这个权利！她看了你的日记，你便产生一种极不安全的感觉，如果她知道自己的日记已经被你看过，她的许多秘密已经被你知晓，那她又会怎样想呢？你还没让她知道这件事吧？将这事当作一个秘密藏在你心中千万别让她知道！

　　十几岁的女孩子（其实男孩子也一样），比较情绪化，有时在日记里说出些过头话，不是什么奇怪的事情，没必要为此大惊失色。你向来关心和怜爱她,你不应该为了她日记中的几句话就对她失望——谁让你是姐姐呢,姐姐不帮助妹妹让谁去帮助呢?!

我还想到,她"偷"看你的日记或许正是她的一种挣扎和努力——许多事情自己想不明白,想同别人说却又羞于启齿,姐姐是过来人,那么,看看姐姐的日记,看看她是不是也同我一样?——这是不是她"偷"看你日记的最初动机呢?如果是这样,那你倒真有必要推心置腹地同她交谈,将你的经历感受告诉她,让她从这种交谈中获得许多的启示。你认为呢?

从你信中看来,你妹妹在家里常常处于被冷落的位置,果真如此,你更是有必要原谅她的一些过头话了。

最后我还想说的是,在日记里写些男女同学之间的事很正常,一点也不庸俗——我中学时代的日记里就有一些关于这方面的记录!只有在读书的年纪跨越了不该跨越的界限并且整天沉溺其中无心学习,这才叫庸俗!

你"从来不给男同学写信,打电话",同学录里也不叫男同学写留言,是不是太极端了点?我们不主张早恋,但也不主张男女同学之间应该"鸡犬之声相闻,老死不相往来"!社会是由男性和女性组成的,怎能永远不同异性打交道呢?总而言之,一句话:过分的亲昵不应该,但正常的交往却是必要的!

你跟初中时那位男生的交往很正常,你也处理得极有分寸。你对那位老师的欣赏和崇拜也很正常。学生时代,很多人心里都或多或少有一点属于自己的秘密,只要这秘密不影响自己正常的学习和生活,一切也就没什么值得内疚和自责的。

至于你妹妹的"一口咬定",那不过是她这个年龄的人的好奇和敏感。相信再过几年,当你们姐妹俩都已经真正长大成人,再坐在一起谈起今天这所谓的秘密,一定会双双哑然失笑的。

最后祝一切好,如还有什么变故,可随时再写信给我!

杨老师

2000 年 5 月 8 日

之后就是6、7月紧张的备考和高考,然后又是等待分数、填报志愿、盼望录取通知书……再次收到她的信是在9月7日,此时她已经是××学院的大一学生。

杨老师:

　　您好!

　　首先,我祝您教师节快乐!

　　新学期开始,您的工作一定很忙吧?我现在就读于××学院,这次填报志愿实在是失误。现在回想起来,当时我真是不经大脑,痴心妄想,竟然填报了北京的××学院,唯一的资本只是××科全校第一而已,总分并不高。当然,现在说这些也没用了。

　　选择民办大学,说来好笑,我是随便填了一所,因为我没有料到会被挤到第三批。现在,也只能"既来之,则安之"。退一万步说,这里的住宿条件很好。而且我们寝室四个人中有三个是第二批的,其中两个拿了新生奖学金(包括我)。而且我的××成绩是这个学院的最高分。唯一令我担心的是钱的问题。民办大学的费用普遍较高,这次上交的17000元钱,有10000元是借的。生活费也是我历年的压岁钱。我只能以好的成绩来安慰我的父母。

　　还有令我担心的是我的不善言谈。在高中,我也是为此而烦恼,到高三毕业,我都没有什么好朋友。因此,我有时觉得我对××中学真的没有什么感情。然而事实上,我是很怀旧的。毕业后我在学校的各个角落拍了好多照片。我更是希望能与某个老师合张影。但那时是暑假,而且,即使碰到,我也不会有勇气与他(她)对话。在我的内心,是很希望能锻炼一下自己的胆量的,在进大学之前,我就幻想着以后如何勤工俭学,如何搞好人际关系,如何改变自己的个性。但我实在做不好。当别人在侃侃而谈时,我却因找不到合适的话题而躲在一边;当别人谈电影电视、谈各界名人、谈网络时,我也只能侧耳倾听。我有些后悔,我高中读了三年的"死书"。

好了,就说到这儿,别人都在催我一起去寄信。但愿我的教师节祝福能准时到达。祝:顺利。

×××

2000 年 9 月 7 日

10 月 24 日,她又给笔者写来了一封信,相形之下,又少了些自信和从容,大学里真正的炼狱开始了。这对她来说,是必要的,也是极其正常的。因为整个的小学中学时代,她都在努力做一个"好"学生、"乖孩子"而遗漏了很多东西,而这些被"遗漏"的东西如今全要在大学里来弥补。这就注定她的四年大学路要比那些在人际上、心理上已经比她较早得到锻炼因而显得成熟的同学走得艰难!

杨老师:

您好!

好久都没找您聊了。今天上午上机,我懒得去,躲在寝室里,实在是太出丑了,不敢出去。

昨天晚上,我们学校进行英语演讲比赛的决赛,由于在初赛中表现较好,我这次是成竹在胸。没想到,到了决赛我却忘了"台词",一个劲地在上面"嗯——嗯——",面对这么多的评委,面对这么多的同学,我真想找个洞钻进去。从开学到现在,这已是我的第三次失败,我实在不敢走出寝室,看到那些或怜悯或嘲笑或漠然的眼神。

我从来都没有过如此大的勇气。我去参加学习部副部长、干事的竞选,我表现得很好,可是他们却嫌我没经验;我去参加英语协会的竞选,他们嫌我太腼腆。而今,英语演讲又被我砸了,室友取笑我倒也罢了,可我对自己实在丧失了信心。为什么我成竹在胸地去却是垂头丧气地回呢?为什么成功总属于别人而失败却老是光顾自己呢?林志炫的那首歌"爱要越挫越勇,爱要肯定执着",难道我也要越挫越勇吗?如果又换来一个失败怎么办?

眼下,期中考试临近,而前段时间为了演讲,我已浪费了好多时间,我好怕期中考试又被我砸掉。到时候,成绩单寄回家……但愿不是那么惨。

高中与大学，我更偏爱于后者，因为，大学里有较多的时间由我们自由支配。我一向不喜欢闹哄哄的教室，而大学里随处都是学习的地方，寝室、图书馆、自修室、通宵室以及校园里的那些石桌、石凳。大学里还有好多业余培训班：吉他、交谊舞、炒股、邮票等等。我很想参加书法班，但再三考虑之下，还是以学习为重吧。

学英语其实是"苦差"，每天要看英文报、看英文小说、写英文报告、听英文广播还没有语文课。我真怕以后把中文忘个精光。虽说以前还积累着一些语文知识，但没有后来的补充，是远远不够的。比如说，上次有老师说了一句"呱呱（gū）坠地"，我还暗自窃笑他读错了，后来一查字典，却原来是我错了，我一直读的是呱呱（guāguā）坠地。幸亏我一直都把《汉语词典》带在身边！

时间已是 9:30，室友们上机也快回来了。我得暂时止笔。祝您：

工作顺利。

×××

2000 年 10 月 24 日

对她的这两封信，笔者均做了回复——

×××：

你好！时间过得真是快，几个月前还在教室里坐在讲台下面看我们在黑板前指手画脚摇头晃脑，现在已经到了一个各方面都挺不错的大学里了。

寝室、图书馆、自修室、通宵室还有校园里的石桌、石凳……这一切我曾经是那样熟悉，而且这一切也给我的人生奠定了一个积极上进的基调。

大学是个成长的摇篮，大学也可能是个逢场作戏的游乐场所！看得出来，你走的是一条比较踏实的路。相信这样一步一步坚实地走下去，四年后你肯定会学有所成的。

竞选学习部副部长、干事，竞选英语协会，参加英语演讲而且闯过了初赛……你一直在努力，作为一个刚进校门不久的新生，这是很让人钦佩的。很多高年级的学生都没有实力也没有胆量去参加这些竞赛,仅凭这点,你就足以在那些不敢上场的同学面前感到自豪了,不管他是"老生"还是"新生"!而且有了现在的这些经验,下一轮的竞赛你肯定更有优势——即使下一轮的竞赛仍然落选了,你依然为自己积累了丰富的经验。从某种意义上说,这些经验甚至比成功对你更加有用!

当然,失败的滋味是不好受的,但因此而不敢走出寝室,怕看到那些"或嘲笑,或怜悯,或漠然的眼神",则大可不必了。

以我的经验,人们可能会笑很多东西,但却不大会去嘲笑一个从战场上走出来的伤痕累累的战士。那么,别人的嘲笑、怜悯和漠然会不会更多的是你自己的一种错觉或是心理作用呢!?

对于演讲来说,最让人忍受不了的失败是站在台上无所适从的那一刻。那一刻你都挺过来了,后面的一切也就好过了。

你回到寝室后怕见别人,这不是落选打败了你,而是你自己打败了自己——是不是这样呢?

只要你能够克服那种自责、自怨和自愧心理,大胆走出去,抬起头,直视眼前飘过的每一个表情和眼神,你会觉得天仍旧是那样蓝,花仍旧是那样香,自己也仍旧是那样有信心。祝一切好!

杨老师

2000 年 11 月 1 日

对她而言,最怕的就是在尝试走出封闭的自我,走进外界的途中遇到挫折之后的退缩和再次封闭。

笔者在信中以貌似漫不经心的口吻谈到"竞选学习部副部长、干事,竞选英语协会,参加英语演讲而且闯过了初赛……作为一个刚进校门不久的新生,这是很让人钦佩的"。"你走的是一条比较踏实的路","人们可能会笑很多东西,但却不大会去嘲笑一个从战场上走出来的伤痕累累的战士。那么,别人的嘲笑、怜悯和漠然会不会更多的是你自己的一种错觉或说是心理作用呢?!"

这些话对别人也许没什么,但对于缓解和瓦解她失败之后的那种自责与无地自容的心理是有用的。

这封信之后，笔者有一年多时间没再收到她的来信。

最后一次的来信是这样的——

杨老师：

好久没有给你写信，不知道近况如何，是否还记得我？

此次写信，我想和您讨论几件事情。

记得我以前跟您说，我在大学里是不会谈恋爱的。当时态度之坚决，我至今还能体会到。可是，两年过去了，大部分的同学都有了男、女朋友。我身处其中，有一种难以名状的感觉。我不想为了消除寂寞而去找一个男朋友。看着那一对对的小情侣在公共场合卿卿我我，我感到厌恶，我不想变得和他们一样。也有同学给我介绍过朋友，我在考虑的时候也曾想过大家玩玩无所谓，好聚好散，可是，理智地一想，这算什么呢？两个不认识的人，经人介绍，就做起了情侣，有什么意思呢？因此，我至今没有交过朋友。如果当时我答应了，我想也可能是出于人的一种虚荣心，想找个男朋友充面子，这种关系是迟早会破裂的。剩下的两年是为以后的工作确立目标，并向着那个目标前进的，我完全可以做到"两耳不闻窗外事"。可是，我真的很矛盾，因为过完 24 岁，我的青春也耗得差不多了。现在拥有青春，可能感觉不到它的珍贵，等到一旦逝去，就会后悔莫及，杨老师，您说，会这样吗？我的父母以我没男朋友为自豪，说自己的女儿如何乖，可弟弟妹妹却说我不正常，这么大的人还没谈过恋爱。我觉得自己的心空空的，不能为自己确定一个目标。依旧每天看书、学习，可是生活真的少了点乐趣。

整个暑假，我的压力好大。很多同学都在实习，找兼职，可我依旧躲在一个安乐窝里。我真是觉得我的表达能力出了问题，我不敢见家里来的陌生人，和他们一起吃饭我浑身不自在，想逃。我去见了一个很想见的男老师，可是我从开始一直后悔到结束，我只会听他说话，我根本一点话题都没有。我妈也经常和我谈心，向我诉苦。作为一个女儿，而且已经这么大了，应该知道如何去安慰和劝导一个母亲，可是，我从没有这么做，我是真正的"洗耳恭听"。其实，我心里是有很多话的，我想说可就是说不出来，我是懒得说还是在顾虑什么，我自己都不清楚。

我想这对我以后交友、找工作是会构成不利因素的。

我最近翻阅高中时的日记，我真是觉得当时怎么这么傻。我的生活真的没有一天是开心的，每页上都在悲叹着不公平，都在悲叹命运的捉弄，可是现在想起来，那些事情根本是无足轻重的。说到底，不是别人坏，是我太小心眼，太会在意别人的看法。就这一方面，我真是变了好多。可是，就像哲学书中说的：矛盾无时不在，无处不有，旧的矛盾解决了，新的矛盾又会出现。任何时候，都会有让我们烦恼的事情。人生太多一帆风顺，也会是令人乏味的，对吗？

我现在已经大三了，眨眼大学生活就快过去了。人的一生其实没有几年，我们应该好好珍惜生活的每一天，是吗？

我希望杨老师能收到我的这封信，并盼回信。祝您：一切顺利！

×××

2002 年 9 月 8 日

这时候她已经上大三。大三的学生应该是相对成熟和现实的，但她却依然表现出某种程度上的偏激和学生气，甚至，还存在一定意义上的心理失衡。考虑到她再有一年就将踏入社会的现实和在性格和心理上的某种程度的扭曲，笔者没有单纯地给她说一些鼓励的话，而是在小心呵护她的自尊的同时，以商量的口气给出了以下一些建议：

×××：

真高兴又有你的消息了！

现在大学里谈恋爱已不是什么新鲜事，而不谈恋爱似乎才是新鲜事了。在这样的环境和氛围中，一个人要仍然坚持孤军奋战，是得忍受许多的孤独与寂寞的，所谓为了自己的理想和事业以青春作祭就是这个意思吧。

不过就你的情况看，事情又并非仅仅如此。

大学里不谈恋爱很正常，但看见别人花前月下，卿卿我我，则感到厌恶和庸俗，这就显得太过了点。你的不谈恋爱会不会含有一种逃避的成分在里面呢？

暑假里，很多同学都在实习，找兼职，而你依旧躲在安乐窝里；你不敢见家里来的陌生人，同客人一起吃饭浑身不自在，想逃……所有的这些说到底似乎也都是出于一种逃避——你要逃避的是什么呢？是陌生人，是除自己之外的所有人，还是生活本身？

重读高中时的日记和日记中的那份悲叹，你终于意识到"不是别人坏，而是我太小心眼，太会在意别人的看法"。那么，你现在的厌恶看见那些成双成对的情侣和怕见陌生人会不会又是大学时代的一种小心眼和过分的敏感呢！

果真是这样的话，那我倒觉得你眼下最需要做的事情不是怎样保持自己的独立和自由，而是怎样端正心态，去掉自己思想中一些过于偏激的想法，然后制订一个具体的行动方案，一点一点地消除同陌生人打交道的拘谨和恐惧心理。

必要的话，你可以去向学校的一些心理学工作者做些咨询。

从思想和行动上完善自己。这是一个痛苦的过程，其间必然要经历一番撕心裂肺的痛，但为了自己今后的交友、工作和美好的生活，这种痛苦的裂变又是值得的，你说呢？

再聊，祝好！

杨老师

2002 年 9 月 20 日

笔者一直充当她的倾诉对象，一个心理支撑点。每当她的生活中出现危机，心理处于失衡状态时，她便又给我写信了。但她的路早晚要靠自己去走，她什么时候才能独自走路，像别的那些曾经也向我寻求过帮助的人那样呢？！

在一次讲座中，我曾经给学生说愿做他们的"心的手杖"。她的生活中需要一根手杖，她的内心需要一个忠实的倾听者，这一切都无可厚非，只是她需要倾听者的时间太长了点。这就不由人不去追溯她成长的家庭和学校环境！

不难看出，她的问题至少有以下三个方面的原因：

首先是家庭。据笔者了解到的情况，这位同学的父母好胜心非常强，而且心胸也不够宽阔，总希望自己和自己的子女所有的方面都比别人强。因为该生在小学和初中时的"优秀"，家长的这种虚荣心得到极大的满足,但上了高中后,随着科目的增多和学习强度的加大,该同学就表现出学习上的力不从心来。于是家长就将这一现象看成是别的学生的错。家长的这种心理不可能不影响到她。事实上,她与那位有着十几年友谊的女同学的矛盾就有这方面的原因,因为那位女同学家境比她贫寒,而学习却越来越比她好。

其次是学校。由于升学的竞争,中小学教育已经变得越来越急功近利,除升学的科目外,其余的学科都成了点缀或应付上级部门检查的需要。实际上,开展性教育和心理健康教育对中小学生来说已经是势在必行了,但遗憾的是,在目前的应试教育前提下,很少有哪所学校有眼光和实力开设这些课程。由于青少年性教育的欠缺,绝大多数中学生对正常的身体发育和情感的萌动都抱有某种程度的神秘感,少数的人甚至将原本正常的感情视为庸俗和不洁。从而造成自身认识的偏差和心理的压抑。

这位同学"从来不给男同学写信、打电话,从初中到现在"。大三时一方面自己"看看那些一对对的小情侣,在公共场合卿卿我我,我感到厌恶,我不想变得和他们一样"。自己"不愿变得和他们一样",但另一方面又是"整个暑假,我的压力好大。很多同学都在实习,找兼职,可我依旧躲在一个安乐窝里。我真是觉得我的表达能力出了问题,我不敢见家里来的陌生人,和他们一起吃饭我浑身不自在,想逃"。

最后是她个人性格上的一些因素。人与人不同,据有关研究,心理障碍常常跟人自身的性格有一定关系,一般主观上比较任性、急躁、好强,自制力差或胆小怕事,优柔寡断,遇事过于谨慎,缺乏自信心,墨守成规,生活习惯比较呆板,喜欢仔细地思考问题,容易与人竞争、比较,过分注重时间,常常害怕表露情绪,不习惯体贴、温柔的感情,缺乏幽默,不愿也不善于与人做情感上的来往与交流,常把事情的黑白、错对分得很明显,不会通融的人最容易产生心理上的失衡。从而产生某种程度的障碍。

在她身上,有着许多值得我们深思的东西。

后来,她再没有给我来过信。

大学教师的高三往事

这是一个大学教师关于学习与情感问题的高三往事——

最近心里比较烦。今天8节课，老师都让我们自己复习，看了一天书，一点效果都没有。

感觉自己现在的精力都已经不如从前了，有时候连续看书时间稍微长一点（连续两节课），头便要开始痛了；有时候明明是看着书，但是心里却在想着别的事……还有情感上的事情……

跟他是前后桌的关系，平时经常一起讨论一些题目。同学们也常常会拿两个人开一些玩笑。玩笑开多了，自己也觉得有那么回事了。有一次跟他把事情挑明了，最后大家的座位换开。但是自己觉得打那之后，他总显得有点两样。而自己有时候偶尔也会去想"这些事情"，尤其是在最近……

2000年1月7日晚上，地点也是在心理辅导室，主动来访，天气又阴又冷，当时她还在上高三。

整整30分钟的时间里，我一直静静地聆听，聆听她的倾诉，聆听她诉说内心这些深层次的苦闷与压抑。我有绝对的理由相信，她正诉说的一切，平时连她的父母、她的班主任都不会告诉，我这里是她在这个世界上唯一能够释放心理压力的地方。30分钟过去后，内心的压抑释放了，她人也轻松了，我才向她简短地给出了自己的感受和建议。

她是班干部，成绩名列班级第二，自我约束力较强，谈话中表现出来的悟性和理解力也较高。10分钟的反馈主要指出了学习上要讲求效率，学会劳逸结合，不能打疲劳战；还有跟"他"的事情应该先冷冻起来,应该全身心地投入眼下的高考复习中,一切都还不到时候,要用理智来克制情感……

45分钟后,离去。第二天,即写来了反馈信——

杨老师:

谢谢今晚对我的开导。

说出来不怕你笑话,我的志向是做一名心理医生。我有很多这方面的书,我一直试图调整自己的心态,也在平时开导过同学,但显然我是不称职的,所以我在临考之前突然找到你。请原谅我的唐突,我迫切地需要帮助。

其实,你说的道理我都懂,甚至我也这样劝自己,但真像你说的那样:It's easy to say so,做起来就太难了,是一种源出内心的惰性。自我放纵、自我原谅让我看着时间和机遇的离去而不放手一搏。我与孤独抗争着,很苦,我需要支持,我现在是在向你乞求支持呢!

我喜欢热闹、生气,但现在我却在冰封自己,为了这份生存的前提,我觉得悲哀,你说的不是没有道理,但当人为了一个真实的俗气的目标而斗争时,他是成熟的又是苍白的,人应该有一个梦吧! 您在我这个年龄是有梦的,我曾经也有梦,但现在却在幻灭中感受"脚踏实地"的真实。

社会的竞争很残酷,我目睹着十几个年轻的心走进这个圈子,并且将目睹着他们的挣扎:从雄心壮志到归于平静。我不畏惧竞争,但无奈于一个人的付出得不到回报,我一直将之归于"不公",有人说这社会是不可能完全公平的,我默认了。但你告诉我,真正的金子在任何地方都会发光,当时,我真想哭,将近一个学期以来我是第一次感到一种奋进的力量,谢谢你!

其实造化是钟情于我的,我真的有别人做梦都想有的东西,父亲如此操劳是为了我,母亲事事也是先替我着想,班主任那么信任我,很多同学又在学习和生活上帮助我,但在那么多关怀和友情中,我却真实地感受着"孤独""凄凉",这两个词不是我这个年龄用的,我甚至无法理解它们呢! 那么这又是一种什么感觉? 我不知道,当白天所有的欢笑像浮云一样飘逝后,我依然空虚,没有目标,我只是在做我该做的,恐怕早已失去做的冲动了。

有人说,这个时代,旧的价值观已经破裂,新的价值观尚未形成,人们免不了失去航标。当时我的回答是:作为开天辟地的一代,我们感到自豪,但现在的我正在失去豪情,我想我的累在心里,是一份追求途中的迷茫,至于感情上的波动该是这份迷茫的产物吧!

眼看着离高考近了,斗士却失去了斗志,我期待最后的检验,但又怕实力不足,怕面对或者说步入社会,更怕走一条真实的路:选一个热门的专业——找个好的单位——一个好的归宿,而我要为别人心目中的好的标准放弃我的选择。

也许这就是每个人都要面对的成长。当美丽的幻想像肥皂泡一样在现实中破灭时,人便在痛苦中成长,也许你会说人总要长大的。

Maybe!

Sorry,笔调有些凉,但心却是在加热,要拼啊! 我不信命运,也不信女孩比男孩差,这一生的简历才刚刚开了个头!

你的分析我会牢记,我希望我的"坦白"不会给我带来心理负担。

我信任你,It's a secret between us.

我希望任何其他人,包括其中的当事人不会涉及。

你让我把很多"问号"改成了"惊叹号",再次说谢谢! 心里的结开始解开了,今晚会做个好梦的!

　　此致

　　　敬礼

学生　×××

半个月之后,她又写来了一张纸条——

杨老师:

　　你好!

　　谢谢你的回信。说到"困惑",有人说它总会存在,并伴你成长。

　　如果说半个月会让一切烟消云散,是自欺欺人。不过请相信那次长谈后我看问题不再那么偏激。人也积极起来了。所有的迷茫包括那份也许什么也不是的感情都会被暂时"冰封"起来,等以后再想、再处理。也许那时候看来,现在是可笑的。

《四季怆歌》看了,或许说是听了,它曲调清婉悲凉。我只能在一旁感动,心弦被揪着,却没有共鸣。因为我没有经历过,无法想象。就像你说的,我从来都是幸福的。对我而言的"苦"和"累",对你该是一份幸福。

从未得到和曾经拥有该是不同的吧! 回忆中获得温暖不知该算痛苦还是幸福?

一直以来我都告诉自己做好经历磨难的准备,风平浪静得太久了,后来我以为这次是一个关,现在和您比比该明白自己的狭隘了,真的看不出,年轻、豁达的心是从无边的忧伤中走出来的。没事了,请放心!如果哪一天,依然觉得苦,我会告诉自己:"相信吧! 一切都会挺过去的。"

说到"高考的激情",我不知道有没有,我有对未来的憧憬和对现实或者过去的怀念。但我知道压力是真实的。

你问我考得如何,我支吾着"还不知道",虽然没见确切分数,但两天讲评下来大概情况还是有数的,不好,很不好。乐观点看排名也许不会大变,但我知道差距有多大,在剩下的150个日子里,我要抛掉计算机,加强思维训练,还要提高作文水平。这次就栽在数学计算不过关和作文上,作文连及格分都没拿到,真令人伤心。这几天拼命买书看,竟买回了《余秋雨散文集》,找了好久了,是书店最后一本,他的文章很棒,不是用"好看"两字能打发的。

就此搁笔,再次谢谢你!

学生×××

2000 年 1 月 26 日

在对这个同学辅导中,有两处比较成功的地方:

一个是对她情感波动的处理。事实上,她此时需要的不是情感上的慰藉,而是一种心灵上的依傍和来自可信任的长辈的鼓励。由于向来在同学、老师和父母眼中都是"好学生"和"乖乖女",她怕说出内心的真实困惑影响自己在他们心目中的形象。跟"他"的纠葛纯粹属于少男少女的一种正常的情感萌动，如果继续从与"他"的交往中去获得心灵的轻松，那无异于是饮鸩止渴，结果只会增加烦恼。但笔者不是像许多教师那样对这件事大惊小怪，更没有说教，而是点到为止地说"应该先冷冻起来，应该全身心地投入眼下的高考复习中，一切都还不到时候，要用理智来克制情感"。

二是在同她的第一次谈话中，笔者自始至终都坚持多听少说的原则，一直到她将想说的话全部说完后，才给予适时的点拨。事实上，正如她自己所说的那样——其实，你说的道理我都懂，甚至我也这样劝自己。

很多时候，子女和学生都比我们所想象的要懂事得多。很多时候，他们并不需要我们的说教和训斥，他们仅仅需要我们的理解，需要在生活中有个倾诉的地方——遗憾的是，生活中这样能够让他们倾诉苦水的地方太少了甚至根本就没有！

后来她又来过几次，那已经仅仅是类似于做"心理按摩"了。

十九岁男生的凶梦

　　我上课喜欢给学生介绍弗洛伊德,介绍弗洛伊德我就忍不住要讲他的《梦的解析》和潜意识理论。

杨老师:

　　我是高三×班的×××。

　　我前天晚上做了一个梦,梦的经过是这样的:我发觉身在类似古堡的建筑物里,正向前走动,依环境看来,可能是条走廊吧,只一会工夫我就到了走廊尽头。前面有一小块空地,空地上有两个人正在搏斗,其中一个人手中正拿着一把刀,他把没拿刀的人捅死了,这时我才发觉被杀的人是我的亲戚,一位有很多钱的富人。(在现实生活中我并没有这个亲戚,当时也不知道我为什么会认识他,还会知道他很富有。)过了一会儿,我旁边来了个人,我对他的感觉,又像是好朋友,又像是同学,又像是我的兄弟,我与他一同走上去把那个拿刀的人给杀了。(在梦中杀人竟会这样轻松。)就在杀死那人的瞬间,我突然想到:"这人死后,我亲戚的钱就归我和我兄弟了。"(这想法好像不合逻辑。)想到这儿,我拿了刀把我的兄弟杀了……

　　醒来后,回忆起梦中我的所作所为,我有点害怕,在现实生活中我不可能会为独占钱而去杀兄弟。

　　不知这梦是不是在提醒我什么?

　　这梦实在太怪异了。

　　如果你有空,可不可以帮我解解这个梦。

　　　　　　　　　　　　　　　　　　　　　　学生 ×××

注：

下午第三节课都有空（除星期二、四）

这位男孩留给我的印象比较深：学习吃力，成绩拿不出手，但品德很好，为人朴实、善良、真诚，处处与人为善。高中毕业那年他没有考上大学，后来听说参军去了部队。

做这个梦的时候正是某市发生学生杀死生母，报纸电视展开连篇累牍大讨论的时候。他紧张得不行。

读过弗洛伊德《梦的解析》的人和对潜意识理论略略有些了解的人都知道，生活中人们所做的绝大多数梦都是内心深处某些东西的一种间接发泄和补偿。正是通过这些稀奇古怪、荒诞不经的梦，人们日常生活中的压力和烦恼才得以缓解和排除。

他内心是自卑的，因为成绩差。但青春的情感才不会屈服于理智和学习上的缺陷。于是，他有了这个梦——当时班上有一位女同学各方面都比较优秀，许多男生暗中都对她怀有爱慕之心，他也不例外——梦中的"钱"极有可能象征那位同时为几位男同学爱慕的女生；而"拿刀的人""没拿刀的人""我的兄弟"极有可能就象征了班里的一些同学！（这种猜测和分析当时就得到了他的认可。）

人的能力是多方面的，但有才有德才是圣人，有德无才是常人，无德无才是庸人，有才无德是恶人。我们大多数人都是常人，而且也只能做一个常人，真正的圣人毕竟是属于少数。

世界卫生组织给出的健康定义包括躯体健康、心理健康、社会适应良好和道德健康四个方面。

这位同学虽然成绩不理想，但却是一个身心和品德都健康的人。

2000 年

高校录取通知书之后

这是一位在大学校园里捧着《阿尔芒丝》的姑娘。

杨老师：

您好！

给您提笔写信的是您的学生，可能在您的脑海中全然没有我的印象。

这也不足为怪，我很平凡，普通得不能再普通。而您每次的文学欣赏课都是来去匆匆，匆匆得不能使您完整地认识每一位学生。

我是原高三×班的学生，现就读于××师范学院。我很喜欢您的课，因为我爱文学，喜欢诗，您给我们印的诗我都完好地保存着。记得您那时老是想方设法让我们了解自己，还说有什么不快可以打电话找您谈谈。

事隔那么久，尘封的记忆悄然复苏。好久没听您说人生的哲理。很想找您聊聊，得到您的帮助和鼓励，抑或是开导。

杨老师，有时候我觉得很烦，真的很烦，说不明也道不清其中的原因，连我自己也觉着有点莫名其妙。高中升大学本以为是进了理想中的象牙塔，可是现实与理想之间存在着太大的差距，象牙塔并非我想象的那么神奇、美妙、自由自在，它似乎也成了生活中的羁绊。我读的是思想政治教育专业，我并不喜欢，反而觉得头痛。每天碰到那马克思主义哲学、邓小平理论等，我都想溜之大吉，我与政治似乎是绝缘体，可它却偏偏死缠着我，当然也是我并不漂亮的选择。但是我确实讨厌它，受不了那套大道理。每天都是亚里士多德、黑格尔诸如此类，有时想想这是不是一个黑色幽默。

我是一个内向的女孩,变得越来越抑郁,近来读《阿尔芒丝》,那奥克塔夫的形象不时在我脑海中浮现。有时候我也在思索他的"世纪病"是否会在我身上出现,想来真的好恐惧。我平时沉默不语,极少说话,因此看上去给人一种很冷漠的感觉。其实我又何尝不想拥在一大堆朋友的身边说说笑笑,天南地北地侃。可我就是做不到。

每逢我看到周围的同学大展歌喉,我则默默地端坐在旁,无言的自卑与失落充斥着我的心房,可怜我五音不全,也只好让无声的泪在心底流淌。

进入大学以来,我时常感到空虚、无聊,任日子一天天过去,没有一点点痕迹,没有一点点感动,甚至一点充实感都没有。我在想这样晃过四年,我大学的生活岂不是一张白卷?!我不想,我不要,可是我该怎么办啊?

确实,我不知怎样来度过四年!没有遗憾,没有后悔。我不知道怎样来克服我的自卑、我的寂寞,再塑一个自信、充实的自我。是的,我很想改变一下自己,但又不知从何做起!杨老师,给我一点启示,好吗?

杨老师,请您原谅我的唐突,初次写信给您便向您大吐苦水,很抱歉。但我确实想得到您的帮助、您的指点。我犹如在茫茫大海中失去了航向的船,不知何去何从,需要您给我指点迷津。

收到此信,请回封信好吗?谢谢!

敬祝

教安!

希望我的信不会让您太心烦。

您的学生　×××

2000 年 3 月 12 日

附回信——

×××:

你好!并不是每个人都能够去象牙之塔中深造四年,你能够通过自己的努力,为自己争来这个机会,真的要发自内心地为你道一声祝贺！

说到"世纪病"，我对这个词还不算陌生，甚至大学时的相当一段时间我还十分病态地迷恋过这种说法。坦白地说，当学生时候的我跟如今的你有许多相似的地方：内向、沉默寡言、不善交际、自卑……以至于抑郁，唯一的区别恐怕只是性别不同而已！

当时我也曾十分幼稚地认为，众人都活得比我好，比我轻松，普天之下只我一人那么累。我明白这世界上的每个人都有一本难念的经，每个人的成长都要经历一段十分漫长的心路历程，那是以后的事了。

其实奥克塔夫的"世纪病"是与当时的西方社会背景和社会思潮有关的，而我们的"世纪病"则更多地要归结于我们自身成长上的一些苦闷和迷茫；奥克塔夫的"世纪病"会将人导入空虚、绝望，我们的"世纪病"则最终将我们引入到深刻与成熟。

看得出来，你是个活得比较认真和严肃的人，你不愿意自己虚度四年光阴——否则你也不会有这种挥之不去的苦闷和寂寞了。

人与人的能力不一样。有人擅长口头谈吐，有人擅长笔上功夫，有人擅长冥思苦想，有人擅长跳跳唱唱……你的长处大概在文笔和生活的认真上。那么，你又何必因看见别人在旁边大展歌喉而自卑与失落呢？！你流利的文笔，漂亮的字体，严肃的内涵，及对诗歌小说的那种兴趣……这些难道不也同样值得人羡慕么？

对那些有漂亮的外表和极强的自我表现力但却缺乏内在才华与知识的人，社会上一直以来有一个十分形象的称呼：绣花枕头！

说了这么多，我的意思是想告诉你：人人都有自己的优点和不足，人人都有自己闪光的地方。我们固然不能因为自己的一点成绩就目中无人，但我们同样也不能因为他人的长处就随便地埋没了自己！

现代社会是个竞争的社会，也是一个很多时候需要自己推销自己的社会。那么这就决定了我们在大学里不仅仅只是要获得一张文凭，不仅仅只是要学知识，同时更要学点交际的技巧。不读书不行，但一心只读书当书呆子也不行。你可以试着多和周围的人交往，看看他们在想些什么，做些什么，那样你就会渐渐走出自己的封闭，慢慢地，那种孤独和寂寞之感也就会少下来了。这样做同时也更有利于你了解自己，了解他人，了解社会，进而自己能够慢慢地适应社会，把握社会，这对你毕业后的工作将大有好处！

说到专业，坦率地说，大学里的很多课程跟社会是结合不起来的，很多有用的东西倒是在课堂之外学的。大学跟中学不一样，大学里相对来说宽松些，因而也便少了一种约束，正因如此，所以很多时候要想学点东西也就只能靠自己，靠自己的上进心和努力。

那么，我想除了几门专业课之外，一些小说、诗歌方面的名著自己也可以读点——毕业之后是不大有时间和机会来读的。多读书，多读好书，会丰富你的文学素养，开阔你的眼界和思路，使你变得充实和深刻——同样，这对你今后的工作也是大有益处的。

以上说了那么多，其实也就几个问题：一是自信，二是多读书，三是多跟人交往。现在学校里学风普遍都不是很踏实，要做到以上这些没有点毅力是不行的——因为这样，能静下心来做到的人也就更显得可贵了！

我该承认，信中很多东西只是我自己的体会，可能并不一定有理，也不一定全都适合你。于你有用的东西，你参考着用；不适合的一些话权当是聊聊天吧。

祝学业有成！

杨老师

2000 年 3 月 17 日

三年之后，我们遇见，她已经大四了，正在信心十足地四处奔走，寻找就业去向。她已经度过精神上的炼狱时期。

每一个刚进入高校的学子都还有长长的路要走，都还会面临一次甚至几次心理的炼狱。大学录取通知书只是逗号不是句号。

人间女儿心

　　家家有本难念的经,但不管怎样难,总有念尽、念完、念到苦尽甘来的时候。前提是:你需要虔心诚意地去念。

杨老师:

　　您好! 现在的我本应该置身于紧张的学习中,但一些事总不时地缠绕着我。

　　从我初中时,爸爸就跟别人合伙办起了厂,但是去年关门了,不但没拿到一分钱,反倒亏了3万多块。我和弟弟现在都在读高中,奶奶得了糖尿病,妈妈又有高血压,爸爸又失业了,经济的困难已使他衰老了许多。每次回家,看到爸妈那操劳的身影和无奈的神色,我真是爱莫能助。最近,我又发现爸爸常常咳嗽,因为他是重吸烟者,我真怕他会出什么事。想劝他禁烟,又怕他会发怒。我也看过许多在比我家更加困难的情况下,走出困境的例子,但是贫穷不要紧,我只要全家人都健康。

　　在学校里,虽然没有像家里那些压抑,但每当晚上,我总是想起那些事,因此总是睡不好,白天头昏脑涨,学习成绩下降。高考又迫在眉睫,我真的不知道该怎么办。请您给我一些指点。

高三×班　×××

　　以下是笔者的回信——

×××同学:

　　你好! 感谢你对我的信任!

你是个比较孝顺和有人情味的人,否则你便不会那么在乎自己的家人和他们的不幸。但不知你想过没有,无论是你还是你的家人,都还没到"山穷水尽"的地步!看看电影《一个都不能少》中的人物,看看生活中那些众多的不幸的人——你是不是该轻轻地舒上一口气呢?

坦率地说,你现在是帮不上父母什么忙的,紧张的学习,近在眼前的高考……你的任务主要还是学习。试想5个月后,你以顽强的拼搏换来了一张颇有含金量的高校录取通知书,那时,你们那个较少有笑声的家会是怎样一种情景?如果没有猜错的话,肯定都会喜笑颜开,不管是你的奶奶还是你的父母——那种喜悦应该是任何东西都换不来的!

那么,这是不是一种对父母、对亲人的更好的更有价值的回报呢!?

上了大学,自己再将家庭的苦难装在心里,默默地、一步一个脚印地走完四年学子生涯,然后走上工作岗位……到那时,一切都会换个样。

相反,如果你现在过多地将自己锁定在家庭的不幸上而荒废了学习,到时高考再一受挫,那时你再有千万的回报父母的雄心,也真的是回天无力了。不仅你无法为父母分担忧伤,相反还会因为你的失利而再给家人的心里蒙上一层阴影。

为父母和亲人分忧有眼前的,有长远的,你应该考虑的是一种长远的帮忙,那样的帮忙才是一种真正的根本上的帮忙,否则便只是添乱!

"经常去想"家里的"那些事"不能给亲人以任何帮助,只会造成你精力上的一种"内耗"。而现在的这个关键时刻,你的每一份精力都该用到"刀刃"上去才对!

别将苦水压在自己的心间,适当的时候向知心的同学说说,向信得过的老师说说,将内心的苦闷宣泄出来。挺过了眼下的难关,一切都会好起来的。毕竟家里还没有到缺衣少食的地步!

至于你爸爸的烟瘾,我想那只能慢慢来,一个有很重思想和生活负担的男人总得有点寄托才对——否则他不是太苦太累了么?烟有时能给烦恼的人暂时的轻松和解脱!

不过你可以从数量上慢慢地给他做一些善意的规劝和关心。

最后祝早日走出困境！

杨老师

2000 年 3 月 14 日

多么懂事的一个女孩啊！

4 个月后,她果然以年级前几名的成绩考上了上海的一所著名大学。

穴居动物一样的女生

那个时候她正在上高三,时间是在 1999 年 12 月,这是她的三封
来信——

杨老师:

我觉得暗无天日,同学们讥笑的神态总是浮现在我的眼前。我曾
学鲁迅"把悲哀摆脱",可是又做不到。因而我越来越讨厌同学们。我
讨厌他们并不是刚刚才产生的,从高二下学期开始,这种厌恶的心情在
滋长着,但我没有办法控制它,到现在终于爆发了。我对任何人任何事
都讨厌,以致现在成了同学们攻击的对象。一旦我的语气重了,"战争"
也就爆发了。我想退学,但我不想当逃兵。(虽然我的成绩差到了极
点,大学是进不去的。)

心理老师,这是不是因为我平素不善交谈的缘故? 还有没有办法
让我和他们相处好点?

×××

1999 年 12 月 8 日

杨老师:

您好! 昨天的谈话或许是沉闷的,因为仅仅 20 分钟的时间里,沉
默占去了一大截。本来我有很多很多的话要说,但因为我的那位室友
还在教室里等我(我来的时候,向她打了招呼,但那时她的表情却是令
人悚然的)。

我怕同学们说我来心理辅导室,怕他们问我任何关于这的问题,怕
他们到处与人说,因为我怕父母来问我为什么,哪里不舒服。这又会使

父母,特别是我妈妈吃不好、睡不香了。就像在六年级时,我生了一场重病,妈妈哭肿了眼睛;今年我的眼睛花粉"中毒",妈妈整个人瘦了一圈。要是再让妈妈为这苦恼,我怕我妈会支撑不下去。

我是在"药罐子"里长大的,因而,父母对我也总是"最惠国待遇"。

或许,昨天的谈话,我再没有胆量开怀大说,是因为第一次的谈话给我的影响。虽然您尽力地解释,尽力地让我明白那种谈话是没有压力的,但我总觉得我的心情有点像白莽。

我曾经主动和同学们说过几句话,但我得到的却是沉默。虽然我努力地为他们想一个理由,为什么他们没有回答,但得到的答案就是"与冷血动物谈话,只有傻瓜才会愿意"。与我朝夕相处的室友,我两天没有与她说一句话(这是她曾经希望的,希望我不与她多说一句话,好充分利用时间)。但我得到的是什么?是那任何人都受不了的冷眼。有时,我胃痛,痛得实在受不了了,就请她到下面拿点热水上来。当她上来的时候,我正在杯子里放糖,而她只把热水壶递给了我,却没有因为我胃痛而帮忙在杯中倒些水。她或许没有注意到我实在是痛得受不了了才请她拿开水,但她难道不能做那一举手一抬脚就能完成的事吗?而当她那次得了感冒时,我并没有这么冷淡,我问她要不要喝点热盐水,要不要吃几粒药片。并且对她说把枕头垫高,被子盖严实……她打断我的话,反而问我什么时候变得这么爱唠叨,像她妈妈似的。难道这又是我的错吗?

杨老师,对于你的一些看法,我仍然有一些疑惑。真的是我过度敏感了吗?他们讥笑我,那可能是真实存在的。虽然没有一个人有这种权利,但实际生活中是不可能不存在的。但我会尽力地学会宽容,以便走进社会时,不再是一个"老顽固"。

此致

敬礼!

高三×班　×××

2000 年 1 月 25 日

杨老师：

　　您好！

　　经过您的心理辅导，我觉得我现在生活得比以往轻松多了，但今天发生的事，几乎使我崩溃。

　　在班中，我是位差生，这是明摆着的，我也不太在乎。但差生难道不想成为优生吗？差生难道也不用心吗？在班主任的眼中，我们差生一文不值，这就算是傻子也看得出来。在她眼中，只要是差生，没有一样是行的。她整天转于优生之间，何时关心过我们的死活。虽然我平时不与任何一位任课老师交谈，但我并不希望因此而得罪班主任。

　　曾经因为我眼睛有病的缘故，我在晚自修时出去了一会儿，是因为我实在忍不住了。而偏偏这节课是班主任值班。一下课，她就凶巴巴地开始不点名地批评我。可是，我看到过几位高才生，他们照样在那种情况下出去，可她并没有张一张嘴。

　　今天，班主任拿了一叠本子让班长发给各位同学，几位油滑的同学把本子一抢而空。待到晚上，她来了，并且说这些本子是要写书面表达的。我一急，便说："××老师，我们没有！"她面带笑容地把那些被抢了的本子收回，发给同学们，她依次发过去，可偏没有给我。我的同桌让我向班主任要。我并没有向她要。可没有本子，我怎么写书面表达。我哭了，我为自己哭，也为爸妈哭——你们百般疼爱、呵护，不肯让她受一点委屈的女儿受到了这样的待遇。我真想立刻跑回家，投进妈妈的怀抱，大大地哭一场，可是我没有，我电话也没有打一个回家，我不愿让他们担心，让他们难过。

　　为了那本子，我只得忍着泪去找班主任。

　　杨老师，学生应该以学习为重，这我知道，但在这样的环境中，我怎么会有好心情、高效率呢？杨老师，这是不是又是我太多心了？

高三×班 ×××

2000 年 3 月 15 日

　　她给笔者印象最深的就是看人的时候那怯弱躲闪的小动物般的眼神。

　　在面谈时，随着谈话的深入，她也逐渐变得轻松和自然，但仍然不能完全放开，谈话间常常有些真情的流露，但每次她都是笑了半声就又打住，从镜片后面敏感地观察笔者的反应——她是一位同周围的环境和人都存在着某种隔阂的女孩。

她觉得周围的人都不好，周围的人都很坏。在将近一个小时的交谈中，她总是重复着"他们都很坏的，不管是男同学还是女同学，他们都对我很冷漠，老在寻我的笑话"。"他们说的做的我都觉得很没有意思很做作，平时的打打闹闹也很讨厌很轻浮。因此课间十分钟的时间里我除了自己看书外，就是趴在桌子上睡觉，从不跟他们交往……"

其实同学们都很关心她，但她总是那样的敏感，总是将自己假设在众人的攻击中，每天生活在人为的紧张、压抑和孤独里；她将自己同周围的人隔离甚至对立起来，这种隔离和对立又加重了她和周围同学的误解和矛盾。

当然，背后也有一些不容忽视的原因：在她的儿时生活中曾经有过两件事情，一次是附近村庄的一个小孩（也是女孩）来做客，村里的几个顽皮的孩子将小女孩捉弄哭了，最后还用绳子绑在了一棵树上。后来小女孩的妈妈找来了，几个小顽童却一口咬定这一切都是她和她母亲做的，邻居当中惹起一场轩然大波。"从那之后我就讨厌（或许是恐惧）他们，他们都很坏的。"还有一次是上小学的时候搞卫生，教室里的卫生是她一个人打扫的，但同村的几个男同学却向老师告状，说她劳动不积极，教室卫生是他们打扫的，结果老师不经调查把她狠狠地批评了一顿……两次她都委屈得哭了，尤其是第二次，她害怕得几天都不敢去上学——怕遇见那几个老是欺负她的顽皮孩子，但父母却因为忙于工作对她心灵上所受的这种暗伤一无所知，她也一直把这一切深深压在心底下。

童年的两件事情给她的心灵留下了创伤，在后来的生活中，她把对那几个顽童的"讨厌"（其实应该是戒备和恐惧）扩展到了所有遇到的人，对周围的所有的人都怀了一种恐惧和批判的眼光，于是才把自己与同学隔离甚至对立起来……

孩子在成长的过程中需要的不仅仅只是身体上的供养，他们更需要心理上的呵护与抚慰。有时候，父母、亲人、外人的不经意的一句话都会给孩子以伤害，而这种伤害他（她）常常要用几个月、几年，甚至一生才能消除。

一个爱脸红的女生

你别说，长得漂亮有时候也真的会招惹是非。

杨老师：

你好！我是高一×班的×××，听了你上次的讲座，又听到心理咨询，原本只见过心理信箱和一个从未见开过的心理辅导室。我想经过上次讲座有许多同学了解了，您收到了很多信吧？首先谢谢你百忙之中来看我的信，来帮助我。我觉得我有许多心理疑点，我每天虽然总以开开心心、蹦蹦跳跳的形式出现在同学面前，其实我生活得并不洒脱，我也用过写日记来记录，但在日记中并不能解脱，我发泄过——独自大喊或大哭，但小的忧伤解除了，大的问题依然存在。我也倾诉过，我想和以前的同学写信谈心，但总觉得不安全，怕被别的同学看了信（这些事是常有的），也许是我多虑了吧！我也找同桌谈心，因为我不仅信任她，（一开始就有一见如故的感觉）而且又十分佩服她，她不但成绩优秀，人缘也好。但有些事情，我觉得应该保留我的隐私，或者等到某一特定场合才能说。

我这个人有一个"怪病"，就是跟某些男同学讲话或接触时，我的脸会莫名其妙地红起来，我自认为自己不是一个十分内向或害羞的人，是不是我的心理方面有什么问题？或是心态不好？最近我发现跟有些女生讲话也有这种情况，所以我十分苦恼，只好求助于您了。

最近几天隔壁班有个男同学第四节晚自修老是到我们班来（我是住校生），事情是这样发生的：也是在上个学期快结束的时候，我发现他（在我们碰面时）老盯着我，以至于我不敢朝他看，或远远看见他就躲避。这个学期，他写了封信给我，说是要和我交朋友，因为我对他的印象不好，而且每次用那怪怪的眼神。于是我拒绝了，回信说交朋友很麻烦，不想和他交朋友。本以为这事就这样解决了，万万没想到，那却是刚刚开始。没想到，他每次和我擦肩而过时都喊我的名字（说来也怪我老是和他碰到），而每次我都没有看他也没有理他。我觉得这人怎么会这样，直到最近几天，他第四节课老来我们班而且又坐在我的附近，叫着我的名字要让我和他讲话、交朋友。好烦啊，我没有理他，因为我已经跟他讲得很清楚了。而且现在他这样来引起了一些同学的闲话，也许那些同学只是跟我开玩笑，我也没有太在意。上星期五的晚自修他又来了，而且用问英语题目的借口跟我讲话。他又说要和我交朋友，我说我不要。他说他没有别的什么企图。我说我不认为你有什么别的企图。他说一句我反驳一句，以前我认为不理他让他随时间流逝而消失，但又听一个信得过的朋友（她跟他是一个班，而且坐在他的前面）说，他这人很实在，人蛮不错的，只是有时有些不正常，傻里傻气的。虽然我没有感觉到，但伤害一个好心人又不太忍心。我真不知如何是好！也不知该怎样对他说！请帮帮我！

别人说我很漂亮，但我却没有这样认为。我不觉得自己漂亮，曾在一张报纸上看到过一篇文章——《假如我是一个丑女孩》，是呀，在别人眼中我不是一个漂亮女孩该多好，难道漂亮女孩就是那样烦的吗？提起沉重的笔，写下忧愁的事，希望你能帮助我。还有许多"心理障碍"，只不过这件事亟待解决罢了。谢谢！下次再谈，等候佳音。

祝：一切顺利！

高一×班　×××

2000 年 4 月 1 日

"跟某些男同学讲话或接触时，脸会莫名其妙地红起来"，其实这算不了什么"怪病"，更不是"心理方面有什么问题"。这个年龄的人，心理尚不成熟，社会经验也比较缺乏，很多时候走在路上都有种拘谨不安的感觉，总觉得周围人的目光都盯在自己身上，总觉得别人都在注意自己。这种拘谨的感觉是处在青春期的少男少女中一种常见的适应上的特征。

而从另外一个角度上说，这可能也是缺乏自信，在社会上还没有找到自己位置的人存在的一种常有的心理现象。在调适上,最好是增强他们的自信,然后再施以行动上的一些训练。具体的可以在跟别人谈话时,眼睛要有意识地跟别人相对视,开始可以先从自己的父母做起,然后是同学、老师,逐渐扩展到陌生人。

至于那位男同学的事情,也许的确是比较难缠的。一般的人,碰了个不软不硬的钉子后,都会知难而退,但他却表现得很"执着"。在这种感情攻势下,"又听一个信得过的朋友说,他这人很实在,人蛮不错的"。因此又觉得"伤害一个好心人又不太忍心!"

其实这就是这个年龄的女孩子的一个心地善良的地方,很多女孩子就是因为"不忍心"拒绝才陷入感情旋涡中去的。在这点上,她有摆脱他纠缠的愿望,只是不知道该怎样去做。对她来说可能最好的还是跟他开诚布公地深谈一次,必要的话可以告诉他"你的行为已经影响了我的正常生活,如果你再不尊重人的话,我只好告诉你的父母和班主任了,让他们来劝你",一般到了这个分上,正常的同学总也该知难而退了。当然,这也只是作为一种策略来用,而不是真的要告诉父母和老师。

中学生——尤其是一些长相文静、端庄的女孩子,或多或少都会遇到类似的事情,但只要自己能够保持冷静和理智,处理得当,一般都能够解决好的。从某种角度上说,这也是生活对她们的一种培养——培养她们的处世和应对世事的能力,为今后走上社会做准备。

满院豪猪

那时候，还没有"私密空间"这种说法。

杨老师：

您好！以前，我是个很好胜的人，自尊心也较强，从不轻易向人道歉。可是进入高二后，成绩开始下降，也不再自信了。现在，我们高三学生很快就要毕业，能考上自己理想的大学自然是我最大的心愿。不过学习中，我却感到迷茫，即使在"班"这么个小的圈子里，大家也还是在"明争暗斗"，这又何必？可是我无法回答自己。

这一年来，我的变化很大，与同学有了矛盾，无论自己是对是错，却总是先开口向人家道歉。有时候躺在床上回想：我都惊讶于自己的巨变。老师，我的做法，是对是错？为了挽回那份友谊（也不知它还称不称得上友谊），我放下自尊……别人会不会认为我好欺负？

两星期前，我换了座位，是同桌建议的。说是为我的眼睛着想，可是我心里知道，她肚里卖的什么药。现在又到了两星期一次的换位期，或许是她开始发现，新同桌比我更差劲，又想以视力下降为由，重新与我成为同桌。说实话，我真不愿再与这样的人坐在一起，可又不知该如何拒绝。假如我们真的又成为同桌，我该怎么办？是流露心里真正的感受，还是勉强自己，与她同往常一样地相处，做个表里不一的人？

与人交往，我实在不太会，看着眼前的一切，对社会，对未来，我感到迷惘，难道人就是这样？如果朋友不真诚，再多又有何用？即使将来学业有成，事业顺利，又怎么样？

我很想与周围的同学成为朋友，而不是嘴上称兄道弟，背后说长道短的那种。可是一些同学的做法实在让我忍受不了。老师,我到底该怎么做?

　　此致

敬礼!

学生　×××

2000 年 4 月 11 日

　　古印度哲学中有一则寓言:寒冷的冬天,一群豪猪挤在一起取暖御寒。由于身上都长有刺,挨得太近了,身上的刺便扎到了别的豪猪身上,自己也被扎得鲜血淋漓。但彼此离得太远,又达不到取暖的目的。经过多次摩擦,聪明的豪猪终于找到了一个既达到取暖目的又不被刺伤的距离……这就是社会学家们津津乐道的"豪猪理论"。这个理论在处理人际关系时很能够给我们一些启发。

　　学校是个人口极度密集的地方,每个人只能拥有一个小小的空间,举手投足间几乎一不小心就侵入了别人的"地盘"。这样彼此间的矛盾无形当中便会产生。另外,中学阶段正处在人生的十字路口,理想、事业、前途、命运……所有的一切都要靠这三年的学习和拼搏来决定,真可谓是"失之毫厘,谬以千里""一着不慎,全盘皆输"。因此,说高中学生几乎是社会上活得最累的一个群体,也许并不为过。起早摸黑夜以继日,处在一种紧张的生活之中,还有学习上的竞争、自身身心发展不成熟等等,这些无疑也增加了孩子们的紧张与焦虑。

　　如何引导他们解决和处理彼此间矛盾,这不仅仅只是心理教师的事,也是广大教师和家长应该关注的问题。

　　附笔者回信——

×××:

　　你好! 会自己处理同学之间的一些摩擦,是一个人的能力之一。

　　说到自尊心,我觉得你将它和道歉对立起来了,其实这应是两个不同的概念。自尊心指一个人的人格与尊严,不是指拒绝承认错误。与同学产生了摩擦,先平心静气地想想自己的原因,如果的确错在自己一方，那么主动去给对方道个歉也不为过，如果是对方错了，也不必耿耿于怀（当然原则性的问题除外），轻轻松松地一笑了之。

你说的"自尊"更多的是指"面子"吧？

主动向同学承认自己的不是，主动原谅别人的错误，这不是"放下尊严"，相反，这是一个人修养和气度的表现，是一个人很难得的优秀品质之一。

"座位事件"照我来想是不该发生的，如果的确因为眼睛近视那另当别论，但如果因为一些人事上的摩擦，就想通过调座位来解决那是不是太幼稚了点？跟有矛盾的同学同桌是有些别扭和难堪，但这种别扭和难堪不正是锻炼两个人的好机会么？再说，即便是座位调开了也不见得就解决了矛盾，彼此不是还同在一个班级么？不是依旧天天"低头不见抬头见"么？！

有了打不开的结（不管它是人际上的还是自己心理上的），逃避永远都不是最好的办法，最好的办法是直接面对，亲手解决，第一、第二次可能解决得不顺利，但第三、第四次就有了经验——人的经验就是这样积累下来的！

高三学生每个人都有本难念的经，每个人都面临着高考的压力，每个人都不大有心思与精力来关注除自己以外的其他人。现在来要求朋友对自己忠诚，要求别人体谅自己，为时还太早了点。现在是各自"突围"的时候。其实现在谈得来也罢，谈不来也好，在一起的时间满打满算也只有 3 个月了，3 个月之后都将走向天南地北，到那时大家想见一面也不容易了。

现在最主要的事情是备考。同学之间真心地对待每一个人——不过分地苛求，也不刻意地取悦，以一种本色的自己对待周围的同学，渐渐地，你会觉得活得轻松的。祝好！

杨老师

2000 年 4 月 12 日

大考前夕不做自乱阵脚的事

以下是一位男生写来的一封关于情感方面的咨询信——

杨老师:

你好!

我有一个问题,想请教一下。

我喜欢上一位女生,以至于时不时地想她。在内心深处是极力克制自己:"应该努力学习,一点才能都没有,将来如何养家糊口。"我也试着不与她交谈,希望能逐渐淡忘她,可她离我很近,不与她交流,我真的觉得很辛苦。

希望你能给我指点一下。先说一下我的打算:顺其自然,任其发展。这样就担心成绩下降,一无是处。

好了,就聊到这里。祝老师轻松每一天。

学生 ×××

笔者回信——

××同学:

你好!你所说的事很多同学都曾经遇到过。一般来说,我们是不主张"任其发展"下去的,有以下几个原因:

前段时间社会上大谈"减负",但每个学校都只是减在口头上,而实际上对考试谁都不敢掉以轻心,因为高考还是靠分数,高考还是千军万马过独木桥。在这种情况下,谁愿意在学习上减负就意味着谁将在高考中自愿地处于劣势!

2000 年

你现在正是高二吧？每一个想考上大学的同学都在暗中与别人较着劲，都不敢分心。人家拼得这么激烈而你却在那里因为情感上的事情而分心，这是不是多少有点自乱阵脚的味道？！

从前几届学生来看，凡是"自乱阵脚"的人几乎没有一个没受影响的——有的本应该考上重点，结果却只上了个第二批、第三批，甚至落榜。以这样惨重的代价去换来的并不成熟的"爱情"，有什么甜蜜可言？！

假设你是我学习上的竞争对手，我非常愿意你去谈情说爱，因为那样我就少了一个竞争对手——你愿意吗？

你才19岁吧？有人做过调查，社会上离婚的人有将近80％都是在20岁左右谈恋爱，二十三四岁结婚的。20岁左右的人，生理上是成熟了，但心理和思想常常还显得幼稚和单纯。我们还要经历许多的事，我们还要结识更多的人，谁敢保证自己或者对方不会再有变化！谁敢肯定自己或者对方就是彼此的"唯一"？！既然一切都还是未知数，又何必早早地将自己拴在一棵树上去？！

过早地向别人或是让别人向自己做出承诺是不明智的。先读好书，全力以赴闯过高考，二十三四岁再来考虑情感的问题，对自己对别人都有利！

需要友情，需要爱，谁都是这样，但友情不一定非得转化为爱情，喜欢一个人也不见得非得将她据为己有——特别是在中学阶段。

你依然可以同她交流，只是最好几个人同时一起，尽量避免那种单独的、一对一的交谈。而且你还得时时在自己的内心里淡化对她的感情，尽量不让它升温，尽量让它变成一种纯洁的同学之情——你是男子汉，有这种自控能力的，对吗？

以上意见供你参考！

祝好！

杨老师

2000年5月10日

多少足迹烟雨中

假如高考是一场激战。出征前，将士都在想些什么呢？

杨老师：

您好！早就想提笔给您写信，只是一种骄傲和顽固使我不肯轻易地袒露内心的脆弱。不经过尝试，我怎么可能投降，直到事实证明我真的已失去驾驭自己的力量。

高考在即，可我总是处在一种低迷状态中，上课无法集中思想，游离的思绪幻化成的是一个超脱的世界——一个我对未来勾勒的天堂。"幻想"是我遁世心态的产物，又是一个引起我遁世的诱惑，我的生活很不充实，我的学习很不踏实，我"欠账"太多，又何从找回自己的自信心？！

这种不受理性支配的苦恼高一时我已领教过，但是高二——经过一个假期的调整，我已是一个全新的或许是原本的我，成绩自然进步不小。可是好景不长，高二第二学期，我被卷入了情感的旋涡……也许一段时间的积累使我还能吃老本，高二期末考和会考我都发挥不错——高二是一个美丽的辉煌。

进入高三，小小的插曲也已终结，原本打算再接再厉，更上一层楼，谁知天不怜我（外因在我身上就会发挥更大的作用），大姨夫无辜地死去，外婆也因病辞世……高三第一学期就在情感的激荡中流逝，愿主宽恕——如果这是借口的话！为了在最后阶段突击一番，我住到了同学的亲戚家（亲戚都在杭州，我和她是"主人"），可是事实并不像想象中的那个样子，我和她性格上都有一层散漫，再加上电视的诱惑，头两个月，根本没有很好地利用，反而不知是换了环境，还是因为离校有一段距

067

离，总是睡不踏实，甚至经常害病。直到"一模"，美丽的成绩单中并不美丽的成绩……我们似乎从没有懈怠过，每次都到晚上 11:30 多才睡，可是复习的东西又都零碎和记不住，对我来说。而我似乎又一直是懈怠的，心境从没放开过，一开始是体会住校好还是住在外面好，后来是不停地寻找最佳心情状态，只可惜直到现在，我还是做不到抛开一切投入学习，心情起伏大，似乎对哪个老师都瞧不顺眼。我总是感觉到有两个我相斗争而存在，我总是独处在与意念的交谈中，就像现在，只不过此时，我用笔记录了这段交谈。我并非是一个玄学主义者，可有时候真的希望什么都玄乎一点！我总是有一种受制于人的感觉，可事实是谁又有兴趣和时间来压制我！

对能否上大学不在乎，这是一种洒脱的托词，父母的慰藉使我更加恐惧，但若他们施压，或许仍是不变的恐惧。似乎这个时候，我只希望孤独，可我不得不承载并不孤独的情感、友谊，一切的一切……我也会开口向父母要钱买保健品，我也会暂时冷漠起来——其实我几时又热情过了呢？我想好好休息，这几天似乎感冒了，喉咙疼得要命，我又何时不处在感冒中？

劳您伤眼神了。我是高三×班的×××，真诚希望得到您的帮助。谢谢！

笔者回信——

×××：

你好！"出于一种骄傲和顽固"而"不肯袒露内心脆弱"的同学很多。从你对自己的剖析来看，高一是基本上荒废了的，高二比较成功——尽管其中也有过情感上的困扰。高三，你又松懈了。

只是无论成功也好，失败也罢，都已经是过去的事情了。现在再去追悔、寻找原因都已经没有意义——现在还不是忏悔的时候，现在最关键的还是如何把握好时间，如何调整好心态，去迎接一个多月后的高考！

你爱幻想，"总处在与意念的交谈中"，从中获得一种出世的超脱。事实上不仅你这样，很多文科学生也都有这个特点——我自己当年也曾是文科学生中的一个！

客观地说，爱幻想，有自己的一个独立而生动的精神世界并不是一件坏事，很多时候它会让你生活得不那么沉重和枯燥。你的信中有一种很多同龄人都没有的超脱和豁达——别小看这种超脱和豁达，它会给你的一生带来乐观和充实！

但也正如这世界上的万事万物一样，超脱和豁达也有它的两面性。

世界是个物质的世界，人不能拔着自己的头发上天，人永远不可能离开"地面"。幻想是一种很不错的境界，但一味沉溺在幻想里，借幻想来麻醉自己，那事情就走向了反面，那倒真的成了一种"遁世"了。而我们现代人是不可能遁世的。古代有隐士，但现代已经没有了适合隐士隐居的那份青山绿水，也没有了那份宁静。现代人要当隐士也只能在家里——如果我们有很多很多的钱，我们就可以不用工作，不用应聘，我们就可以关在家里做自己想做的一切——包括幻想，包括与意念默默地对话——但，这样的生活又有几个人能够拥有？！

背着书包进学校，理由可能有千条万条，但最终的理由始终就只有一个：考大学，找工作！只有有了一份称心如意的工作，人才能有心思去谈其他的一切包括自己的理想和爱好！

你对自己的成绩不满意，对高考信心不是很足，说明你并没有完全沉溺在幻想里，你对自己的认识还是比较清醒的；另一方面，从你对自己的剖析来看，学习上你也并没有到达"穷弩之末"，你还有很深的潜力！

那么，我要说的是：从现在起，开始走下云端，客观地正视自己学习上的得与失，然后静下心来，整个地投入到高考前的这一个月的冲刺中。

在时间上你从来没有懈怠过，每天都是晚上 11:30 才睡——比我还晚半个小时！但在学习的效率上，你却懈怠得太多，静不下心，狠不下心，不能将自己完全锁定在眼前的事情上，总是要去看看"虚无缥缈"的"天空"。

静下心来，狠下心来拼一拼吧，反正十年磨一剑也就是为了这一"搏"；反正也就最后的 40 天时间了！在最后的关头，一切都给学习让路！祝好！

杨老师

2000 年 5 月 21 日

多少足迹烟雨中

"分数"叙事

关于分数那点儿事——

【高三男生　2000 年 3 月 5 日】

父亲是一家厂里的推销员,母亲是小店主。家境一般,家庭和睦。两年前借债在镇上买下了一楼一底的店面房。父子订协议:父亲努力工作,争取早日还清债务;儿子用心读书,争取考上大学。

目前"父亲的工作一帆风顺,而自己的成绩却不见有大的提高",担心他会辜负父亲的一番苦心。

一位干姐姐去年本校毕业,考上了北方的某大学。在替她高兴之余,他也深感压力巨大——"担心赶不上姐姐"!

由于以上原因,他内心常常有一种忧虑,这种忧虑已经影响到了学习和生活……

【高三女生　2000 年 3 月 15 日】

作者是一位高三的学生,由于在本次月考中出现了一些难以想象的情况:为了让我能了解我现在的处境,她把她的分数写了一下——

语文:86(99)　数学:96(122)　英语:115(115)

物理:88(120)　化学:86(107)　生物:83(69)

括号里是上学期期末市统考的成绩,应该说这两次考试难易是差不多的,可她自己也不知道为什么会差了这么多。上次考试在班内是第 7 名,本次也许要倒数了。面对这样的情况,她实在无法接受。以前从来都没有碰到过这样的情况,偏偏在这样关键的时刻发生了。虽然她相信还能赶上去,深信在高考中能发挥出我应有的水平,但她还是觉得好伤心,好烦!她很想找个人谈谈,给她几句鼓励的话。于是就想到了我——心理老师。

"老师,帮帮我吧!如果可以的话,我想尽快得到答复。"

【高三女生　2000年5月9日】

她想对现在的学习状态做一下咨询:

1.学习上目前处于班上前5名,在老师、家长、同学心目中她都是稳定能够考上重点大学的。但是她每个星期六和星期天都仍然贪玩、看电视,所有的作业都要放到星期天的晚自修来完成(当然效果挺好的),因此她总觉得自己还不够用心。现在是否应该拼一拼?

2.前几天一个和她关系非常要好的女生突然毫无缘由地冲她大发其火,心里想想挺不舒服的,现在很想报复那位女生一次。这样做是不是应该?

3.她在家里,在学校里,一直都很顺利,没有经历过什么坎坷和波折,同学们都说她很单纯,所以有时候有点担心她将来适应不了社会,应该怎么办?

【高三男生　2000年6月8日】

近来自觉非常烦,又非常轻松。

没有上进心,做一天和尚撞一天钟。

根本没有想学习、考大学的念头。

只想一件事:睡觉。

学习成绩滑铁卢般直线下降。

原本可以上重点线,如今高考落榜也不一定。

他急需调整自己,但又不知该如何办。

天天就觉得烦,对什么都无兴趣。

但高考在即,12年读书生涯即将宣告失败。

缺乏自信的他不知如何应对。

心理咨询或许能帮我一把？

Thank you !!!

（最好星期一晚自修，若不行，星期一之后也行）

【高三男生　2000年6月9日】

学习生活情况。

面对紧张的学习，高考的临近，他自己心态越来越差，焦虑随之而来，平时的模拟考老是发挥不出来。

强项不强，弱项更不用说了。

他不知道怎样克服自己的焦虑？

走近重点大学校门的高三女生

"三点一线"式的生活,已经成了一种常态?

杨老师:

您好!昨日听了你的课,我收获颇多,才决定提笔给你写信,心里还有几分害怕。我是一个高三的学生,在学习上碰到了麻烦,使我有点陷入困境的感觉。自分班以后,经常提问的我,变成了不大向老师问问题,也不大和同学聊天,在班上几乎没有好朋友的人。我的观点是自己的事要靠自己,整个高二学习还算平稳。

到了高三,自己觉得平时一心都在学习上,每天都在"三点"(寝室、教室、食堂)转来转去,在教室的时间基本上填满了空余时间。我的学习方法是:老师当天讲的内容,要先看理论,再做题目,有时间的话还要预习第二天的内容。每次考试前要先把考试内容复习一遍。从开学以来,我从未间断,做了一百多张的题卡,当然这整个过程有些粗糙,但我觉得与以前比,用功多了,可现在每次考试,分数都不理想,有几张自我感觉很好的也只有六十几分。那不止一次的打击,使我心里有一种说不出的难受,父亲对我的期望是浙江大学,如今似乎离它越来越远,至于自己的梦想,如今也化为泡影。

每次做考卷时,每做一题都十分怀疑,有"一步十回头"的感觉。我总会快速完成考卷,然后再检查一遍,但近况不同,时间比较紧张。还有每张考卷上,我都有失误的分。每次发考卷时,心中总恐惧万分,看到自己考差的试卷,总想一把揉成纸团,不愿意去仔细订正。

现在,若放下课业,去轻松一下,总有一种负罪感,之后非常后悔,若完完全全地扑在学习上,又得不到好成绩,心中更是难过,不知如何是好！对自己的学习计划也十分怀疑，回到家也担心父母提到考试的事，难以交代，令他们担心。

还有就是每次节假日回家，未到家时，满脑子的安排，真正到家时做作业的时间很少，回到校，又累又后悔。

以上是我的烦恼，能力有限，表达不清之处请谅解。在此先感谢杨老师。祝工作顺利！

×××

2000 年 9 月 26 日

笔者回信——

×××同学：

你好！由于国庆节放假，今天才收到你的信，耽误了回信时间，请原谅！

从信中看出，你是个学习比较踏实的学生，你的学习习惯也比较好。这样一步一个脚印地坚持下去，你肯定会成功。

至于你目前所遇到的难题，我想有两个方面的原因，你说你"自分班以后，由经常提问变成不大向老师问问题，也不大和同学聊天，在班上几乎没有什么好朋友"，对此，你自己的解释是"自己的事情要靠自己"！

我倒觉得你走极端了点，学习是应该专心和专注的，但学习上的专心和专注并不等于要将自己封闭起来。人都需要交流、倾诉，需要友谊，在我们高三这个非常的时期更是如此。在课堂上，在做题时你"两耳不闻窗外事"这是对的，但学习之后呢？你也应该适当地放松和调节自己，和同学交谈点学习之外的轻松话题，正所谓学习要劳逸结合。

"自己的事情要靠自己"是对的，但在休闲时则不应该排斥起码的友谊和交往，否则，人便会活得孤独。你"在班上几乎没有什么好朋友"，是不是你的偏激和过分的自我封闭而造成的呢？

一个过分封闭自己的人是很累的，因为他没有释放心情的处所！长期下去不可能不影响他的学习和生活。

给人的感觉，学习上你是比较自觉的，我要说的是另一个方面：你给自己加的压力是不是太大了？压力如同一把双刃剑，用得好则所向无敌；用得不恰当则会反过来伤害了自己——你父亲对你的期望是浙江大学，你自己的目标也不会低，对吗？

考卷上，你都有"失误的分"，每次发考卷，"心中都恐惧万分"，"每次看到自己考差的试卷，总想一把揉成纸团"，"若放下课业，去轻松一下，总有一种负罪感"……所有的这些感觉和反应是不是因为你给自己施加的压力太大了呢？

读你的信，我在想，如果你能够变得坦然一些，从容一些，洒脱一些，别过分地去想成绩，别过分地去想"浙江大学"，也许考试时反而会发挥更好一些。

从上面的几点来看，也许你现在最需要的并不是如何加倍地努力，而是怎样劳逸结合，怎样使自己一颗心轻松起来。你说对吗？

杨老师

2000 年 10 月 6 日

没过几天，笔者又收到了她的来信——

杨老师：

你好！谢谢上次的指点。这次又麻烦你了。

这次月考（指国庆假返校后的考试——笔者）使我进一步陷入了悲伤的大海！也许我并不是你所想象中的那么自觉，虽然在校时间自以为抓得较紧，但在家里是很松懈的。在五天的长假中，两天是彻底玩掉，又两天是手拿书本，心朝外，不安心，只有一天，我匆忙看书，顾不得一大堆作业，先前的学习任务实现不了。而月考依然靠近，这时的我仍有希望。白天一天考下来，自我感觉很好（我不喜欢和人对答案），晚上只有物理，觉得匆忙，心里很担忧。

第二天，考卷都要放（发）下来了，心里惴惴不安，第一张数学118分令我大吃一惊，我失望了，接着是第二张、第三张……，我彻底失望了，伤心，夹杂着害怕，物理考了不及格，语文"生死未卜"。

整一天，我没听一节课（直到第三天下午），中午随便在面馆吃了一点，在街上待了整个中午，晚上没吃晚饭，在网吧里聊天，在那里我找不到半点乐趣，以前很想回家的我，现在也畏惧回家了。

我想考后心里感觉很好，而分数不高的问题，不仅仅是分数，也是严重影响心理的问题。其中平时自己安排过重的学习任务也可能有影响。考卷中出现问题较多，一般为选择题（如数学选择题扣28分，英语完形填空＋阅读理解扣20.5分，化学选择题扣12分），而物理选择题全军覆没。（当然我的分是完全真实的。）

我觉得我较好强，现在落在别人后面，心里既难过又担心，不知如何是好！还敬请杨老师指出批评。祝好！

高三×班 ×××

2000年10月10日

笔者的第二次回信——

×××同学：

你好！说到国庆节的几天和平时周末在家里的松懈，这其实也是比较正常的。高三时间紧、压力大，但越是这种时期越应该注意劳逸结合，否则，弦绷得太紧了也会断的。周末放松是正常的也是应该的，你大可不必因此而内疚和自责！

说到学习和工作，每个人都应该有自己的目标，有了目标才不会"打乱仗"。但所定的目标也应该符合自己的实际情况，目标定得太低了，发挥不了它的引导作用；目标定得太高了，又不容易实现。只有那种通过自己一番努力就能够实现的比较适中的目标才具有指导的价值！学习上讲究的是日积月累和循序渐进。

这一点你已经有所察觉，接下去是怎样行动的问题。

考卷发下来后，因分数低而背上了沉重的思想包袱，怕回家，愧见父母，这些几乎是一个用心学习的高中生的共同"恐惧"，绝对不仅仅只有你这样！

其实考不好的原因是多方面的：试卷太难；平时复习不到位；知识已经掌握但临考时发挥不出来……一般来说，第一种因素关系不大，不是学生的原因。第二种则需要引起注意，课后多做些反思，改进学习方法，提高学习效率。第三种属于临场发挥的问题，要从心态上去调整。

这种情况很多同学都或多或少有一点。

你属于哪一方面或几方面的原因呢?

"现在落在别人后面,心里既难过又别扭",的确如此,换了谁心里也不好受。不过月考也不是一锤定音。月考的目的在于让同学了解自己的现状,从而及时调整学习方法和心态。这次月考,你的一些不足已经暴露出来了,你现在正处在这种正视自己缺点的痛苦中,在经历了眼前的阵痛之后,等待你的完全有可能是新一轮的崛起。从这个角度上说,现在的痛苦对于今后的高考可能反倒是一件好事——你说对吗?

祝好!

杨老师

2000 年 10 月 15 日

这封信之后,她没有再写信来,据班主任反映,她似乎比以前开朗了些。一年后她考上了南方一所重点大学。

其实自第一封信起,在心理教师的点拨和暗示下,她就已经在慢慢地开始面对和剖析自己了。

而从后来的来信和她高考的结果看,这种"心理叙事"是有作用的。

校花的烦恼

白衬衫黑裙子，套一件春秋校服，立在栏杆前——一幅仕女凭栏图！

当然这是在别人眼里，实际上她那时，正是心事重重的时候。

杨老师：

您好！

我现在想以朋友的身份和您聊聊，可以吗？当然，我不认为这属于"心理咨询"。因为我认为自己的心态比较不错，虽然这次月考我考得很差，可我并没有消沉，我认为最主要的还是自己不用心，我妈妈说过，如果我是不用心而成绩差的话，还有机会赶上去；我也相信自己能行。

我是一个很爱交朋友的人，男、女朋友都有，也不知为什么，我和他们都很合得来。也许是性格的缘故吧：我的性格具有双重性，高兴时，连朋友都会被我"同化"；不开心时，又郁闷得要死。所以每次我心情不好时，总会事先知会朋友一声："我今天心情不太好。"否则，我在不经意间"得罪"了哪位好友，我又得内疚一阵子了！

别人都说我长得挺不错，我也认为是！（有一点点骄傲。）可这为我带来了不少麻烦，我想你也能猜到一二了吧。可我认为这并非我的错。我也知道，老师的"重点保护对象"的名单中，我肯定占有一席之地，虽然老师也是出于关心，但我心里总是觉得怪怪的。好比这次月考，数学我只考了 55 分，真是惭愧，×老师（指班主任——笔者）就问我怎么回事，我说是粗心造成的，其实大部分原因还是自己不用心造成的。×老师又问我，是不是在想心事。我隐约能听出点弦外之音。唉！真没办法。

我认为真正的朋友是不分男女的,只要谈得来,成为朋友不是很正常吗? 我从来不否认对异性朋友产生过好感,但仅仅是好感而已。其实每个年龄与我相仿的人都有类似的事情,为什么我就要成为被别人议论的对象呢? 我最讨厌在背后中伤我的人,虽然这其中也有我的朋友。所以有几个知心朋友就安慰我说:"他们是因为嫉妒你才这么说你的。"我想想也就算了,气死自己真不划算,就当是"宰相肚里能撑船"吧。

　　我还是认为学习比较重要,虽然成绩的好坏不会太多地影响我的情绪,可我会努力的。至于流言,我就"熟视无睹",反正说来说去也不会有什么新花样,要说就随他们去说,我才懒得去一一解释,又费时间又费精力!

　　说出来真是好舒服。其实我本来不想写这封信,因为我怕又要引起不必要的麻烦。但后来不知怎么就写了。

　　如果您想写点什么的话,请也写在这本本子上,谢谢!

　　以后我还有什么事,我会继续用写信的方式和您交谈。

　　再次感谢您!

笔者对此进行了答复——

×××:

　　你好! 与周围的许多人相比,你是比较幸福的,因为你心中总有所依托,总能调整好自己的心态!

　　"别人都说我长得挺不错,我也认为是!(有一点点骄傲。)可这为我带来了不少麻烦。"如果没有说错的话,你的这些"麻烦"大概从初中时就开始了,而且很有可能今后走出校门走进社会都还会遇到。

　　从某种意义上说,这所谓的麻烦也正是每一个相貌长得稍微出众点的女孩子都会遇到的——"自古红颜多薄命"大概就来自于此吧!

　　这一切自然都不能说是你的过错,只是你自己应该冷静而且十分理智地对待自己这一优势。林黛玉"长得挺不错",她用清高和冷漠镇住了别人对她的轻薄;薛宝钗"长得挺不错",她用端庄和成熟很好地保护了自己。

你遇到的别人的那些说三道四大概有以下三种情况吧：一来自男同学。某些男生想同你建立友情，而你委婉地拒绝了他们，于是他们反过来中伤你，从而获得点心理的平衡（这与狐狸吃不到葡萄说葡萄酸是同样的心理）。二来自一部分嫉妒你长相的女同学。还有一种情况是你自己的确有处理得不够好的地方。

前面两种议论完全可以置之不理，但如果是属于第三种的话，则应该虚心地听取了，因为他们可以使你很好地反省自己最近一段时间的为人处世和言行举止。从而使自己变得更加成熟也更为深刻——这其实也就是"以人为镜"的意义所在。

过于在乎别人的议论会让自己活得累和没有主见，过于轻视别人的议论则又会让自己变得固执和封闭。

"我还是认为学习比较重要，虽然成绩的好坏不会太多地影响我的情绪"，成绩的好坏不影响到情绪的学生不多，你有这样坦然的心态，很令人羡慕。只是你的这种心态不知从何而来？如果来自一种积极的调整和"东山再起"的信念，那是很难得的；如果来自一种长相上的优势，则不太可取了。

人的一生可以拥有的东西有很多，而上高三、考大学的几乎可能就只有这一次。

相信最后的关头你会处理好一切的！祝好！

杨老师

2000 年 10 月 13 日

她的成绩并不好（月考 150 分的数学只考了 55 分），但她自己却并不怎么痛苦——不像其他一些"屡战屡败"而又"屡败屡战"的同学。她自己对此的解释是"我认为最主要的还是自己不用心，我妈妈说过，如果我是不用心而成绩差的话，还有机会赶上去；我也相信自己能行"。但笔者觉得这里可能还是她的那种优越心理在起作用——因为长相好，身边朋友多（当然主要是男同学），所以即便学习上失败了也能够从周围仰慕的目光中获得一种心理的补偿。有人说，中专（高中中专）、大专的女生最漂亮,本科院校次之,读硕士生、博士生的女孩长相最一般。这是不是也从反面证明了这一点?

这年高考,她没有考取本来应该考上的二、三本高校,而仅仅只上了个专科。不知道是不是该说她最后的考试结果同她的长相上的优势和随之而来的心理上的优越感有着必然的联系?！凭着她的悟性,如果她的身形不是那样纤巧袅娜,她的眉眼不是那样的清秀可人,她身边的倾慕者不是那样云集,她的考试结果会不会更好一些?

"其实我本来不想写这封信,因为我怕又要引起不必要的麻烦",这是指的高二那次她准备找心理咨询教师,但最后却被班主任知道,叫去办公室做了一通"思想工作"。这次如果不是到了万不得已,她是不会写这封信的。

2000 年

我想有双翅膀，一双隐形的翅膀

不知道她如今在那边过得怎样。

杨老师：

不知咋的，有些事我就想告诉你。首先，我想先说声："打搅了！"

今早，班主任把我叫到了办公室。我一下子不习惯她这种委婉的口气，加之昨天发生的事，又禁不住泪雨倾盆了！我何时变得如此之脆弱，自己也不知道，我问自己是否还能冷对这世间的一切！

这段时间，我对自己的成绩有了系统性的了解。对于前班主任为鼓励我而谎告成绩（上次期末考班里第 14 名，他却说第 9 名）的事，我很感动。不过感动归感动，现实才是最重要的。昨晚，我把朋友的信全部扔了，也包括亲人的。我想让这儿所发生的一切在我脑海留下的记忆全部抹去。

可以这么说，我去南方已有了决心，甚至有点迫不及待。你或许会说我这么做是在逃避现实，但我觉得只有把这儿的一切断得彻底，才能更好地去面对明天的现实！

说实话，我多么希望重新开始。从小学开始，经过努力而后上大学再工作；从小就有着父母的疼爱；以一张笑脸来面对世界。你说那种感觉是不是很好？

一个自私的人×××

2000 年 12 月 24 日

收到信，我安排了一次面谈。后来她去了南方，走之前给我留了这张纸条——

杨老师:

自从下定决心去南方后,我的心反而显得平静了。这些日子,我过得快乐多了——平静,没有太多的烦恼。对我来说,我已很满足了。

最近,我发现班里的许多同学都有或多或少的烦恼,我很希望你能帮助他们。

有时候,我好羡慕您,干自己喜爱的工作,奉献但可以获取心灵的满足。有一天我……愿您工作顺利!

——让更多的人获取心灵解脱。

您的学生:×××

不知道她如今在外边过得怎么样了,不知她这些年是否曾经回来过。这里是她的家乡,但18年来这里留给她的,除了辛酸外还是辛酸。18岁的女孩,行将走向高考,但她却放弃了。其中很大一部分的原因只是为了逃离,逃离她的残缺的家,逃离18年来一直笼罩着她的那种凄楚与压抑。

18年……因为是女孩,打出生之日起就得不到爷爷的接受和疼爱,不仅自己不被接受和疼爱,还连带到母亲也备受冷落;母亲和自己都长年贫血,有时无缘无故头晕,出鼻血;小的时候因为与村里的男孩子一起玩而被父亲粗暴地教训过,从此便有意无意地将自己封闭起来,于是为人处世都给人一种很"冷"的感觉;父母关系一直不好,初三时父母亲曾经闹过离婚,但终究没离,家庭关系一直形同虚设;父亲长年在南方做生意,母亲独自在家养育自己和弟弟两人,一家人的衣着简陋,生活拮据;高一成绩不怎么好,高二时因为原班主任的鼓励,信心大增,期末考成绩跃居班级前14名。

高三换了班主任后成绩一直下降,自己分析有以下一些原因:班主任换了(次要原因);前不久在南方开厂的叔叔来电,承诺安排自己进厂,并在合适的时候供自己上自费大学。因为小的时候叔叔曾经有将自己过继为女儿这层原因,自己和叔叔一家一直保持特殊关系。叔叔的来电是自己跳出眼前苦海的一线希望和机会,自己一直犹豫是不是该去南方,因此丧失了学习动力。(来自谈话记录。)

　　由于小时候特殊的家庭环境，她的意志较一般学生坚定，心理上也比周围人成熟，认准的理一般不肯轻易改变。一段日子，笔者是她的倾诉对象，但随着她的南去，此后再没有联系。今后她会不会像她自己所说的那样，成为一个"自私和冷漠的人"，谁都无法预料。

　　有一点可以肯定：不管她成长为什么样的人，她小时候的生活环境，这种环境中的爷爷和父亲，都负有不可推卸的责任！

一个埋头做作业的高三男生

这是一个貌似不需要老师操心的男同学——

杨老师：

　　您好！

　　我是一个内向的男生，在班级里成绩还可以，可是我却很少有开心的时候。也许从小就养成了这种性格，使我一向不喜欢与人说话。当有同学来跟我说话时，我总是觉得很烦，于是常常回绝或是不理睬。我知道这很不礼貌，但我确实没有心情与他说话。我常独自一个人埋头做作业，对于别人的话总觉得很讨厌。比如上自修课，我认为应该绝对安静，可是有些同学却偏偏喜欢讲话，于是，我就觉得他们很讨厌。

　　每当我心情不好的时候，我总是闭口不言，对别人的话总是爱理不理。我觉得这很自私，可是我却无法改变。比如第二次月考我考得不好，于是我觉得很对不起父母和老师，所以一连好几天都没有听好课。

　　我想有多一些欢乐的时候，可是在我心里一个人的时候总是最好的。所以常常板起脸孔不说话。心情一直都很不好。这可能是我的成绩一直都徘徊不前甚至倒退的原因吧。

　　所以，我想向您征求一下意见，怎样才能使我多一些欢乐的时刻。

高三×班　　×××

　　他的这种状况，可能当务之急并不是如何用心学习，提高学习成绩，而是如何正确地认识和剖析自己，必要的话，在理念和交往上做一些调节与矫正。有些东西不解决，学习也不一定能够提高，即便是学习成绩好了，长期这样离群索居，他的生活质量也不见得高。发展到极端,对他今后的生活和人际关系都可能会留下后遗症。

遗憾的是,生活中像他这样的同学平时在班级里又往往会被老师认为是听话和优秀的好学生。因此也常常有意无意地忽略。一个逐渐引起全社会关注的问题——形形色色的高校学生自杀事件——在拷问着教师和家长:我们的学生和孩子到底怎么了? 关于这个问题,心理学家、社会学家,以及各高校的教育工作者,都从自己的角度对这一现象试图做出合理的解释。而笔者认为更加应该加入到这种思考中来的人是中小学教师和家长。

由于各种各样的原因,我们今天的中小学教育变得越来越狭隘和急功近利,我们越来越追求分数,为了分数,我们可以置自己的身心健康于不顾,附带地,我们也不大去顾及学生的心理健康。于是,我们的中考升学率、高考升学率上去了,我们的奥林匹克奖捧回来了。但另一方面,徐力们和刘海洋们也出现了……

这一切似乎都在提醒我们,在对孩子的教育上,健康的心理,健全的人格,乐群的态度,积极的品性……这一切比单纯的分数更重要!

女孩心性

一个自称"心理问题特别严重"的女生写来的信——

杨老师：

我是个高三的学生，现在我的心理问题特别严重。从高二的第 2 名一直退到第一次月考的第 7 名，我无法承受这种失落，特别是回家面对年老的父母，我的愧疚心就会特别强烈。我不知道哭了几次，我知道我已经进入一种恶性循环中了，无法自拔。

当我把第一次的月考成绩告诉父母的时候，他们表面上并没有很明显的态度，但是我知道他们内心一定很失望。其实，我何尝不想考好呢？说句实话，就是我太想成功了，以致上课分心，无法集中精力。现在谁都无法体验我这种感觉，这种感觉比死还难受。当周围的人一谈起成绩，我整个人就会飘忽不定。当一个人失去应有的地位时，就会感到一种失落感。

现在，我一门课都考不好，原来数学是非常好的，不知道为什么，数学老师做班主任之后，我就感到很大的压力。所以每次考试都很紧张，以至于发抖。我感到自己很无助，也很失落，天哪，对我这么不公平，为什么屡次要来折磨一个自尊心这么强的人呢？

我孝顺父母，我经常对自己说："你一定要考得非常好，来报答父母。"所以，我一考差，心态就会一跌到底。我该怎么办呢？其实，我高二上学期的时候，成绩也跌过，但是我又奋起了，终于我成功了，但是高三怎么又退了呢？

老师我该怎么办呢？你也是从学生过来的，怎么来解决这种问题呢？我现在，周围的人都说我不对劲了。的确，脾气越来越急躁，成功的欲望也越来越强烈,心态也越来越差。父母这么辛苦赚钱供我读书,我却在这里浪费钱,每当看到父母苍白的头发,我的眼泪就会止不住地落下来。一想起妹妹的安慰,我就会越发不安,她对我说:"姐,没关系,这是你发挥不正常,以后别紧张,不会那么差的。"天哪,我到底在干什么呀?我对得起谁呀?

这些话我憋在心里很久了,我也不知道跟谁说,希望您能给我一些建议,我真的无法忍受了,再这么下去,我害怕自己会做出极端的行为。

高三×班学生　　××

她有一个温暖、民主、善解人意的家庭。考试考差了,父母并没有责骂她(这样的父母似乎并不多)!妹妹还反过来安慰她"姐,没关系,这是你发挥不正常,以后别紧张,不会那么差的"。

她的压力来自自己过强的好胜心,正是这种心理将她自己推入了窘境,而不如意的成绩又加重了内心里的这种苦闷、失落和急躁,于是心情和学习都陷入了一种恶性循环。

2个月之后,她又给笔者写来了一封信,信中对自己的这种个性有了比较中肯的剖析——

杨老师:

真是不好意思,又写信来打扰你。近段时间,一些问题时常困扰着我,但主要不是学习问题,对学习我又有以往的热情了。现在的问题是我思想太复杂了,别人说那么一句话,其实可能是无意的,但是我的心里总会像翻江倒海一样,东想想西想想,想他们为什么会说这些?说这些是什么意思?我总是处在对别人的猜疑中,致使我上课不能集中精力,我非常害怕考试时我会这样去想。

记得那一次,我的同桌问我晚上是不是6:10考数学?当时我正在考虑其他事,就随声附和了一声。到了考试前夕,我忽然想起同桌的话,于是就想:我是不是回答了6:10呢?如果不是,回答晚了,那她考试不是会迟到吗?那该怎么办呢?就在开考10分钟以前,我冲到了她考场前,发现她已经在考场了,我才静下心来,慢慢地进入教室。但是考试时我还时常回想起当时的情景,思想不能完全地集中。我时常告诚自己不要胡思乱想,可我总是忍不住,我该怎么办呢?

别人说一句,比如说"你真讨厌",其实是开玩笑的话,可我下意识却要把它当成真话,一个劲地想:我到底哪里做错了,为什么看了我这么讨厌?

我非常讨厌自己的这种性格。还有,当我与一个人吵架时,我总是想,这是我的错(即使这不是我的错),就会主动地去道歉。我真的活得很累,太敏感了,对别人的一言一行都看得太过分了。我曾经告诫自己,要独立一点,不要动不动就与同学闹不愉快,然后再去道歉。我非常佩服我的同学,她可以大声地与她的同桌吵架,而又理直气壮地说自己没错,而后不与她的同桌讲一句话。其实我觉得她们双方吵架的原因是在她而不在她的同桌,可是她却如此有理,真是让我不得不佩服。

杨老师你说过"性格可以影响一个人的成败",我想成功,所以我迫切需要改变我的性格,请你帮我剖析一下我的错误所在,让我可以改掉我的坏习惯。谢谢!(请你写封信给我好吗? 因为一是我现在的学习非常紧张,马上要会考了;二是我也不善言辞,在老师面前更加如此,所以采取写信的方式较好。)

高三×班　×××

回答别人的一句话,之后又担心自己说错了时间,一直到跑去考场看到她已经坐在教室里了,才放心;别人无意的一句玩笑,也会让自己反省半天;与同学有了争吵,总想这是自己的错,而主动找去道歉……至此,问题就有了更加全面的呈现——好强,敏感,自省,真诚,洒脱,直爽,追求完美……这就是她的性格特征,这种性格注定她不可能去伤害别人,也许她一生中最容易伤害的人只是她自己!

每一种性格都有自己的优点和缺点,她个性中的这些缺点某种意义上也正是她的长处和魅力所在。没有必要挑剔自己的这种性格,也没有必要去改变它,需要的只是如何掌握好一个度,告诉自己别过多地猜疑和自责,别过多去想一些根本就不存在的问题!

青春隐秘

有时候想，那些被父母送进修道院或者女子学校的姑娘，在生命中的某些时段会不会也曾经有她这样的经历？

杨老师：

你好！我是位女生，但不想把自己当女生的女生，做什么事都喜欢清清爽爽、简简单单，不喜欢去猜测。

可是现在，我却老是出现幻觉。耳边老是觉得有人在嘀咕，在闹哄哄的教室里幻觉就会出现。别人在说话时，觉得在说自己，但是到底在说些什么内容，谈些什么不知道。有时搁下笔仔细听一下，原来在谈笑，在猜脑筋急转弯。自己过后再回想，觉得很可笑，自己为什么老是会出现听觉的错误？这样的次数多了，使自己越来越没有自信，甚至莫名其妙地觉得烦，心上老是搁着石头，有种苦不堪言的味道。和同伴们说说，大家都说想得太多，不必放在心上。但是幻觉依然频繁出现，扰得人不安。一天清晨，当我正要步入教室门口时，二楼上似乎有人在叫我的名字，我应声抬头，可是由于近视和只是瞟了一眼，只觉得走廊上挤了些男生，他们是谁我不知道。告诉了一位同伴，她告诉我这也是幻觉在作怪。我动摇了，疑心真是自己作怪，虽然闻声时觉得很清晰自信，后来却越来越没有自信，老是疑神疑鬼。由于在宿舍里听到一声怪叫就吓得自己觉得宿舍都不安全，好像被人监视，没敢睡，还好只在上星期五晚，要不然真不知剩下的日子怎么过。回家，在学校老是急着想回家，因为在家里不会有幻觉，虽然不可能像以前那样快活，可是不会觉得连做事说话都要小心。自己却是心里藏不住什么，想什么说什么，其实并没有什么意义，只是随口而出，可等到说出后觉得有人在议论，担心别人又要有什么异议。

事出有因：简单地说，是上学期我曾对一位男生有种异样的与其他男生不一样的感觉，走过他时心里有些不一样，想看他但是又不想看到他。开始也没太在意，只是觉得心里烦。后来与几位同学谈到了此事，她们告诉我说我是暗恋了，不问不知道，一问吓一跳。想着该怎么办？不去管它吧！可是真的会很烦。

好不容易在寒假里想了一阵，听了一些事，渐渐地淡化了，现在遇上他时再也不会有异样的感觉。再则知道这件事的人也很少，原本想让此事就此消失，可是却没有想到陷入了幻觉。

现在又担心一件事，如果这件事他真的知道了，我该怎么办？我不知道，也不想去想，更不知如何去面对他？还好，他应该知道的可能性很小，可能真的是太多虑了。

放宽心些会好吧！

道理上很明白，可是去教室，那一切依然糟，害怕幻觉，最近几天甚至怀疑到宿舍楼也被盯上。虽然同伴们说只有在对面四楼或楼顶才可隐约看见，除非用望远镜，倒是谁会如此无聊呢？自寻烦恼。

杨老师，请帮帮我，让我快些走出麻烦，免得拿石头砸自己的脚。谢谢！

高二×班　×××

敏感，胆小，自责，担心别人洞悉自己的心思，常常听见别人在议论自己——这一切都是因为"上学期我曾对一位男生有种异样的与其他男生不一样的感觉，走过他时心里有些不一样，想看他但是又不想看到他"。

这其实是一种普遍的青春少女的怀春心理，这类问题的最好办法是帮助改变认知，顺其自然，这样一来，一些所谓的"症状"就自然会随时间的推移而消失。

一个"大大咧咧"的女孩

真不知道几十年里，这样"想写信但又不敢"的女生到底有多少！

杨老师：

您好！

今天我是怀着郁闷的心情向您咨询的，本来想早些时候给您写信，但一直都提不起笔来。因为您曾经是我的语文老师，现在几乎每天都可碰面。一直以来我都认为把我的隐私向您坦白，是一件羞耻的事情，正如一个赤裸裸的灵魂站在您面前一样。好多次我想走进心理咨询室，但我没勇气，内心的苦闷越积越深，真不知它会何时爆发，我害怕了，我害怕这种苦闷会毁了我的学业，我的一切……

在我们这个年龄段算属于"情窦初开"的时节吧，以前我也不怎么在意。但近来发生的种种使我开始涉入进去。坐在我后面的是两位男生，一位是 W，一位是 Z，也许是我多疑，但我却理不清。他们两个属于乐天派，从一开学，他们就直呼我的名，别人说"亲切"，我也曾对他们说过，以后庄重点，连名带姓一起出口。而他们却反诘我一句"我跟你是什么关系"。说得夸张一点，用于男女两性之间的话都用上了。渐渐地，我也"麻木"了，随他们去说。

对于 W 还好说，我一直以来没把他往那方面去考虑。但对于 Z，我坦白地说一句：我对他动过心。高二联合会我对他的印象极好，用两个字表示"帅""真"。虽然谈不上酷，但却不失性格的一面，我欣赏他的坦真，因为他从不故意做作。也许正因为我有这种心理，使我们的关系相对融洽一些。但我从不表露，就像您说的"把它珍藏到心底"。但人无完人，我也只是一个自然人，在处理事情时我会情不自禁地偏袒于他的一方,为了不让别人发觉,我也学着"无所谓"的态度,比方说,"我和你是什么关系啦"我会说"夫妻关系,我明白!"每当这时,W会故作吃醋,这时我会说"你们两人也彼此彼此,大家都是夫妻关系,只不过得委屈你们中的某一位去做个小手术"。这时周围同学都会哈哈大笑,大概这也算"移花接木"吧。然而情况却没有这么简单。他近来的做法又不得不令我深思,现在说这类话,他的态度会很严肃,样子不像开玩笑。上星期,他问我"可不可以和你单独谈谈",我害怕他真的表白,因为他的表白会使我崩溃,使我无法投入到学习中,我很了解自己的脾气,有点"牛脾气",一旦自己决定了某事,我会把它干到底,我要的不是无花果。当时,我假装不在乎的样子。而且放大了一倍的分贝:"好啊,是不是又是什么午夜touch?现在也可以啊,你就当其他人不存在好了!"他没有回答,后来也就不了了之。

"日有所思,夜有所梦",有好多次我都稀里糊涂地做有关他的梦,当然也有淫秽的东西,醒来我很自责,我也不清楚我的潜意识里会有这些东西。我自己的解释是他经常摸我的背,因为他有事,比如借东西,在我背上抓几下,有时候跟他斗争说"别碰我,离我远远的",他会说"我就是要摸你"。一般情况下,W则不会这么做,大概艺术类学生,艺术细胞多一点吧。记得有一次,他和P(班上的另一个女生)在画漫画,后来拿到我面前,问哪个是我?我知道我长相不好,一一排除几张瓜子脸,说"这不是,这也不是",当我停下来时,他似幸灾乐祸拿给P看,他重复我的话,因为剩下的几张脸都是很难看的。我盯了他一眼,一言不发继续做作业。这时他走过来,样子看起来很认真,问我"生气了,对不起",我不搭理他,后来他干脆搬个椅子坐在我旁边,直到我说"原谅你"了才罢休。像这样的事很多,所以我会时不时地想:什么是友情?什么又是爱情?我和他属于哪一种?和他们在一起的日子,充满欢笑,久而久之我忽视了学习。

我的另一个问题属于生理上的。我明白"自然美才是真美",但爱美之心人皆有之,尤其作为一名女孩子。上次您给我们讲××地方一位女生因体毛太长而自杀,大家都觉得好笑,但我却笑不出来,因为我也有类似的困惑。也许遗传的原因,我的体毛也很长,且很黑。初中时有一女生不知从哪里搞来一瓶脱毛水,说只要涂在体表,用水冲洗便可

093

永久剔除，当时我也试了。刚开始效果很明显，手臂光光的，但后来却十分恼人，毛发又重新长长，更可恶的是，原本不长的地方也长出了毛发。冬天还好，可用衣服遮盖，但一到夏天，只得穿长袖。别人无袖、短袖，而我却长袖，做着不合时令的事。我也曾向妈妈说起过，但她总是说没什么的。在家可以无拘无束，但在学校，情况是不同的。别人希望冬天短一点，而我却希望它长一些。眼看着夏天一天天迫近，而我又开始犯愁，别人不说还好，但同学会不说吗？不可能，而我又是个要面子的人，我很苦恼，也很矛盾……

高三女生

2000 年 12 月 10 日

　　这封信是她在高三第一学期临近结束时写的。

　　几乎从上高三开始，她的成绩就一直处于下降的状态。很遗憾，我最终也没有能够帮上她，这年高中毕业，她只考上一所专科学校。

一个文静女孩的心理内耗

你就是想得多,太在意别人的看法,……

杨老师:

　　您好！我非常想不通自己的成绩为什么越来越差了,我真不知应怎么办。我总觉得首先对不起的是我的父母,然后是自己。别人比我学得轻松,成绩也比我好,我非常想不通。我的心在呐喊着:为什么会这样呢？这是我有生以来所取得成绩最差的一个学期了,我哭过,我也为自己找过原因,但始终不见效。我从小就好强,喜欢凌驾于别人之上,总想把每一件事情做好,但又怕做不好。我到现在还不相信,自己是这么差的,由于我这个人经不起失败,进入高三后,我的成绩一直不理想,我本来想,在高三能有所进步,然而第一次考试就给我当头一棒,这实在令人伤心。我明白,每一个人都有自己的长处,但是为什么有些人学习好,有些人学习差呢？我非常敬佩那些考上大学的人,我也希望自己有朝一日能实现自己的愿望。在三年初中生活中,我的学习成绩在所在中学是名列前茅的,但是意想不到的事又发生在我的身上,中考落榜了,给本来就很清贫的家,又雪上加霜,不过父亲还算开朗,又拿出6000元钱,让我继续学习,我明白这个学习机会来之不易,因此我一直都在奋斗着。但我现在觉得很累,眼前一片黑暗,毫无信心。

　　我这个人想得很多,也非常介意别人对我的看法,也喜欢去控制别人,如果别人不同意我的看法,我就会很难受。考试考差了我记得很牢,我觉得这样差的成绩在我的脑海中是永远都不会被消除的,也觉得比别人低一级。

　　我总觉得自己在考场上没有好好发挥,这些成绩根本就不是我的真实本领。在考试时我一遇到难题总是很慌张,想不考了,就是不能保持冷静的头脑好好想一想。同时我感到现在的老师也给了我无形的压力,我最恨的是:说我没有希望再考好之类的话。因为我深信只要没有成为过去,哪怕只有一点点的希望,只要我能为之做出最后的一搏,还是有成功的可能性的。对我来说,现在只有半个学期的时间了,我非常希望自己能够为之一搏,可是我现在却无一丝希望。我很想把自己的心里话讲给别人听,但是在班里我没有知心朋友,在我看来,他们都是一些自以为了不起的人,因此我不想和这种人讲话,并且自己班总给我一种郁闷的感觉,在这样的班级中我生活得一点也不快乐,我不知应该怎么办。我请求老师能够以信的形式回答我的问题。

×××

2001 年 1 月 4 日

这位同学现在成绩越来越差的原因表面上看起来是考试焦虑——"我总觉得自己在考场上没有好好发挥……在考试时我一遇到难题总是很慌张,想不考了,就是不能保持冷静的头脑好好想一想。""在三年初中生活中,我的学习成绩在所在中学中是名列前茅的,但是意想不到的事又发生在我的身上,中考落榜了。"

但深入分析下去便会发现,事实上更多的应该是她的一些不合理的认知和性格上的一些原因所致,正如她对自己的分析——"我这个人想得很多……"

但现实生活中,教师和班级同学眼里她是一个"比较文静、听话和学习上相当有潜力的人"!在她的自我评价和教师、同学对她的评价的差距上,我们明显地可看出她对自己的过分苛刻和偏激。也许正是她的这种苛刻和偏激才成了自身力量的一种内耗,从而导致了她学习成绩的下降!

到了高三仍然对学习漠不关心的同学应该给自己加压,但那些原本就很听话、用功和自觉的人则应从心理上给自己减压——以一颗平常心和一种超脱的眼光去看待考试,这样才能更好地发挥出自己的真实水平。

以下是笔者的回信——

××同学：

你好，感谢你对我的信任！

你是个文静、听话和学习上相当有潜力的人，但你对自己的评价却比较低。我估计你学习不能成功的主要原因并不在于你不用功，而是在于你的心理太杂乱，思虑过多。

你是个比较好强和求完美的人，你同时也比较介意别人对你的看法……这些都是你个性中比较好的品质，它们使你不甘平庸，不会走向庸俗，它们激励你追求上进积极进取。但过分地好强和求完美也如同一把双刃剑，用得不好也会伤害自己，因为谁都不可能十全十美事事强过别人。人都是这样，某些方面出众了，在另一些方面可能就会存在缺陷——只是很多时候各人都将自己因缺陷带来的伤痛压在心底。

从这个角度上说，过分地好强和求完美是在跟自己过不去或说是在自寻烦恼。

从老师们平时对你的印象中，得知你拥有许多让别的同学羡慕的东西，只是你自己并没有觉得而已。

到了高三仍然对学习漠不关心的同学应该给自己加压了，但像你这样原本就很听话、用功和自觉的人则应从心理上给自己减压——以一种平静和超脱的眼光和平常心去看待考试，这样才能更好地发挥出自己的真实水平。

（以下介绍缓解和消除考试紧张的"肌肉松弛法""呼吸松弛法""冥想法"，此处略——笔者）

最后我还想说的是，我不赞同你信后的那句话："在班里我没有知心朋友，在我看来，他们都是一些自以为了不起的人，因此我不想和这种人讲话。"你不能因为班上有几个不尊重别人的同学就把整个班级的人给否定掉，你更不应该将自己封闭起来。人人都有自己一本难念的经，人人都有自己的一种心痛，你应学会谅解和宽容，多和周围的人交往，慢慢你会发现，原来，他们大多数人还是那么可爱与值得信赖。

以上一些办法你去试试看，好吗？祝一切好！

杨老师

2001 年 1 月 5 日

097

少年足迹烟雨中

烈火女生

世事沧桑，"神马浮云"，想到信中提到的人（也是我的朋友）16年后如今的境况，唯有一声叹息；好在她工作好，家庭好，一切安好！

杨老师：

你好！也许这封信应该在几百天之前写，可是，却推到了今天，因为人无时无刻不在变，包括生理心理。所以，我不是几百天之前的我，信也绝对不是几百天之前的信。那么还应不应该写信呢？也许……我不知道。

我当然应该，自我介绍一下，可是却彷徨了，也许那说错了，至少我可以告诉你，我是一名高三×班的女生，矮矮的，长得不醒目，但也不致使你呕吐，仅此而已，但那不是一副躯壳吗？我一直认为是。

我尊敬你的职业，当然不是教师，一提到教师，我心中就有一团无名火，那简直是可耻的，它本来可以非常圣洁与伟大，可是就是有那么一些没有师德的人混在里面，包括曾遇到或不曾遇到的，于是那个职业变性了，腐烂了。幼儿园时，老师就教我们给老奶奶主动让座，那么，他们，他们会吗？这并不是一个很深奥的问题，可我一直在思考，也许会，但也许不会。也许因为打小就受老师的"歧视"，所以对老师的行业我持否定态度，但有一个人，他曾让我改观，那就是初二时一位新来的老师，×老师，在忍受十年"歧视"之后，忽然有一位老师对你一视同仁，或者说特别好，于是在十五六岁时，我……我也许那不能称爱的尊敬他，他，态度温和、风度翩翩，绝对是一位绅士（至少在我眼中），后来我的性格变了，由大胆豪爽变得恬静。那时还好，可是转型没转好，直到现在弄得自己的性格乱七八糟的。归根究底还是他的缘故，我不怪他，我一直敬慕他,把他当作偶像。时至今日,我不知道那是否称爱,那么,我就高呼,我喜欢他,我确实喜欢他,看到他我有一种幸福的感觉,后来我不停地给他写信,开始,他还回信,直到高三,他就不回了。我深问为什么? 我不知道,我……我只是想以学生的名义,那并不会破坏他们夫妻的感情呀! 问了高三一个学期,我还没问出一个原因,我依然爱他,即使他这样对我。当然,他后来不当教师,而去当了编辑,那是他理想的第一步,虽然他没告诉我,可我却为他高兴了好几天。我尊敬你做心理医生(应该是心理咨询教师——笔者),因为心理疾病是非常痛苦的,它会让你整夜整夜地失眠,包括失眠了高三一个学期,父母为我在高三成绩下降干着急,我也一样。我渴望成功,渴望父母为我考得好而开心地露出欢笑。可我却一次一次地伤了他们的心,也一次一次地给自己心上捅刀子,看到血流满地,我却还得在同学面前装得若无其事,回头咽下伤心的泪水。后来,我绝望了,我说我厌恶一切,尤其是新生命、新力量、新生活,我厌倦了。每天对着同几张脸,或冷嘲热讽或冷眼旁观,我消沉,我堕落了。我的半个朋友说我是误入人间的天使,那么,我只能是一个堕落天使,我认输,还不行吗? 不! 我……,"别告诉我那是你的超然""也许是",我只能苦笑,除了苦笑却还是苦笑,我渴望成功可却从不让我成功。于是我只能没有希望地失望,报以希望,后来终究失望。

社会是一只大染缸,学校也是一只大染缸。我想去做修女,嫁给上帝,也许这才代表圣洁,也许那里才有希望。

高三女生×××
2001 年 1 月 15 日

收到这封信后,笔者安排了一次 45 分钟的面谈。面谈之后又给她写了封信加以强调——

×××同学:

你好! 昨天说了很多,其实也就只想同你探讨几个问题:

你的一腔痴情完全出于一种学生的天真,一种少女的情怀。就此罢手将永远是人生中的一笔宝贵的情感财富,如果再"深刻"下去,再去询问个为什么则可能出现不再美好的一面,将不利于你目前的学习,其结果将必然浪费、甚至糟蹋了这种美好。

你现在需要的是静下心来，想尽一切办法静下心。千万不能有任何自暴自弃的念头，更不能有任何"报复"他和不尊重自己的举动。情感的空间、心灵的荒漠时期，千万要把握好自己，否则一切将不可收拾！

所谓的"旁观者清，当局者迷"。你如今正是一个"当局者"，等到你挺过了眼下的这场情感危机，再来审视今天的一切，你也会发现自己的幼稚与单纯！

现在能够转移痛苦的几种具体的做法：

1. 转移 课余时间用紧张的学习来充实，保质保量地完成当天的学习任务；或者尽可能地给自己找点事情来忙碌（如逛街、搞卫生等），不让自己有烦恼的时间与机会。

2. 宣泄 除了我之外，再在同学中找一个比较靠得住的人，把内心深处的一些烦恼甚至隐私向她诉说，这同样也可让你得到一些解脱。

最后祝你早日走出情感的困境与心理的危机！

杨老师
2001 年 1 月 16 日

后来她又写来一封信——

杨老师：

您好！其实，我一直都想给你写信，一直都想找你谈，因为有太多太多的话想说，当然，此时写，那种万念俱灰的感觉已经没有了。

不敢给你写信是因为……因为上次那次与你的谈话。上次谈话我似乎……因为你毕竟不是全职的心理医生，有些话，我觉得太坦白，但我毕竟……但我还是选择了找你，也许你不合格，但你的头衔也足以让我有找你的理由。千言万语汇于笔下，我却只想说，我好想哭。……我知道，现在一切，最重要的一切是高考，可是，我……

上次谈话，你说对×老师可能只是感激，是的，确实是这样，感谢你，而我，却连一个感激词都说不出来，真的不知道如何感谢你。没有感谢却又要来麻烦你。愿意听我唠叨吗？我……其实我羞于说这一切，请你，希望你作为一个心理医生，以一个陌生人的身份看这一切。

这个学期刚开学,我喜欢上了一个男生。(我觉得我好坏,怎么可以在关键时候喜欢男生呢?我好恨自己。)是的,我非常喜欢他,我不知道用何种词语来表达,只能说甜蜜。不顾一切的"伦理道德",我通过同学认识了他,他很内向,也并不帅,可是却很"完美"。其间有许多人阻止,都没有用,室友都说我变了,可我却没有察觉,以后,我开始了对他的迷恋,寻找每一个机会与他碰见,为他对我的熟视无睹而每天哭泣,为别人乱传播谣言而夜夜失眠。直到学校组织的第四次月考,给了我重头一击,我开始回头,天哪!回想以前的行为,我哭了。

后来,我送了一个小礼品,对他说了他也许看不懂的话,然后他回信了,说叫我不要喜欢他,他在高中阶段不会找女友(其实我并不想做他女友,我也不知要干什么)。后来,有人跟我说,他和他前任女友和好了,那天我疯狂地哭了,然后,把他的信撕了扔进了厕所。也许恨他,但还时时想他,怎么会这样,我……一直沉寂,灿烂的微笑远离了我。每天除了阴沉,还是阴沉,一直到了"一模"我考得不错,进了校前 100 名,我很开心,似乎希望给我亮起了明灯。此后,我也许开始骄傲,也许……我疯狂地喜欢上了化学高分子(指一位老师——笔者),也还常常想他,直到"二模"——世界末日,我一下子成了班里 44/50,我买了一些衣服,比较"野性",我也不知道我会这样,父母开始怀疑我,我居然孤立无援,面对高考我还能做些什么呢?最可耻的是,我还经常想他。我……无奈!

高三×班 ×××

上面这封信是 6 月 9 日写的,此时距离高考还有不到一个月!

青春期是心灵的风暴时期,这场风暴可以刮得有多久多烈?在笔者接触过的几百名来访者中,她也许算是最为"惨烈"的几个学生中的一个。估计今后她还得经历一段长长的生活和情感的颠簸,之后才会平静得下来。当然,在这过程中会付出些什么代价,这就不是谁能说得清的了。

阅读《三国演义》的女孩

十几年前,能够挤出时间来阅读名著课外书的学生就已经不多,今天——就更加不多了……

杨老师:

没有再多的力气来树立人与人之间的心防了,反正若你想知道我的名字,很容易。若你不保守秘密,只不过又是我的一次失败罢了,习惯了。

希望看后还我,这是我的日记一则,前面的别看,虽然人人都有好奇心。

我承认我还有一些不甘,不想用死不瞑目来形容自己。

可把回信交给××书店,就是广场对面的漫画店,写"××"收即可。

不知道几时会有答复,但寒假是出不来的。

W老师说他很担心我高三了还有这种心态。

没办法,我也很担心。或许这比高一那段日子好多了吧。

不管能不能守信,帮我。

Thank you all the same.

2001 年 1 月 18 日

杨老师:

……

我觉得他很恶心,恶心得让我不……

昨天沮丧。

今天,终于可以把两个话头接下去了。起因雷同,一时不慎被发现了《三国演义》和其他。早说过,把当场挨训"谈话"时的感想写下来才是真实。告诉自己,当我回答该不该时我说出口了,就表示我心冷了。没有他们的气愤,就像和××开玩笑一样,心伤了,早已麻木。很惊讶自己能支持那么久,为什么我没有疯!如果我是白痴,就什么都不会有了,而今,我比白痴都不如!

终于想到原本该当作开头的话了:每次我都警告自己不许流泪不许示弱,但我还是流了。因为我是个懦夫,本来就是,一直都是!

我恨他们,恨死他们了。我根本就难以忍受他们的尖音,他们大叹失望和他们大赞他人。我感觉我根本就不算是个人。现在终于知道为什么我的口头禅是"我是人",原来我根本就不是人!××老师说中国的儿女总是在等待不到父母的称赞下成长的。记不得小学的情况了,才知道××说的"忘记了倒是更好",只记得那时自己就是灰色的,和××比总是下层,挂在父母嘴边的只有她。

我恨他们,但我又不得不爱他们!因为我在18年的感情爱恨间的钢丝上行走,我为什么没有摔死?我为什么没有疯?为什么?

同学问为什么我的家教那么严,我能说什么,敷衍一下,真正的感受只要自己知道。我也奇怪为什么好学生的家教宽松,而我的严却不是个好学生。我达不到他们的目标,我实现不了他们的期望,他们的目标不高吗?可我赶不上。有一个小小的进步,他们只会比我更先更快看得更远。只有在我压抑不住哭诉时,他们才意思意思,一个"但"字,又抹杀了一切。这辈子注定不孝了。所以只能在他们结婚纪念日时把我的所有积蓄买书送给他们,平日我一分一分地抠,这回的慷慨我告诉自己,我决不后悔,尽管这的确花了不少时间,尽管市统考我又一次失败得彻底。因为他们在吵闹中维持了19年的婚姻不容易。那句等我上大学后就离婚的话我根本就不能不在意。可当他们拿书看到是考试前日买的时,只迁就地谢了我,一席话中更多的是埋怨我又在浪费时间。今天,他们终于不再掩饰,也不再虚伪了。我的情,他们不屑一顾,他们只要我的成绩我的名次!

真的无话可说了。他们要我想什么说什么,我实行了好多次,换来的只有否定、斥骂、痛打。恨不了他们,我只有恨自己。当她在我高一成绩下滑逼我接纳她的意见时,她竟然向我下跪! 这我一辈子都忘不了! 我真的想杀了自己,我做人做得有那么失败吗? 我想死却不敢,我恨自己! 为什么他们快把我逼疯了可我却还没有疯?

她问我如果高考时只考463分会怎么样? 我想我还是不敢死,但不管怎样,既然不孝,就早点离开,省得见到我又高血压。没来得及看破红尘,但什么都没有意义。说白点,我没有目标没有毅力没有斗志。

他们不让我看和做一切与"学习"无关的事,照做吧,我会让自己失去感觉的。只有半年了,究竟前途如何,我害怕,逃避,但该来的总会来的。

不想再写了。真的好累。我累了。

2001 年 1 月 18 日

这些日记和信是一个高三女生写的,其中有相当一部分内容涉及她的家庭。我不知道父母如果读到女儿的这些文字,内心会做何感想? 我当时是被狠狠地震动了一下。

刚开始以为她是一个很另类的"问题学生"。但见了面,才发现是一个内向、文气和腼腆的女孩:戴着一副度数不浅的眼镜,文文静静行路,文文静静听课,文文静静倾听……除学习外(主要是理科差),别的几乎都不用老师操什么心。如果不是读她投在信箱里的这封信和几页日记,仅从外表你无论如何不会知道她内心里藏有这许多的冲突和痛苦!

但这又的确是她真实的心情——那种对生父生母的无奈、愧疚和几近绝望的期待。

对于绝大多数的中国父母来说,所有的日子几乎都是在围绕子女过:自己年轻时的豪情和抱负渐渐远去,子女的学习、生活和前途渐渐占据生活的全部。更有的家庭,由于各种原因夫妻感情淡漠,甚至彼此已形同路人,而为了子女——也仅仅是为了子女,两个人才勉勉强强维持在一方屋檐下……当父母的为了子女牺牲得太多太多,甚至是自己的全部,这种牺牲是不是就能换来好的结果?

造成她内心的混乱和心理临近崩溃的原因,除了本人异常敏感的性格和个性之外,最主要的还是父母的常年不和以及父母(尤其是她的母亲)对她的严格要求——母亲把人生的全部希望和砝码都寄托在了她身上,但却没有想到这种过度的"爱"反而摧残了她仅有的那点稚嫩的自信!

她不是个学习轻松的学生!一个努力了仍然得不到成功的学生本身内心就已经够痛苦的了,如果家长再给她施加压力,其结果就有可能逼她走向极端,而这种极端一旦爆发出来可能就是两种结果:一、毁灭自己,如社会上形形色色的轻生者;二、毁灭别人,如某地那位杀死母亲的中学生。

她实在已经背负不动母亲给予的那份厚爱了!家庭环境不是学校老师也不是任何一个人能够改变的。出于种种顾虑,笔者没有跟她父母直接接触,笔者只在收到她信的第三天,在掌握了一些必要的背景材料之后,按她说的地址回了一封信,从调整她的认知的角度进行一些谨慎的干预——

×××:

寒假里本来不来学校的,但今天有事过来了,于是看到了你的信和日记——或许这就是一种缘分?!

从你的日记中得知你的父母并不十分和睦,这让我又一次沉重地感到"家家有本难念的经""人人有本难念的经"!在学生中,甚至就是在你们班级里面,拥有一个沉闷、压抑,甚至是硝烟弥漫的家庭环境的人也绝对不止你一个。

家庭不和睦,最直接的牺牲品是父母本人,两个人争争吵吵,相互折磨。要想从这种彼此的折磨中解脱出来只有亲手击溃这个家然后再去重新组建它。但要重新组建一个家又谈何容易?!

而对我们做子女的来说,我们只是父母这个家中的一个匆匆过客。每个人一生中都有两个家:一个是我们小的时候不得不依靠的那个属于父母的家,另一个就是长大后我们自己的家。你已经忍受了十八九年,再有几个月就可能要离开父母去外地求学,高中毕业实际上就意味着与父母生活的结束,今后再回到家来也仅仅只是短暂的几天停留了。

此外,我觉得说父母不爱你,不关心你似乎也不公平。他们彼此之间有矛盾,但在关心你这一点上却是共同的。他们对你的爱和关心比你自己感觉到的还要强烈。特别是你母亲,也许是因为她对家庭的失望,她差不多把自己的全部希望和人生的砝码都寄托在了你的身上,她比任何人都在乎你学习上的点滴成功与失利。

当然,他们是以他们自己的方式来爱和关心你,爱得那样武断和专制。而很多时候你需要的却不是这些,你感情细腻丰富、生性敏感。你需要的是理解、宽容和接纳,于是矛盾也就由此而来。很多时候你落寞的心中便只剩下无话可说的压抑和无奈。

但这一切并不能否定父母对你的关心和疼爱。

在高考的面前,害怕和逃避并不是最好的办法。天无绝人之路,天也从来没有绝过哪一个人的路。凡是在生活中走不下去的人其实都是自己断了自己的退路。

社会越来越多元化,供每个人选择的路也越来越广,上大学不只是唯一的途径。以你的生活阅历和韧性,以你十几年来练就的那种承受斥责、痛打和失落的能力,即使是考不上好大学你也不会是一事无成的人。所以,无论如何都不用去害怕和逃避半年之后的那个"前途"。一切坦然地去面对,世上没有闯不过去的难关。再说,463分在上次的考试中也不是个低分数!

祝好!

杨老师

2001 年 1 月 20 日

新学期开始,笔者收到她的回信——

杨老师:

很高兴收到你的回信。Thank you!

寒假,我用它来沉淀心情。我是个情绪化的人,太过强烈的情绪来得快去得也快,不知道这是不是阿Q心态,故意忽略。

我有一种奇怪的感觉,而且每天的思维、生活都不真切,可以说脑中有层纱,时时刻刻。若做了什么错事或其他事,却始终有种身在梦境的感觉,常搞不清现实与梦境的分界,恍如隔世,浑浑噩噩。我想这与我看了四年多的言情小说以及长期以来的鸵鸟心态有关。可我拿它没辙。

另外，每逢考试（尤其是模拟考），我没有一种真正清醒的感觉。搜寻脑里的知识就像雾里看花，令人不舒服，一题开头无关紧要的话我连看三遍都进不了脑子，答题速度大打折扣。这可能就是紧张，我承认自己的心理状态并非良好。

今天拒绝看漫画。我说这一学期不会看的，但是否能做到，心里没底，因为几乎每次开学我都是这么提醒自己的，但后来还是向自己投降。

有时挣扎在借与不借之间，受不了到了书店，寻不着好书出来后扫兴中有种如释重负的感觉。但做不进作业时又十分想借漫画来换种心情，可我一旦碰到漫画就没有免疫力，往后就不会再有不看漫画的日子。更不幸的是，我一看漫画成绩就下降，这是必然的。我知道，却阻止不了。今天拒绝了，拼命压制内心那个"还可以放松最后一天"的声音。对于我的观念而言，"最后一天"和"明天"等效，都是用不完的时间概念及借口。但一路上那种被差点成功诱出的骚动一直在"大战没有，小战不断"，很难过，所以我不敢肯定自己能坚持多久。

（以下近500字是谈语文学习上的困惑的——笔者）

……

……

……

谢谢你的帮助。

祝

一帆风顺！

×××
2001年2月2日

第二次回信——

×××：

一般来说，情绪化的人是很难改变自己的，就如同非情绪化的人很

2001年

难改变他的"冷"和"生硬"一样。

情绪化也未必就不好，敏感，为一点小事低回留恋，久久沉浸在自己内心那种梦幻般萦绕的氛围中……从这个角度来说，情绪化的人的生活常常是诗情画意的——这很让人羡慕！

当然，生活并不全部都是诗，生活中有些时候是需要冷静和理智的。因此明白自己性格中的优与劣，更多的时候就应该用理智来控制自己的冲动和偏激，很好地调整自己的情绪和心态。

考试时候的"雾里看花"和不清醒大概同紧张有关，这点可以参看"心理辅导活动课"上介绍的内容去做。

漫画和文学作品不是不能看，只是要有节制，要拿得起放得下，因为现在的确不是为漫画和文学作品入迷的时候——高考之后则可以。

现在的主要任务是复习、迎接高考，这是最近这 140 天生活的重点与中心——过了这最后的 140 天就解放和解脱了，那时可以将书案上所有的试卷都付之一炬，去读自己喜欢读的书，做自己喜欢做的事！

140 天中只能拿漫画和小说来调节心情，而绝对不能拿它作为主食。

至于学语文，这实际应从平时的积累谈起，你平时积累应该是不错的，现在应抓的就是应试这一环。

具体说来，要做好以下几个方面：

按时完成当天的作业（"导航""38 套"或"3＋综合"上面的题）。题目一定要自己独立完成，不懂的地方做好标记以待次日问老师。

课堂 45 分钟教师分析讲解时注意听，尤其是自己做错的那些题。

合理安排好作息时间，注意劳逸结合。

另外写作文也应从应试考虑，千万不能仅凭个人兴趣而意气用事。

以上方法供你参考！祝

一切好！

杨老师

2001 年 2 月 11 日

如蛆附骨般的——怕

还遇到过这样的一种情况:怕,一个人对另外一个人的怕。这种怕看不见,摸不着,但一段时间却如蛆附骨一样叮在当事人的灵魂上。

A

杨老师:

我与一个同学(女的)吵架了。我觉得她很坏,也很令人讨厌,她老在别人面前说她自己数学差(特别是当着我的面),因为我比她好。我就故意疏远她,也不跟她讲话了。原本我想跟人家冷战也没什么大不了的,也没什么可放在心上的。哪知我越这么想,脑袋里就越在意这件事。我努力让自己不再想她,努力想让自己把心放在学习上,但是我做不到,特别是上课的时候。她与我隔开一排坐在前面。看黑板的时候,眼角的余光老是落在她身上。我在心里告诉自己不要这样,可越是这样告诉自己,越是没法集中精神听老师讲课,甚至有时候教室里没有她,我也会分心,我不知道自己怎么啦,我是不是真的有点神经质了?一连3个星期,我都在为这件事分心、烦恼,以至于现在我听到她的声音都会分神,甚至有时候在很嘈杂的教室里,我都能捕捉到她的声音。我真是败给自己了。一个人偷偷在被窝里哭了好几次,为自己无能,也为自己不争气。我怎么会让我最讨厌的人牵着鼻子走呢?

现在一想到这件事,头就痛。真的有点隐隐作痛,是不是脑子想坏掉了,杨老师?

真的很怕,怕自己心理出问题,怕自己考试考砸……

杨老师,原本我以为自己能够解决这件事的,哪知却输得这么惨!甚至赔上自己原本已不堪重负的身心。现在我终于知道何谓庸人自扰;也终于知道那句话"人是唯一能把自己变得不正常的动物"。

可我该怎么办,该怎么办啊?!

B

杨老师:

你好!(就不用"您"了)打扰了。我是一名高三女生,原本不想占用你的时间,只是真的有点心理上的事,想请教一下。

事情是这样的:我与一个同学(女的)吵架了,确切地说是冷战了。因为我觉得她很坏,也很令人讨厌,像老在人家面前说她自己数学差(特别是当着我的面),因为我比她好;还有一次她向我要我的考场作文看,由于我那时已经知道她并不如我想象的好,就拒绝了,哪知道等我打好羽毛球上来后,后桌就告诉我,我的抽屉被她翻过了,自然作文也被看过了,当时,我气极了。从那以后也就是上学期补课期间,我就故意疏远她,也不跟她讲话了,也就是所谓的冷战。因为在我的心中,如果一个人因为自己比别人差,而偷翻人家的东西,就会让我觉得这种人很讨厌,特别是在我已经拒绝了她的情况下。

除了上面两件事,还有许多,我不想一一列举。总之我觉得她这个人很坏。原本我想跟人家冷战也没什么大不了的,也没什么可放在心上的。哪知我越这么想,脑袋里就越在意这件事。我努力让自己不要再想与她冷战这件事,努力想让自己把心放在学习上,但是我做不到,特别是上课的时候。她与我隔开一排坐在前面。看黑板的时候,眼角的余光老是落在她身上。我在心里告诉自己不要这样,可越是这样告诉自己,越是没法集中精神听老师讲课,我该怎么办?甚至有时候教室里没有她,我也会分心,我不知道自己怎么啦,我是不是真的有点神经质了?如果是异性的话,这种情况还情有可原,但我们是同性啊!一连3个星期,我都在为这件事分心、烦恼,我已经很努力地试过,要自己别再那么敏感,别再那么胡思乱想,别分心了。可越这样要求自己,我就越分心,以至于听到她的声音都会分神,甚至有时候在很嘈杂的教室里,我都能捕捉到她的声音。我真是败给自己了。

我已经高三了,而且上个学期成绩还可以,如果再这样下去的话,我想我会完蛋的。尽管我知道,这只是我想得太多了,其实并不是一件大不了的事,是吗?我也知道对别人要宽容(我和她现在也搭上几句话的),也知道再这样下去,我就无药可救了。可我还是耿耿于怀。我不知道自己究竟怎么啦!明明知道这其中的利害关系,为什么如此小的一件事,也会让我分心!杨老师,我是不是有了精神障碍?

一个人偷偷在被窝里哭了好几次,为自己无能,也为自己不争气。我怎么会让我最讨厌的人牵着鼻子走呢?一连想了3个星期,也烦了3个星期,现在一想到这件事,头就痛。真的有点隐隐作痛,是不是脑子想坏掉了,杨老师?我知道,刻意地不去做某事,效果反而适得其反,我也告诉自己要顺其自然,其实没有什么大不了的事。可越这样,我就越分心,越想注意她的一举一动。像现在我给你写信,心里依然乱乱的。我命令自己不要去想这件事,想这个讨厌的人,我就愈发无法集中精神。

真的很怕,怕自己心理出问题,怕自己考试考砸,更怕4个月以后的高考,万一考砸了,我还有脸去见父母吗?有时候想想自己真的很差劲,这么点小事也解决不了,可我真的不行。我可以安慰朋友这样做不要那样做,却没有能力解决这么小的问题,人最难战胜的,真的是自己吗?我又哭了,想想含辛茹苦的父母,自己却在无谓的烦恼中虚度,我拿什么回报父母,我对得起他们吗?我不想哭,我想做个坚强的、有出息的女孩,但我做不到,我又哭了。我在心里对自己说不值得的,为这件事,这种人哭不值得的,可就是忍不住……

杨老师,原本我以为自己可以独当一面,自己能够解决这件事的,哪知却输得这么惨!甚至赔上自己原本已不堪重负的身心。现在我终于知道何谓庸人自扰,我就是那个庸人;也终于知道那句话"人是唯一能把自己变得不正常的动物"。

我不想失败,更不想让父母一辈子的心愿落空,不想让自己12年的心血白流,可我该怎么办,该怎么办呀?!

杨老师,以上是一个高三女生的全部心声,你看了,也许会笑话我:"现在的学生……"可我真的需要指点和帮助。字很差劲,不好意思。希望尽早回信,万分感谢!

111

多少足迹烟雨中

祝教祺！

一个迷惘中的女生

2月24日　23：20

112

笔者回信——

×××：

首先感谢你的信任。不过读过信后我并没有笑话你"现在的学生……"相反，我很能理解你的那种烦恼、痛苦和绝望（可以用这个词吗？）。

"人最难战胜的，真的是自己吗？""现在我终于知道何谓庸人自扰，""也终于知道那句话'人是唯一能把自己变得不正常的动物'。"从信中的这些分析看来，你开始认识到这种烦恼的根源在于你自己。

你是不是一个过于求全求美的人？你与那位同学关系如此紧张的原因仅仅就是因为她老在你面前说自己数学差，还有就是一次她打开你的抽屉找作文看……你就此觉得她"很坏""很令人讨厌"，从此对她采取了"冷战"。

平心静气地想想，你是不是做得太过了点？如果你是那位同学，遭到别人的这种冷遇，你又将做何感想？！背负着行囊和父母的期待来到学校，起早摸黑做那永远也做不完的试题，谁都有一本难念的经，谁都有自己一腔难以言述的苦和累，谁都希望得到同学和老师的关爱和帮助。她数学差向你叹苦经；她向你讨考试作文看；她趁你出去偷偷翻开你的抽屉……从你的角度看，她很讨厌，但从她的角度看呢？希望得到别人的一点帮助和指点却得不到——这算不算是一种屈辱？如果没有猜错的话，你的一些无心的做法也肯定伤害了她，只是你自己没有察觉到罢了。

人应该同情和帮助弱者，至少不应该再在弱者伤口上撒盐。你说是吗？

我一直很欣赏这句话："以心灵的不设防来换取心灵的最大设防。"心理上不设防的人，他不需处处防范别人，他坦荡、潇洒、活得轻松。因为，很多时候，原谅别人实际上最终是原谅自己。

你讨厌她，拒绝她，对她采取冷战，等于是为自己心里筑起了一道防线，结果反而是自己背上了十字架，吃了苦头，对吗？你的拒绝和冷战对她有一定的惩罚作用，但对你却是一种更大的惩罚！

本来应该轻轻松松过日子，但现在却要为了她而烦恼，本来应该一起和和气气聊天说笑，现在却变得冷脸相向。她的人影、声音和存在，如今都成了你的一种担心和恐惧的根源——你是不是已经为自己的"设防"和小气付出了沉重的代价？！

人应该学会宽容，宽容别人最终还是宽容自己，宽容别人的人不会陷入心的深渊。你可以多同她接触，真诚地同她聊聊，听听她的苦衷，只有深入地了解了她的烦恼和苦衷之后，你才会看出彼此的长处与短处，从而心里不再对她有什么戒备和恐惧。

很多时候"敌人"对我们的伤害并不在于肉体，而在于心灵。你对她的讨厌、拒绝和恨无形中为你自己塑造了一个假想的敌人，而这个假想的敌人又让你备受折磨，那么，你干吗不主动和解，化敌为友呢？！

相信，你真的走近了她，走进她的内心世界之后，你会发现，她并不是像你所想象的那样坏和可怕。

你不妨试着同她接触接触。

祝
活得轻松！

杨老师
2001 年 2 月 26 日

鬼使神差地去想另外一个人，看见那个人时，强迫自己不去看他/她想他/她，但全身的每一个细胞却又不受任何控制地去感受对方的存在；没有看见他/她时，心里时时刻刻想着来日又要面对他/她的存在，心里别扭、不安甚至害怕和恐惧；当事人陷在心的牢狱中，无限烦恼，无限憔悴。而被人如此重视的那另外一个却常常自己还不察觉……

这种情况常常发生在一些比较听话，儿时生活在一种过分保护的家庭环境，与外界缺少接触，而且自身又比较细心、敏感、脆弱与抑郁气质型的学生身上,这些同学往往都有好胜心强,对事情比较求完美,容易较真,而且内向等特点。另外可能同家长过于狭隘和以自我为中心的教育方式也有一定关系。

对这样自寻烦恼和自我折磨的同学,在认知方面应该让他们知道在这个世界上,"人最难战胜的人是自己!""人是唯一能把自己变得不正常的动物",我们不应该封闭自己,我们应该对他人坦诚相待。心理上不设防的人,才活得坦荡、潇洒、轻松。同时,人还应该学会宽容,宽容别人最终还是宽容了自己,宽容别人的人不会陷入心的深渊。

而家长和教师在对待这样的同学时一定要耐心,要采取一种充分接纳的态度,倾听他们的诉说,给他们一个充分宣泄的机会与场所;另外就是注意转移法的运用,即教他们借助音乐、课外书、运动和其他自己感兴趣的东西来转移注意力。

随着身心发展的不断走向成熟,这种心理一般会自行消失。当然,有的可能得通过心理咨询人员或心理医生的协助才能走出困境。但是千万别轻易给孩子贴上类似于"强迫症"之类的标签。

选择心理老师的高三女生

收到她的信是在 2001 年 2 月 26 日,距离高考还有 4 个多月。而她由于环境和自己学习现状等因素,内心开始烦乱起来。在班主任、科任教师、心理咨询教师和所有的亲朋好友中,她选择了心理咨询教师。

杨老师:

其实,我自己也难以相信,在如此关键的时刻,我居然会动摇,我知道这不应该,也决不可以。我也很清醒无论如何我必须坚持到底,毕竟再苦再累也只有这么几个月了。但是,我却偏偏对自己没有信心,也似乎看不到希望。

仔细分析每门功课,语文——我想能拿个平均分已是很不错了;数学——要看发挥,好的话便可以拉几分或更多,不好的话嘛,一切都免谈;英语——也顶多平均以上一点吧;史、政、地——我想 260 分里拿个 150 分都成问题,更何况最近听说要增加到 300 分,真是算我倒霉!

前几次考试我都考得不好,经班主任分析,我自己也明白我只有各科发挥到最佳时才可能进第三批,因此希望不是很大。而且,我也无形中给自己添加了许多不必要的烦恼,如:就算能进第三批,是民办本科吧,那费用肯定是个不小的数字(虽说家庭条件也还可以,况且这些我现在也没有必要考虑,但我还是要往那儿想)。况且大学毕业以后能有工作吗? 工作会好吗? 四年! 父母的负担有多重?! 这么大了都还要父母供吃供穿供上学,我会难过的!

有时候,想通点,"考个好大学不如找个好专业"这话也挺有意思的。不是吗? 高中毕业也差不多了,特别是像我们这种人。不如找份工作做算了,省得读书这么辛苦,又起早又摸黑。当然,这种想法我自己也觉得太俗了点，但要想不俗也不行啊。难道每个人都那么伟大，活着就一定要为国家为社会做贡献，我倒也不相信。难道找份工作就意味着自私？说不定在工作岗位上默默付出……

　　还有个原因使我动摇。我有个叔叔在县城开了家饭店，现在生意很好，去年年底把我叫去帮忙了。在那里，我也学到了不少。一切由婶婶总负责，现在已经是总经理了，而且她文化程度也不高，肯定不超过初中。但钱却是几十万上百万地赚进来了，每到过年过节，她还专门去看望孤寡老人；她也捐助"希望工程"，现在名气也不小。当然，我也并不是羡慕她的钱和名声，也只是觉得她的确很能干，能闯出属于自己的一片天地。而且他们现正在筹划开展集团化，即办个"××集团"，想来他们又该有新的成果了。婶婶对我说：你考大学考什么的，可能还不如我。你将来到我集团来么，副总也可以当当！

　　种种原因，使我"想放弃"——这已不再只是一种冲动，几天以来，有些课上，老师讲的话我根本就听不见，我只管做自己的"梦"——7月9日以后……

　　我知道这种时候，放弃是不可能的，我会后悔一辈子的，但不放弃，却又看不到什么希望，对我来说这真的很痛苦。或许我有点所谓的"多想"，或许……我也不知道，在此想听听杨老师您的意见。

　　（也请不必非常重视，毕竟我还行，不过还是希望能和您交谈一下，望谅解。）

×××

2001 年 2 月 26 日

　　主意已经拿定，思考也比较成熟，只是想有个信得过的人来听自己说说，听听他的想法——当然不是需要听那些空洞安慰，更不是听那种教师口气的教训——而仅仅是一种真诚、平等的探讨和倾诉！

　　收到信的第二天，笔者安排了一次面谈。这位同学后来顺利地走过了高考，上了一所本科院校（第三批）。

传说中的电灯泡

这是笔者跟一个男同学的两次通信——

杨老师：

我再这样下去真的受不了了！我真不知道该怎么办，一个是我最要好的朋友，一个是我很喜欢的女孩子，该选择哪一样？心里真的很矛盾。我不能忍受了。要垮了……

大概是在一年半以前吧，她的某个动作深深地吸引了我，以后，我的视线在她身上的机会变多了，但还不是很频繁，她在我心中还没有举足轻重的地位，地步仅仅达到好感。

而后，大概是半年前，他——我最好的朋友，把我拉到实验楼，对我说，他喜欢她。听完，我好像惊了一下，没表示什么……

那以后，不知怎么的，视线经常会爬到她身上，我有一种感觉，我需要她，不能失去她。但我也还是没表示什么。后来又听说了她并不喜欢他，他又对我说他一定要追到她，他不会放弃。

我该怎么办呀？现在我要学习，本来这些事想到高考以后再解决，但又怕现在失去这么一个机会。真的，我很喜欢她。不能没有她！

星期六，我们一帮人去溜冰了。她去了，他也去了。但我玩得并不高兴，我没与她说一句话。而另外一个同学好像知道什么似的，硬把我往她那边塞，但我躲开了，我怕失去他——我不能没有他这样的朋友。整整 8 年了，8 年前我们就是朋友了。

朋友，喜欢的女孩？我该选择吗？我不能选择。还有，如果她喜欢我，而不知我的苦衷，说我软弱而放弃了我，我想我会后悔的。我该怎么办？

117

杨老师，你可以把答信交给×班的×××，他会转交给我的。谢谢！

我急需你的答案。

注：

没有署名，没有日期，原信如此——笔者。

回信一：

首先感谢你的坦诚与信任，从×××那里得知你的成绩在班级里基本可排进前15名。这样的成绩如果高考时能够正常发挥，基本上可上重点大学，当然，如果考试之前身态、心态不好，也可能就只是个一般本科、专科，甚至是复读一年。

12年的苦读，拼到现在仍然稳居前15名，再有3个月就出成果了，这很不容易——衷心地为你的成绩高兴。

只是，考前的这段时间你一定要尽量调整好自己的心态，千万别自己把平静的心搅乱了。

中学阶段的少男少女在感情的交流上都有一个特点：或因座位相近而日久生情，或因对方的一个动作、眼神，甚至是某件衣物、服饰而生情。尽管很多时候当事者自己认为已经是一种"心心相印"和"刻骨铭心"的爱了，但热情消退过后，重新回过头来审视就会发现，原来那份所谓的爱仍是那样肤浅和经不起考验！

"大概是在一年半以前吧，她的某个动作深深地吸引了我"——是动作，而不是性格、人品和其他更内在的东西！而且"她在我心中还没有举足轻重的地位，地步仅仅达到好感"。

经事不多的少男少女都很容易将彼此间的好感当成了爱情——你是不是也这样？

那么，你"有一种感觉，需要她，不能失去她"。促成你这种想法的也许就仅仅只是那位朋友的话了！不是你对她的感情迫使你必须赶快做出决定，而是那位"朋友"的参与和竞争。与其说是你怕失去她，不如说是你怕败给了你的同学；与其说是爱让你牵肠挂肚不如说是自尊心的受挫才导致了你的烦恼！

可以肯定地说，你对她的只是一般的好感，并不是真正的爱情！

再说，就算你现在得到了她的"爱"，你又一定会珍惜么？你又能够保证自己一定会保护好它么？无论是她还是你，后面的路都还很长很长，结识的人都还会很多很多，也都还将有很多的选择机会。

那么，现在又何必为了这些无把握的事去费力和分心呢？天涯何处无芳草，何必一定要赶在高考即将来临的时候把自己往一棵树上吊?!

不如抛开这头心事，一心一意复习好、考好，到了一个比较理想的大学，再去重新考虑感情的事。况且，现在耽误了学习，到时考得不理想，就算你已经从朋友那里抢到了一份爱，又有什么甜蜜和美好可言?!

以上分析仅供你参考，有什么事情还可以随时写信给我！

祝一切好！

杨老师

2001 年 3 月 27 日

第二次来信——

杨老师：

你好！

你办事效率真的很高，我很快便收到了你的信。谢谢！

在信中，你谈的的确有些正中我的心理。我也知道现在最重要的是学习，我还真的要考一个重点大学。有些事，我上次忘了告诉你，我好像一定要喜欢上了一个女孩子才能考出个好成绩，初中这样过，会不会高中也这样呢？我本来只想暗恋她，等到高考以后再表白，现在仍想这样，你觉得妥吗？如果她真的喜欢我，应该会等我的，否则，这么容易就忘记我的话，我想她也好不到哪里去，对吗？这样可能会给我动力。

但我现在面临的最大问题是如何面对我的好朋友，他好像知道了什么似的。现在我真的不敢再正眼面对他了。而且，他一提到她的名字我就很慌,无以应答。我们是经常在一起的呀,怎样才能使场面不很尴尬呢? 请您指教,谢谢!

有些话说出来了真的轻松多了,以前我瞒在肚里,真快把我窒息了,现在统统说了出来,真的觉得好多了。我想赶快忘了她,但几乎不可能呀,特别是晚上忘不了她,怎么办? 我是不是可以和她谈谈呢,或者他?

3 月 28 日

转交×××同学

注:

有时间,无署名,原信如此——笔者。

回信二:

很高兴看到你已开始冷静下来了。

你说的动力问题,这样看,你认为行不行?

一种是为自己虚拟一个目标。其实只要你能考上大学,几个月后在大学里肯定也会有一个女孩子在等你的(这应该是事实,一个人只要他品行不差,说没人爱他,那是假的)。几个月后,你上了大学,那个如今你还不知道她在那里苦苦拼搏的女孩子也来到了那里。那时没有了高考这层压力,一切再重新开始,不是很好的事么? 而且都在一个学校,还免去了许多异地的牵肠挂肚!

如果做不到这点,也可以现在的这个她作为自己的精神动力。

当然最好是暗恋,因为如果为了自己的平静和动力而搅乱了她的心情,或给她添下什么乱子的话,那将是很对不起她的,甚至是很不道德的。

你说的很对,如果她真的喜欢你,她应该会等你的,否则,这么容易就放弃你的话,她也实在太不值得你去为她寝食不安了! 至于你的那位朋友,你也不必为他考虑得太多了,更不必有羞愧的感觉。因为如果一切真像你说的那样,你也根本没有什么对不起他的事。你可以和他开诚布公谈一谈,也可以当作什么也没发生。一切全看你自己把握的分寸,祝好!

杨老师

2001 年 3 月 29 日

鱼与熊掌都想要的女生

多少足迹烟雨中……

杨老师：

这几天难题、测验、老师的咄咄逼人，又进入"崩溃"状态。而虚伪的我，还硬要装着若无其事……

于是便勇敢地闯入"心理信箱"望您给予教诲。

高三×班　×××

2000 年 9 月 7 日

多少足迹烟雨中……

杨老师：

您好！

因为发生了一件困惑不解的事，而又来麻烦您。

昨天晚自修找了×老师——他惊奇；今天下午他找了我——我惊奇。

昨天：×老师拿了听写本，叫了×××、×××、××……到办公室去。我便知道这是英语错误繁多的后果。于是我忐忑不安，一直祈祷。结果他口中并没有蹦出我的名字，我捧着满是红叉的听写本一直喊：庆幸，庆幸。但多疑的脑细胞在对我说：为什么单单不叫我？一定有原因。是不是因为我有那么一点厌恶英语，及进行无声的反抗，之后老师也对我进行"冷战政策"？思想斗争：我该到办公室去忏悔……于是咨询了 6 个人——我该不该去。但最终还是让一时之冲动率着我步入那从未到过的办公室。

老师表示惊讶;之后便说:是因为我会很自觉地去看。而不对我进行"教诲"。我说:"我单词记不住,英语实在太差。"他说:"其实你英语很好,记得你上次考了……"又说:"也听×老师也提起你的情况,总认为自己不行。你不行那班里还有……"于是我在被赞扬得天花乱坠之中激动万分。回到教室感动了几节课。但明眼人都知道,我并没有如此之优秀。但我不管是安慰也好,事实也罢,依然感激。

今天:×老师叫了××、×××、×××等人去办公室,但这些人并非昨天之人,而是英语尖子。莫名其妙地我也在。我目光呆滞,神情恍惚,在别人提醒之下我才赶往办公室。老师说:要让我们参加全国性英语竞赛。主要是听力、笔试。以及一些情况。我害怕我是来错了,而无地自容,看着那些人神情饱满的样子,我便成为他们眼中表示惊讶的对象。于是我对老师说:"我根本不行的,我和他们相差一大截……"之后老师又是一系列安慰的话语。

回到教室——澎湃了一节课。始终认为:他一定是搞错了。我真是想不通怎么会这样,是不是因为赞扬得太多而不得不……我承受不起这样重的"荣誉"。

×××

2000 年 9 月 21 日

多少足迹烟雨中……

杨老师:

离高考还有 90 多天,一切都像噩梦般降临。莫名其妙地怎么就要高考了呢?我没有勇气去面对,因为像是天注定结局肯定会是惨不忍睹。

原本以为在离高考仅有 90 多天的日子里,我会废寝忘食,心无杂念地复习。而事实呢?我没有。我也不知我整天云里雾里地在干什么,只知道有作业便做,上课便听(其实有时作业也不能完成,上课也要走神),自己根本就没有复习计划,望着 5 本历史、5 本政治,就快窒息而死。又加上数学的白痴型,使得我对考试再也不抱任何希望。

这次月考又很差，上学期期末考也很差，大概又要重蹈覆辙了，难道这是惩罚？——不瞒您说，我也缭绕着一段感情问题，我也知道这很不应该，对不起我父母，对不起我自己，对不起离高考仅有90多天的日子。

记得上学期您教导我时，我还没有关于恋爱方面的事情，而后在阴差阳错中，抱着"玩玩而已"的心态，整天神经兮兮的兴奋。然后便发展得不像是"玩玩而已"了。我承认以前对那男孩子有"暗恋倾向"，所以我始终都没有潇洒地说："我们做普通朋友！"

在教室里我总装作很开心，有说有笑。其实我内心真的很痛苦，很痛苦，有时悲恸欲绝地什么都不想说。我想与世隔绝，我不喜欢身边很多人，特别是女人，所以我不大愿意和女生多打交道。

我问我自己：为什么会这样？每次考试的成绩都比同桌低的感觉简直让我想要自杀。刚才英语课上我脑子一片混沌，随手写了一句话——死是什么样子的。我真想大哭，可没有人理解我，没有人真正关心我。大家都只是在背后议论我，嘲笑我。（因为我就经常听到身边的女生在说×××怎么样怎么样，而我是真不想和她们一起谈论这些无谓的话题，这不是我说我自己有修养，而是我对一些人真的有点反感。）我承认我的思想比别人复杂，太敏感。

而生活呢？总有很多麻烦，我也在想以后的日子肯定会是枯燥乏味，日复一日呆板地过，没意思的。人生本来就没意思的。

我要逃离这个世界，我要逃。

究竟怎样我才能活得洒脱？难道真是天注定我会败亡在高三，这是怎样的世界？

高三×班　　×××
2001年4月3日晚

这是一个比较细心和敏感的人。如果自己运用得好的话，细心和敏感应该是一种很好的艺术天赋。

细心和敏感的人总比别人多一些忧虑和烦恼。而高三这个阶段最需要的是静下心和踏实地学习。可能对她来说，现在最大的敌人不在于外界，如果哪一天她真的被打败的话，她也不会是败给别人，而是败给自己。

　　要是真能够静下心来，克服自己的浮躁和不自信，轻松地去学习，她的成绩肯定还会再上一个台阶。但从现在的情况来看，她还没有做到这点，她让感情的因素掺和了进来。一波未平，一波又起，一边是学习，一边是感情，两头都分心，两头都让她烦恼。

　　自卑，敏感，情绪化，挫折感强，心情如同夏日的天空阴晴不定……在生活中，在学校里，这样的同学大有人在。从某种角度上说，这种内心的潜性的风暴也内耗了他们的力量，成为制约他们进步和成绩提高的一个重要因素。

立在操场边上的女孩

"池塘边的榕树下,知了在声声地叫着夏天……"

这里没有池塘,只有操场,操场边有一棵歪脖子大柳树,柳树下立着一位姑娘,姑娘注视场上踢足球的人……

杨老师:

给你写这封信,主要想和你谈谈心事,希望能借此得到你的指教。

这学期刚开学时,我还是对自己很有信心的,因为高二一年下来,我的成绩总是保持在班级前 3 名左右。但是最近的几次小测验令我大跌眼镜,尤其是数学,我竟然考出了有史以来第一次不及格,而且分数低于及格分 11 分。虽然我平时数学总是考不好,但不及格却是从未有过的,我相信自己一直在数学方面很努力,平时做练习也做得比较好,但考试成绩总不会很满意,我也不知是何原因。

虽然我总是在考差之后对自己说,现在的考试只当查漏补缺,不要太重视,以借此平衡一下自己的心态。但心里总是有点难过,而且也很着急,毕竟我现在已是高三的学生了,各科学习成绩都该稳定下来了,不像高一高二,哪科成绩不好还可以慢慢补。

杨老师,我现在真的很着急,压力也越来越大。现在竞争又是那么激烈,况且我又是个特别好强的人,任何方面都对自己有较高的要求,所以很担心自己在第一次月考中会退步。我该怎么做才能减缓自己的心理压力呢?

还有一个问题,是关于我的性格方面的。我很内向,不太爱说话,不了解我的人还以为我"清高"呢!我也很胆小,平时上课时被老师提问(尤其是在毫无心理准备的前提下)也会很紧张,于是脑子一片空白,不知道说什么才好。在某些活动中,我也很少参与进去,上次中秋节,几个要好的同学让我上去唱歌,但由于过度紧张,没有上去唱,虽然心里很想唱。平时,有些事情要通知同学,也不敢到讲台上去讲,即使讲了,也会语无伦次。

我知道,现在的社会对我这样的人是不适应的,将来到社会上也不会受欢迎的。请问,怎样才能让我胆子大一点,健谈一点呢?

最后,想请教你一个语文方面的问题。我每次考前复习语文总是不知道该复习什么内容,该怎样复习,所以每次语文都考得很差。请问能指教一下吗?

×××

2000 年 9 月 24 日

笔者回信——

×××同学:

你好!谢谢你的信任!

说到"内向"和"胆小",这可能是你们这个年龄阶段人的共性,这也是很正常的。

你是个有远见的人,已经意识到内向和胆小会使自己不适应将来的社会。你现在要做的只是怎样慢慢地去克服它!

你的胆小和内向除了性格的因素外,可能更主要的还是你不够自信!不自信往往是由于没有看到自己的优势与长处。其实你是个很有实力的学生。一个班级,高二一年下来成绩总能保持在前 3 名的学生有几个?!不知你想过没有,在你烦恼和不自信的时候,也许班上很多同学都正在以一种美慕和钦佩的眼光在看着你呢!

谦虚和善于内省是一种美德,它会让人更加深刻和清醒,但太过分了也就变成了对自己的一种怀疑和自我否定。你应该看到自己的优势。

一般来说,高一、高二上来一直稳定在前 10 名的同学都是比较有

127

实力的,高三一年只要训练些应试的技巧。就是几次小考成绩有些起伏,也不会影响自己的大局。

再说,每次的考试还有一个试卷难易的问题。没有必要因为一两次的失利就看轻了自己。像你这样一时陷在烦恼中的同学前几届也有很多,但最后他们的结局都比较理想。

说到内向和胆小,这算是个不足吧,但你有足够的时间来克服它,只要你愿意。胆小更多的是自己在吓唬自己,很多人、很多事,你大胆地去面对时其实一点也不可怕。平时在家里,在学校你可以试着独立去做一些抛头露面的事情,以此来磨炼自己的胆量。你会发觉,第一次,第二次,你会脸红心跳,会不自然,但多次之后,你就会渐渐变得自然起来。

你可以去试试!

祝一切好!

杨老师

2000 年 9 月 29 日

二次来信——

杨老师:

你好! 再次提笔给你写信,只是想倾吐一下心中的苦闷,当然只是学习方面的。月考过后,一直想找个人谈谈,可是竟没有合适的人可以倾听我的苦闷,没有人可以理解我。跟同学说,只能迎来他们怜悯的目光和一堆客套的安慰话。跟父母说,只会让我觉得更对不起他们。想来想去,还是想到了你。

这次月考我只考了 515 分,也许有人会觉得这个分数已经很不错,但离我心中的目标相差得太远了。我一直想考一所外国语大学,将来从事外语方面的工作,因为我特别喜欢英语,可是这点成绩真的令我很担心自己的前途,也许考不上外国语大学,我会遗憾一辈子。我成绩一直得不到提高,不是因为我不用功。我一直是个很用功的学生,这是同学和老师们都知道的,这么用功却只能考这么点分数,我对自己都有点怀疑,难道我就这么笨吗?在与同学们日常的交谈和老师们越来越冷漠的态度上,我已经感觉到:我已经不再是以前那个令人羡慕、令老师喜爱的学生了。我总觉得同学们的眼光很异样,也觉得老师很看不起我,我也想过老师是不会这样的,可是×老师那句话已深深地刺伤了我的自尊心。

那是去年期末的一件事。当时,政治考卷的主观题已经批出来了,我得了比较高的分数,×老师问我客观题做得怎么样,我就把和同学们对过答案后的情况告诉了他,他当时不太相信,因为我的分数超过了其他两个班的最高得分。后来,成绩下来了,我的客观题成绩少了 7 分,因为我有几个答案对错了。那时×老师站在我旁边笑着说:"我就知道呀!"我知道,他的意思是说,照我的能力就该得这么点分数,不可能再好了。那一刻我好难受,我恨自己笨,我更恨他那句已看穿了我似的话。我知道,每个老师都对自己学生的成绩很了解,该多少就多少,可是作为一名老师,他说出这种话是不应该的,就算他心知肚明也不能这样,你说呢?

也许×老师说的没错,也许是我太敏感了,也许是我自尊心太强了!

杨老师,我心里很闷,很苦。我越来越讨厌妈妈问我成绩,也越来越讨厌妈妈把我跟别人横比竖比,更讨厌她拿我的将来作为话题。每次触及这类话题,我就避之唯恐不及,有时还跟父母发脾气,我想我肯定令父母很失望,很伤心。

眼看只剩下两三个月了,我却越来越没有信心了,越来越感到迷茫了,这是不是很糟糕?

×××

2001 年 4 月 10 日

笔者回信——

×××:

你好!"眼看只剩下两三个月了,我却越来越没有信心了,越来越感到迷茫了",还有,生活中"竟没有合适的人可以倾听我的苦闷,没有人可以理解我"。

从我接触的同学来看,有你这种感觉的人并不在少数。从某种角度上来说,每一个高三学生,内心深处都有自己一本难念的经。只是很多时候,谁都不愿将自己的痛放在脸上,于是很多时候,大家表面都是一副嘻嘻哈哈、快快活活的样子。你说的很多时候"跟同学说,只能迎来他们怜悯的目光和一堆客套的安慰话"。他们自己也在痛苦中挣扎,他们对你除了安慰之外,又能够给你什么呢?!

515分不是个低分,三个文科班总分在500分以上的也才60人不到,从年级名次看,你应该在前30名的样子。这个名次还是很让人羡慕的,这是你一直默默奋斗和苦苦拼搏的结果。

一个女同学在高三了还能够保持这样的成绩是相当不容易的。高中的女生由于生理等各方面的原因,一般都竞争不过男生,你在大批同伴纷纷"落马"了还依然稳居前几名,说明你的实力很雄厚。

你的苦闷来自对自己的期望值过高。你是个不用老师多操心的乖学生,你自身具有一种力求上进的精神,所有的这些都使你越来越接近你的追求目标。

人没有上进心不行,但上进心过强也伤自己。你每天生活在苦痛和失望中,丝毫体会不到成功的喜悦,这便是你过高的目标和期望给你带来的伤害。

从近几年看,外国语大学是报考的热点,每年渴望走进去的学生成千上万,但最终如愿的人却不多。你将外语方面的专业和学校当成唯一的前途,就有点将自己逼进死胡同的味道了。

别让过高的目标损伤了自己的自信与自尊!也别用"唯一的前途"苦苦地逼迫自己!你父母出于关心才问你的成绩,你可以找个适当的机会同他们谈谈,表明自己一直在努力,自己也会一直努力下去,希望他们今后少提点这方面的话题,因为过分的关注反而影响你的情绪。如果他们不能接受,你可以减少跟他们一起接触的时间,尽量少听点他们的唠叨。

至于×老师的那句话,是你自己想得太多了点。×老师是个随和的人,也常常爱跟同学同事开点玩笑。人应该学会适当的幽默和会开玩笑,别什么事情都朝心里去,那样会令自己活得很累的。

无论是学习还是修养,你都挺成功,你需要的是学会原谅、宽容和欣赏自己——你说是吗? 祝好!

杨老师

2001 年 4 月 19 日

想起这位同学,我总是会想起那次体育课上,看见她一个人站在操场外边,望着别的同学在场上活跃地嬉戏玩耍的情景。

现在,她已经为人妻为人母了吧,人生的近 20 年锤炼,她还有当初的这些忧虑和迷茫吗? 她会肩负起孩子成长中的一道道闸门,再不会让自己的孩子有这些忧虑和迷茫吗?!

女孩，人间四月天

你是谁？长什么样？

杨老师：

　　您好！

　　我一直都认为自己不会写这封信，但你知道事情往往不如人愿，一向都认为自己够健康，够开朗，其实那是自己不想面对现实，欺骗自己而已。

　　也许，我下面的话语比较乱，请你原谅，因为我的心绪比较乱，如果像写作文一样条理清楚，也许我会把这封信看成一个负担。

　　初中升高中时，母亲让我报中专，说怕我考不上大学。我却坚持要报高中，因为考大学是我从小的愿望。我们家是一个比较大的家族，虽然直系的不多，但旁系的一直有着紧密的联系，所以，就像真正的一家子。我有几个叔叔，比我大不了多少，他们都很出色，每当暑假、寒假看着他们从遥远的学校回来，都会让我产生一种特别强烈的愿望：我一定要考上大学！

　　但，也许是功课学得不稳扎，也许是心理素质差。平时学习一向都比较不错的我，在中考中失利了。那个暑假我是在沉闷中度过的。因为，打从9岁那年正月，我爸去世后，都是由我妈一个人抚养我。我妈天生是个残疾人，虽然说不上怎么的严重，但要想支撑起一个家，一个需要这样大开支的家，对她来说是一个难以想象的问题。但她一直都撑过来了：我吃的、穿的并不比别人差，家里也造了新房子。但家里的生活毕竟是不富裕的。而现在，我又要给妈妈添上这么一个大麻烦，我真的很后悔，我悔我为何不听她的话报中专？为何那么笨？

不过，既然已成定局了，我也无法改变。我只有一条可以弥补的路：好好读，考一所好的大学。

　　现在，已经是高三了，前面的两年已经过去了，我不想回忆自己是怎么走过的，一路走来只有一点体会：任何事都不是那么单调、简单的。我进了高中并没有实现我的诺言，我没有很努力地读书，甚至我连努力都称不上。小学练字的时候，老师说我练字是一回事，做作业又是另一回事，练字的字很漂亮，写在作业本上的字又没了练字时的感觉。现在我的学习也如此，想得很好，却往往做不到。

　　上课的时候，每次听到一半就会思绪乱飞，有的时候听见老师讲某个字，就会想开去；有的时候看见一个数字会想开去；甚至有的时候看见老师或者某个同学的衣服也会想开去，等我回来后，老师已经讲了很多了，这时我又后悔刚才自己的胡思乱想，课又没听进去，所以一节课的效率对我来说几乎不到一半。

　　晚上睡在床上，想想自己这样的没出息，越想越气，越想越紧张，那个时候总有那么一股冲动，想爬起来马上抓起书本"啃"。可到了第二天，该玩的还是玩，不该玩的也还玩，又没了那股学习劲。

　　现在，高考还有80多天，我却对这个数字麻木了，没有紧张感，没有恐惧感。再加上我晚上天天失眠，本身体质又差，近几个星期来生理和心理上的压力越来越大，太阳穴上总是像炸裂似的痛，整天昏昏欲睡，晚上却怎么也睡不着，两个大大的黑眼圈总挂在那里，做任何事都集中不了精神。

　　昨天，因为身体不好去看了医生，医生说，没有病，只是因为我太紧张了。只配了一点调节神经的药。回来后，前座惊讶道："紧张？我看你挺轻松的！"没错，我整天嘻嘻哈哈地根本不像是高三的学生，但我心里实在是很着急的。到现在，我已经不知道自己该怎么做了。

　　更糟糕的是，在这节骨眼上，出现了另外一件自己从来都不会也不敢想的事，是我的感情问题。也许谈不上喜欢，只是一种欣赏，我觉得他很舒服，心里总是想见到他。我也知道自己该怎么对待这份"节外生枝"的感情，我把它藏在心里，我告诉我自己，也许就是因为我们之间的距离才会让我觉得他的好，也许他也有他喜欢的，所以一直以来，我不知道他叫什么，几班的，我也觉得没必要知道。我还告诉我自己，家里有妈妈有老奶奶，还有一大帮关心我的叔叔婶婶，我有从小树立的理想，我最重要的任务就是好好读书。但是，正如你所说的，一个人在一个时期只能认认真真地做一件事。我的心里也一样，当我做一件事的时候，不能想另外一件事。现在我心中放了两件事，虽然分量完全不同，但多多少少有那么些影响，所以，我想忘记他，可我却怎么也做不到。我从来都不会想到自己也会和那些"神经不正常"的人一样。原来，任何不可能发生的事，都会不知不觉地发生。因为没有足够的准备，它的发挥作用就显得更强。

其实，从事情一发生就想找个人谈谈，但又怕他们说我爱幻想，所以一直藏在心里，现在说了出来，觉得已经比较舒服了。

杨老师，让你当了我这么多"闲话"的听众，我实在过意不去。不过，我还有另外一个过分的要求：帮我出出主意，我该怎么办？

我用了零零碎碎两节课的时间，写了这封信，我觉得很值得，并不浪费。

最后，祝你
工作顺利！

高三×班　×××

2001 年 4 月 11 日

笔者回信——

×××同学：

你好！感谢你对我的信任！

看得出来，在完成这封信的时候，你已经轻松好多了。人是需要倾诉和宣泄的，很多东西长期积压在心里会把人给压垮。

读你的信，会觉得你是个比较懂事的女孩。事实也的确如此，生活中的你一举一动也都给人一种成熟和文静的印象。——少年丧亲会使人过早地领略人世沧桑，也使人早熟和懂得珍惜。这是儿时不幸的经历留给你的一笔残酷的人生财富！

作为学生，很多时候是应该有一种紧迫感和忧患意识的，因为这样人的生活才有目标，学习才有动力。但忧患过于深重，也会给人带来沉重甚至抬不起头的沮丧感。你的压力似乎比较大。也许对你来说,后面的这几十天里,学会劳逸结合才是最主要的。

每天踏踏实实学,认真对待每一节课,这样晚上睡觉时就不会有不安和内疚了。至于课堂上不由自主地走神,你看这样行不行? 悄悄在自己手腕上套上根橡皮筋,每当注意力开始分散的时候就悄悄地弹一下,让那种轻微的疼痛感来唤回自己的思想。

白天认真上好每一节课,用心做好每一道练习题,充实而忙碌地一天下来,晚上心里就踏实了。睡觉时间尽量让自己放松,可以静静地默默地数数,也可以做"肌肉松弛法"——一遍一遍做下去,你就会不知不觉进入梦乡,时间长了,就再不会受失眠的折磨了。那位医生说得对,你绝对没有病,只是因为人太紧张了,担心的东西太多了。

感情上,你的分析比较成熟,做法也蛮稳重。你对"他"的好感很正常,十八九岁的男孩女孩,谁心中没有一个人呢? 你不知道他的姓名,不知道他在哪个班级,兴趣爱好怎样! 你只是在心底下默默地品味那份甜蜜和淡淡的思念……这也就够了! 没有必要走得更深和更近。许多事情一旦走得太近看得太清也就失去了那种距离美和朦胧美。而一旦深陷其中,也肯定不利于你的学习。本身你已经活得这样累了,又何必再去给自己添上一腔愁绪!

一切放到高考之后再说,现在还不是考虑感情寄托和心灵归宿的时候!

当然,"想忘记他"也并不是一件容易的事。你也没必要去如何忘记他。一切就那么平淡下去,朦胧下去好了,甚至学习累了的时候,你还可以小小地"放纵"自己一下,让自己去幻想一下——这也是一种休息与安慰。只是提醒自己千万别陷进去,一定要走得进去,也出得来! 相信,多年之后,这段只有你自己知道的少女时代的秘密定会成为你人生中的一段美好的回忆!

最后再次感谢你对我的信任,也祝你拥有一份平静的心情!

杨老师

2001 年 4 月 11 日

生命中该有的东西其实很多

这是班主任转给我的一封信，收信人是班主任本人——

××老师：

你想知道我为什么不来上课吗?! 我近来确实身体不太好,也许我的内心也不太平衡吧! 可以说有一点心理疾病吧!

我心里一直这么想:"为什么我用心了,成绩却上不去,为什么? 为什么? 为什么?"

我这几天一直在想:我这么拼命读书,到底为了什么? 为了考一所好的大学? 将来找一份好工作? 这是我的一生? 我觉得这太可悲了,这么平平凡凡过一生太可悲了! 如果你要问我,我想怎么样过一生? 我不能给你答案,我也一直在构想。

我是不是一个问题学生? 我想应该算是吧! 这是我内心所想的。

还有这几天我不来上课,是我的不对。

××老师,我在这里向你道歉! 也许你会通知我父母,事实上都一样,我不会听父母的。也许有一天把我逼急了,我会想着去自杀的。我明天可能就会来上课。

我这样不上课,成绩会下降? 不是的。成绩是否下降,事实上与上课关系不是很大。当一个人坐在教室里,而脑子根本不在书本上,跟不去上课是一样的。

今天一天我都不在寝室里。在×××走了之后,我就出去了。下午去医院里挂盐水了,因为胃痛。

我上面所写的可能过重了,也许××老师你可以当我是胡说,也可以把我当是一个疯子,一个神经病。我现在只想对你说一声:对不起。

你不用来找我，晚上我不在房间，我在朋友家里，在朋友家里我可以真正地休息，也可以安静地看一下书。

对不起！

注：

原信有姓名，但没有写具体日期，从班主任提供的信息来看，应该是在 2001 年 5 月中旬，即他即将参加高考前的一个半月内——笔者。

初看这些文字，以为他浑身带刺，比较偏激和难于沟通。但当他如约来到心理咨询室后，才发现原来是一个文静腼腆的小伙子，微笑着。

他的波澜在心里，在清秀文静的外边之下，已经有了躯体化的倾向，到了崩溃的临界点。按照专业的术语来说，属于"高危人群"了。收到这封信的第二天，班主任在他枕头底下发现一把不知什么时候藏着的西瓜刀……

现在的中学生，有各种各样烦恼的人还真不少，只是很多时候被我们忽略了或者是误当作了思想和表现的问题。于是，很多的学生也就靠着自己的耐力"挺"过去，而实在挺不过去的几个最终选择了崩溃和放弃，并很快被人们遗忘。

十六七年过去了，希望今天我们再不要像当初那样武断、漠视和不近情理；希望我们再不要眼睛只盯着孩子试卷上方的那点分数！

137

"高四"学生

作为心理咨询教师，我也曾经接触过他们——

A

杨老师：

您好！

自从去年分开到现在，该是很长一段时间了。杨老师是否一切安好？

杨老师，这次给您写信，是想请您帮助我解决两个问题：高考近在咫尺了，解决这两个问题也势在必行了。所以才敢贸然动笔写信，请您原谅。

第一个问题是有关高考语文科目的复习问题。一直以来，我的语文成绩平平，没有太大的进步。所以，我很想趁此机会改进。现在课上老师只是讲模拟试卷。我想自己一个人先开始复习，但面对 6 册语文书，我感到茫然无措，不知道从何着手，因此希望杨老师能谈谈语文心得，同时介绍一下复习语文（比较切合我的）方法。

第二个问题是有关心理方面的。去年高考失利，心理紧张是一个问题。所以我也很想趁高复的一年时间锻炼自己克服这种心理障碍。但是自从这个学期开学以来，我的精神状态一直不是很好，而且每次测验都很不理想。这更加让我感到不安，当我越想去克服它时却反而更加糟糕。因此，我很想请您帮助我摆脱眼前的心理障碍。

以上两件事就拜托您了，希望杨老师能够尽早回信。回信请寄往××中学××届高复班。万分感谢！

此致

敬礼!

学生×××

2000 年 3 月 6 日

B

杨老师:

可以约个时间与您谈谈吗?我就是上次替××给您送书的那个高复班的学生。

我觉得进高复班后,我的心理有些不对头,虽说成绩在进步,但是处理一些事情却显得非常不正常、不成熟。

您可以抽个空与我聊聊吗?我叫×××,家里的电话是 84×××××。您可以打电话来找我,或者晚自修时直接到高复班的文科教室来找我,多谢您了!

×××

2001 年 2 月 14 日

C

杨老师:

您好!我现在是一名高复班的理科学生。由于我高考成绩是 502 分,离我报考的第一志愿——昆明理工大学的投档线差 10 分而未被录取。而我报的参考志愿也未录取,因而落榜。那天我守在电视机旁观看高校录取的最低投档线,当我看到我的第一志愿学校最低投档分是 512 分时,当时我的心都冷了。真的,这种感觉只有在自己亲身体验过后才会知道。其实我也料到我将落榜。

从那时起一直到现在,我还是非常痛苦和后悔,也觉得内疚。因为我家的经济条件并不怎么好,这对我的父母来说就是省吃俭用地拿出几千块钱来供我读高复班。读高复班——这个我一直以来做梦都没有想过的事情居然会发生,我原以为总可以进的大学居然会与之失之交臂。虽然我现在在这里读书,但我的心却久久不能平静下来再次迎接

139

2001 年

人生搏击。我的家长、同学也曾经开导过我，让我能在经过一年的拼搏后能有新的突破，考上重点大学。我自己也订下了学习目标和学习计划，但是当我看到比我稍差也上了本科院校的同学一个个地将步入大学校门时，我就松懈了，我简直不能原谅我自己，我越来越感到力不从心了。我也试着让自己大哭一场，却哭不出来，满腔的痛苦和内疚也无处诉说。所以我只好通过这种方式向您诉说，希望您能帮助我早日抹去这个阴影。希望您尽早帮我战胜自己。

×××

2001 年 9 月 7 日晚

附笔者的回信——

×××同学：

首先感谢你的信任和坦率！

你的内疚、痛苦和悔恨，我非常能理解，那种"感觉"的确"只有在自己亲身体验后才会知道"！

不过话又说回来，一生中从未品尝过内疚、痛苦和悔恨的人恐怕也是不存在的，只是时间的早晚而已。只有领略过这种苦涩的人才会明白：人，原来是在失败和挫折中才渐渐变得成熟和深沉起来的。

你的这一场磨难在现在降临，对你的人生倒并不见得完全是坏事！

502 分不是个低分数，你的挫折来自于"失误"：判断与选择的失误，而不是学习本身的失败。你是个比较自信的人吧，自信不是坏事情，从某种意义上说，自信是一个人安身立命的本钱（尤其是在现代社会）。只是在一些十分关键的十字路口，人在自信的同时还应该再加上谨慎和细心才对，你的失误是不是在于第一志愿和参考志愿之间没能拉开适当的梯度呢？如果能在几个志愿之间拉梯度，"层层设防"，可能就不会有今天的这些遗憾了，你认为呢？

以上我们所说的都是过去的事情了，再追述下去似乎也没有多大意义，现在最关键的是眼前怎样进入状态！

从信中看得出来，你对自己的失误已经有了比较深刻的体验和反省，这是个非常好的开端。你挺过了那最难受的落榜的一刻，挺过了父母亲的失望,挺过了重新走进高三教室的那一段时间……你还是个比较坚强和理智的人,至于眼下仅有的那点愧疚和松懈,你也应该慢慢地试着将它抛开,因为这些不良的情绪除了给你的生活带来阴影之外实在不会再有其他的帮助。

你现在需要的是冷静、平静,像一汪水那样地静和净——心中不再有无谓的愧疚、悔恨和痛苦,有的只应是现在的学习和明年的高考——至少在 11 月份之前你应该完成这个过程!

高复在现实生活中不是个让人好受的字眼,但若放在未来考虑,可能又会是一个令人庆幸的过程,这点我们家楼下的一位同学已经有了比较深刻的体会——去年他只上了专科线,高复一年今年考上了杭商院本科,而去年先他考上但却只读了个普通专业和学校的同学,如今反倒羡慕他了。

那么,你呢?"山不转水转","事物是变化发展的"。如今,坐在高复班教室,看到"比你稍差也上了本科院校的同学一个个地将步入大学校门",你心中充满了悔恨和羡慕,而待你拼过一年又焉知他们不会反过来羡慕你?!

我想,等到一年之后,当你捧着一张颇有含金量的大学录取通知书,你一定会认为现在的挫折其实正是你人生中的一件幸事。

——你认为呢?

从阴影中"挣扎"出来,走进眼下的生活中,常同老师、同学交流,进行些适当的休闲……一年后的今天你会让亲人、同学和所有认识你的人刮目相看的。毕竟,502 分还是相当具有实力的!

顺祝好!

杨老师
2001 年 9 月 11 日

D

杨老师:

你好! 以前我也是你的学生,现在在某学校高复,上学期过得挺不错的,但现在一直很烦,最近遇到一件烦事,一个多星期前,我和同班同学追逐,不小心碰破了头,到医院做完皮试,破伤风呈阳性,本来打几针就可完事，但由于晚上时间太晚了，少打了一针，现在我很害怕，到底这个会不会发作，虽然我已问过医生说没事，但我依然很不放心，整天疑神疑鬼，害怕厄运的到来，在这两个星期精神不振，无心学习，我很担心，也很害怕，我真不知该怎么办，也找不到一个可以倾诉的人，所以才决定写信给你。希望你能帮我解脱这心理的困扰。

其实在学习上我已遇到很大的困扰，不知为什么就是不想做化学，找不到任何原因，而且对化学老师的印象也挺好，因为他为人挺好，所以比较喜欢他，但就是对化学没兴趣，以前，在老学校时对化学是比较有感情的，还有就是在英语、语文上下功夫，可是成绩就老是上不去，不知是何原因，能否指点迷津，离高考的时间也没有多少，现在我还不能全心投入，唯有紧张，而且本来成绩也不太好，我该如何应付以后的日子，去年的高考我失败，我不想今年也失败，其实我的致命点是心理素质太差，考试时就是不能很自然，一紧张，手会发抖，字很扭曲，这况且不是很坏，最坏的是我脑中想的是快点做完，不管答案正确与否，而且也不愿，或说是不敢想，怕时间来不及，这能说明什么，是不是智商太低，想不出，还是别的什么原因在作怪，我猜不透。

还有一点是不是像我们这样的年轻人都怕死，我是非常怕的，不知道该如何理解，破伤风成呈性就一直困扰我。我害怕。

好了，废话也不多说了！

祝：

工作顺利！

身体健康！

××中学高三(7)班 ×××

注：

我原本是乖乖女，不迟到、不早退，按时作业、按时睡！

这几句话是前几年读一篇小说时随手记下来的。那篇小说就叫《"高四"学生》，作者是一位高复的女孩。

在作者笔下，高复生的紧张忙碌的生活和压抑、屈辱、自觉低人一等的心态被抒写得淋漓尽致：亲朋好友想不起他们，学校里搞什么活动想不起他们;他们永远待在自己一个不被人们注意的角落,充满悔恨和羡慕地看着先前的同学一个个地步入大学校门。

　　就这样煎熬一年,等到一年之后,属于自己的那张颇有含金量的大学录取通知书的姗姗来迟。

如蛆附骨，这次是男生了

高中阶段，除了"考试"，除了"分数"，其实该要完成的事情很多……

杨老师：

第二次给您写信，首先感谢您第一次的回信，帮助很大，一直想找个机会谢谢您，但都没实现，所以，谢谢您，杨老师！

这次，其实也是想了很久才提笔的，因为并没有什么大不了的问题，只是一时陷进去就想不出来了。道理自己也明白，但别人讲的感觉就不一样，所以就写了。

已经说不清楚是从何时起，开始惧怕死亡。或许是由于高二时小舅年轻丧命带来的打击。好多时候人一停下来就会不由自主地想到死亡，一开始就停不下来。晚上睡觉前如果想起，很可能就会整夜难以入眠。会想到未来，想到自己年龄还小，还有很多事情没有尝试过，很多愿望未曾实现；还未上大学，交女友；还未工作赚钱，孝敬父母；还未过自由的生活，还未一个人出去流浪……有时想得远了，还会设想临死的情节：惧怕消失，知觉却渐渐地没了，然后在世界上消失，被火化，烧成灰；被埋葬，然后被遗忘，仿佛从未存在过。

曾经做过一个梦，灵魂离开了身体，站在一旁看人们冷漠地处理那具躯体，看以后发生的某些事情。从梦中惊醒，就再也无法入睡，怀疑周围的一切事物，怀疑自己是否还活着，还真实地存在。

或许您会觉得这些想法很可笑，但它却一直挥之不去。本来是想和您见面谈的，但见面后肯定会因为拘谨而放不开说不出来，所以还是书信好。况且现在的学习也不是非常轻松，希望您能抽空回信。

祝一切顺利！

高三×班　×××

2001 年 9 月 20 日

　　世界上每天都有人在死，但都是些什么样的人呢？——打架斗殴的人，交通事故者，老人……而他，一个十几岁的在校学生，没有什么复杂的人际交往，又是生活在有着很好的保护措施的学校里。

　　他是一个想象力比较丰富的人，"好多时候人一停下来就会不由自主地想到死亡，一开始就停不下来"。对他来说，近期最重要的事情也许就是应该减少个人独处的时间，多同别人交谈（哪怕是没话找话地说些无关紧要的话），多参加些活动，尽可能地给自己找点事情做，不要让自己有空下来的时间。至于那些不得不一个人独处的时候，则多想些让自己开心的事情，多回味些让自己感动的人和事。此外，当死亡阴影袭上心头的时候，也可以拿出日记本用些亦真亦幻的文字将这种感觉描述出来——描述本身就是一种宣泄和解脱，而且还为自己留下了一段精彩的文字材料。

　　他是住校生，有几个晚上他是跟寝室里一个铁哥们挤一张床，那几个晚上，睡到半夜里突然醒来，内心充满恐惧而又无法自拔的时候，就把身边的朋友推醒……当然，这是我教给他的！

女孩被时代撞了一下腰

一个曾经上过我语文课的高中女生，一个眉目周正、心地善良的姑娘。

杨老师：

您好！最近心里比较烦，所以想找你聊聊。其实一直以来都很烦恼。心里有个结，一直打不开，或许永远也打不开了。

我是个单亲家庭的孩子，7岁父母离异时判给了爸爸。不多久，爸爸南下工作，直到我16岁那年才回来。其间我一直和奶奶住在一起，17岁那年开始和爸爸一起住。我和我爸的性格很相像，都是不善言谈的。再加上分开了八九年，我和爸爸之间几乎没有什么话讲，我和他之间似乎也没有什么父女亲情可言。我在家中（家里还有一个后妈）很压抑自己，有时候做事都很小心翼翼。在我看来，爸爸很凶，不懂得关心人、体谅人。有时候我事情做得不好，他就会骂，但从来不会好好地跟我说。我也从来不顶嘴或反抗，因为没有胆量，也没有能力。爸爸和后妈经常吵架，以致我每天回到家都要观察一下气氛是否紧张。爸爸从来不问我的学习情况，我也从来不向他谈起。有时候我觉得自己在这个家庭中是多余的。有时候我想离开这个家，但我没有勇气。

我觉得我活得好累。我不知道父爱是什么样子的，家庭的温暖又是什么样的。因为从我懂事以来这些都已离我很远，而并不是我身在福中不知福。听着身边的同学讲他们的家庭趣事，我羡慕、暗自伤心。我也曾努力地尝试与爸爸去沟通，但这太艰难，太累了，我受不了。生活在这样一个家庭里，是一件很痛苦的事。

希望您能帮助我。

辛酸苦楚在心里已堆积了很多，却始终发泄不出来，很郁闷。

曾经眼泪像山洪一样暴发过一次，但之后就再也没有。

大哭一场是一件很舒服的事，但想哭却怎么也哭不出来，没有眼泪。

宁愿自己彻底崩溃了，垮了，却被折磨得半死不活。

高三×班　×××

2001 年 9 月 25 日

20 世纪家庭变动对全球尤其是西方社会而言，60 年代可以作为一个分水岭，在此之前，家庭变动相对缓和，60 年代以后，家庭受到的冲击较大，变动剧烈。但是进入 80 年代以后有变动趋缓的表现。

在我国，有两个时间值得特别提出，一个以中华人民共和国的建立为标志，另一个以改革开放为标志。中华人民共和国的建立是我国家庭变动的一个具有里程碑性质的转折点。在中华人民共和国建立以前可以作为传统家庭受到激烈冲击的阶段，中华人民共和国的建立使得家庭变动的社会性质出现根本的变化，家庭从半殖民地半封建性质的社会现象转变为社会主义的社会现象。从中华人民共和国成立到改革开放以前可以作为家庭变动比较缓和的阶段，而改革开放之后是我国家庭变动又趋激烈的阶段。

改革开放以来，特别是 90 年代以后，我国社会离婚家庭和准离婚家庭的增多，这点在学校也反映出来。不完整家庭大量涌现，单亲和非婚生家庭的孩子增多。而这些父母感情破裂或准破裂家庭的孩子则承受了太多本不该由他们来承担的压力。

这是一个稚嫩的心灵被打上时代印记的女孩。

对风倾诉的女孩

这是一组没有称呼也没有落款的来信——

第一次——

　　我是在上数学课时想起要给你写这个毫无头绪的东西的。站在讲台那边的人让我感到恶心，从他嘴里冒出来的我一点都不懂，数学课就是如此这般的无聊。一旁的人正听得津津有味的，先前的我也可以和他那样专心地听，而现在我没有办法把这些糟粕装进我的大脑。我看不到那些符号可以有什么意义，它们是如此虚假，让我恶心极了，生活原本不会让我痛恨至极，可每个人都将自己装入了套子，虚伪，生活就这样，虚伪地活着。朋友曾经对我说："活着就是活着，所有一切只不过让自己活得更好些。"这话不错，我也在努力，可我活得不好，糟透了。让我厌恶的理科题充满了我的生活，我有做不完的题，最恼人的是我痛恨理科却坐在理科班里准备我的高考，几个月后我将去面对那一张张让我恶心的理科卷，我不知道自己为何如此痛恨它们，痛恨至极的。我没有办法改变，去文科班那是个幸福，我离幸福永远是那么远，我触不到天堂，所以我决定去西藏，那个神秘的地方，伸一伸手就可以触到你的天堂。在梦里我感受过从高空坠落，我轻盈地飘着，飘向无底的渊。为什么要强迫我，他们每个人都在害我啊，让我走吧，去我的天堂。昨晚我在广场上流泪，静静地流，四周没有人，只我一个在流泪，流走的是幸福呵。"为了看看阳光，我来到世上。"今天我看不到太阳。他们在哭泣。我还是很喜欢三毛的那段话：那生的生。死的死，从已知到无知，从无知到已知，爱的神秘，灵魂的离奇。而梦与时间里，宇宙进行着的是层层的谜。

2001 年 9 月 15 日

第二次——

　　你坐在讲台上翻阅着那一摞摞书信,也许我的那一封就在里边,你会将署名的放在一边,而我的也许就在里面,我没有希望有谁来关心我的问题,因为我没有留下我的姓名。我继续给你写着信。外面下雨了,和那天给你写信一样,空气中夹杂着一丝悲伤,"我看不到太阳,因为我眼里噙满了眼泪"。我不想知道自己是否已经厌学,是也好,不是也好,我都必须每天来上课,做作业,这样地日复一日,我重复着重复着。我在报上看到你的文章《岁月与歌》,有点虚伪,其实每个人都在虚伪中活着,他们将自己装在套子里,让别人看不到他,可不曾想到你也被别人蒙骗了。你在观察着每个人,兴许是想找出给你写信的那些人,也许我也是其中一个。我一直在幻想有一天我可以在很大的教堂听管风琴演奏,大家一起唱赞美诗,在我第一次捧起《旧约全书》时,我发誓要将它看完,可我没有时间了,我要不停地上课,写作业,我想要去西藏,可我也没有时间。父亲给我的唯一的答案就是"等考上大学再说"。也许到那时我可以改变我的生活方式,选择适合自己的。"这个世界,凭理智来领会是个喜剧,凭感情来领会是个悲剧。"也许我很悲剧。你在翻看那本用书皮包好了的厚厚的书,也许某一天在书店的哪个角落,我也会翻开同一页。有时候,有些事,有些人就是如此的不可思议,我们都是互相关联着的,不是吗?左手中指上的戒指差点丢了,早上起来我失魂落魄地找着戒指,还有谁比我更需要它呢,但我明白迟早有一天我会将它毁掉就像它毁掉我一样。已经有人开始厌烦我时好时坏的心情,开始躲着我。有一天我也会仇恨自己。"为了看看阳光,我来到世上。"

2001 年 9 月 19 日晚

第三次——

　　我病了,忘了是从哪一天开始的,只知道已经延续到今天。这一次

149

下雨时我正躺在床上，手上吊着盐水瓶，脑袋似乎裂开来了，已经分不清是白天还是黑夜，时间对我来说只是个器具而已，承载着一切。我开始躲避药品，它们让我神志不清，昏昏欲睡。前段时间的苦闷通过药品得以排泄，虽然这不是一个好方式，然而这很痛快。生病是件很幸福的事，我一直这么认为，以至我时常为这种幸福流泪，看着手背上那些不大不小的针眼，我很欣慰，这是战利品。我从不为病痛流泪，就像我从不去审视那些我呕吐出来的东西，没有必要。生病以来，我心情一直很好，该说好久没有这么好了，每一个人都把我当回事，怕我会传染给他们，不过这也挺好，至少他们知道我还存在着。我来上学每个人都很惊讶，不如说是恐慌，我是个传染源。他们对我说得最多的一句话："真好，月考都可以考差些，你有理由啊。"的确，他们没有啊。我是个黄种人，在发现皮肤上出现红色斑点之后，我还是坚信我是个黄种人，我不想让自己有棕色的皮肤，所以我去了医院，愿意让护士在我的手上扎针眼，这些都不是我的错。所有一切。我发现自己很喜欢处理事情的结果，不管是好的还是糟糕透顶的，我都乐于去处理，并且尽力不让任何人受到伤害，我会欺骗，会隐瞒，但我并没有使坏，这是很重要的一点。我知道，一旦考完试，我的心情不可能好，不管是考好了，还是考差了，压抑重新又会回来。文科班仍是我向往的，做梦都想去，然而我已没有资格。一个月前是这样，一个月后仍是。并不是所有的事都会如我所愿，这是父亲告诫给我的，但我从来不曾要求过什么，这唯一的一个要求却实现得如此艰难。高三很苦，而且是极苦，但我没有感到苦，而是那种无尽的郁闷，我感觉不到有任何光明，我不知道当我走出高三的时候是否还可以笑。我病了，头还在痛，我无法看书，明天要月考，所有人都在复习，我在给你写东西，一节课了，我什么都没有干，只是在这里涂鸦。我妈真的很疼我。我爸也是，而我，会让他们失望，因为我从来都不知道自己想要什么，是学业，也许这不适合我，是爱情，听起来又太渺茫了，也许只是生活，属于我和西藏的。我爸说了，你要是真去西藏，那几年才能见一次面，你真不要我这个老头子了？对不起。我不想伤害任何人。我还是喜欢那句话："为了看看阳光，我来到世上。"

Wig

2001 年 10 月 10 日

其实知道她是谁，但是我没有去找她，也没有回信。这是一些不需要回的信，这是一种只需要倾诉和发泄的文字。

人与人不一样！有人外向，有人含蓄，有人文静……而像这位属于胆汁质与抑郁质混合型的同学，做事冲动、脾气暴躁，与周围人容易产生摩擦；而同时自己又多疑、敏感，拿得起放不下。这样的人常常既苦自己，同时又冒犯别人。

在工作中，我常常遇到这样比较偏激的同学，这些同学或因为自己气质方面的原因，或因为自己个性上的敏感和冲动，常常有意无意地将自己放置到教师和其他同学的对立面，因而造成生活中的孤独和压抑。

对他们，家长和教师的最好帮助就是关注和理解，关注和理解但不妄加评论。很多时候，他们并不需要我们所谓的开导和指点，他们只是需要诉说和发泄，在诉说和发泄中静静地沉淀，在沉淀中慢慢地长大。

高中毕业，她考上了一所医学方面的专科院校。她很满意，也很充实。几年后再次遇见，她已经忘记当时自己那几封信的内容了。

女孩你要学会说"不"

　　"有人打你的右脸,你连左脸也转过来由他打;有人想要告你,要拿你的里衣,你连外衣也由他拿去。"——果真好吗?

杨老师:

　　我觉得人际关系真难处理。现在的人都那么自私自利而且势利又虚伪。在寝室里,我比较随和,说话呢,也没个分寸,就是那种"开心果"型的。大家借东西都找我(因为我的生活用品很齐全),平时,我也总是一副无所谓的样子,凡事不太计较,我自认为对她们已够好了。可是当我有时会妨碍某个人时,她们又会嘟哝了,给人方便不是很好吗?为什么我对她们好,她们却都那么计较呢?有时她们(我说的她们不是全部)总好像以为我是好欺负似的,我总是吃亏,有气也只能我忍。为什么?有些事情明明是别人引起的,最后却又是我……比如,我们学生平时无聊,总爱打趣。上次,有个女生老爱看行政楼的人,我就说她"看什么呢?"后来我也跟她一起看,倒也不是好看,只是觉得好玩罢了。然后,另一个女生打趣说:"哇,你们是不是暗恋×××老师呀?!"那个女生(前一个女生)竟跟她一起说是我先老看那里的,而且以后我一往那边瞧(其实我不是看行政楼),她就说我暗恋×××老师,后来好一段时间里大家都这么说我,弄得我很难堪。她们几个人一齐哄堂大笑的样子,真的对我是一种侮辱,为什么把欢乐架在别人的痛苦之上?

　　有时,晚上熄灯后,有人还在讲话,而另一个却要睡觉。因为我老是要讲几句的,但我并不是发起话头的人,也不是讲得最凶的人,可嫌吵的那些女生(因为并不是每次都是同一个,所以我用"那些")总说:"×××,你真烦!可以睡了。"(当然,她是笑着说的,但这只是为了缓和气氛而已,并不是玩笑话)明明我不是"罪魁祸首",却每每矛头直指我,原因很简单:我不太计较别人说我(表面上),我只是一副无所谓的样子,人家说了我,我也不跟她闹别扭。因此,她们要阻止我们说话,就都拿我当挡箭牌,她们这么说,我多下不了台,多尴尬。而实际上,我根本不开朗。开朗、活泼、无所谓只是我表面的潇洒,也仅是对寝室里人的潇洒,一旦到了教室,或大众面前,我绝不是这样拿得起放得下的,谁能知道我那"开朗"只是为了掩饰内心的难受。我老是莫名的不开心,我只能通过外表的"开朗"稍稍缓解一下而已,何况,这种"开朗"也不是真材实料。

我要怎样才能使自己从里面摆脱出来呢?

祝每天都有好心情!(我觉得这是最最最最重要的,心情好,什么都好,心情不好,什么好的也都不好。)

高三×班　×××

2001 年 11 月 1 日

某种程度上,她的看法有一定的偏激和片面,比如"人际关系真难处理","现在的人都那么自私自利而且势利又虚伪"。

同学跟她斤斤计较,说她暗恋×××老师,还拿她当"挡箭牌"……这些事情肯定是存在的,但这些话的动机和目的却并不见得是她认为的那样"欺负"她。她人大方、好、开得起玩笑,属于"开心果"型——如果她气量小,动不动就翻脸,冷冰冰地拒人于千里之外,同学们还敢在她面前这样"放肆"么?但她到底又不是一个真正"开朗"和大大咧咧的人,她的性格中还有着敏感、细腻的一面,所以她才有时候觉得自己"总是吃亏",甚至觉得别人的玩笑是对自己的"侮辱",她们"把欢乐架在别人的痛苦之上"。

不管是在学生世界,还是在成人世界,开朗和大方都应该有一定的限度,过度了有时候就会让周围的人失去对你本来应该有的尊敬,会让你理所当然地去承担许多本不应该由你承担的责任与义务。

所以,很多时候,人应该学会说"不",学会拒绝——拒绝那些不应该是自己承担而且也无力去承担的责任;有过一两次经历之后,周围的人也就会从这种拒绝中掌握了应该掌握的分寸,从而渐渐形成一种充满互动与活力的健康的人际关系。

需要运气的女生

这是一个毕业多年仍然让人牵挂的女生——

杨老师：

您好！

初次跟你交谈心里有些紧张。首先，我自我介绍一下吧！我是高二×班的女生——×××，我是个性格十分古怪的人，这点从我的外表也能感觉得到吧！在班里我总是疯疯癫癫，大吵大闹，而且特幽默，班里人都说我是绝对典型外向型。而那次心理课上，我测得内向型，当时，我很奇怪，我是用真实情况来测的啊！后来一想，这也许跟我那敏感的心有关，我很敏感，很注意别人对我的看法，别人在背后悄悄议论我几句，我一定要追究到底。只要朋友一个眼神或老师的一个眼神，我总是会猜出这眼神代表着的许多说法。还有我没有毅力，比如在学习上，我是出了钱买来的，为了父母这万把块钱，我曾痛下决心，想埋头苦读。前半年我独来独往，不和同学交往，成绩也比较乐观，后来看到同学每天成对成双的，心里想我的花季雨季可不能孤孤单单的。很快，我几乎成了全班人缘最好的一个，而且结交了四个死党。接下来的日子就如回到初中时混混的日子，整天浑浑噩噩，还经常逃课，和我班的男同学称兄道弟，惹了很多麻烦，去过几次政教处。可由于我的个性，经常跟政教处里的老师闹翻，因为他们不知道怎样教导人。一知道我是买进来的，就常用处分、开除、学校名誉等词语来威吓我，还说一些近乎侮辱我的话，动不动就劝我写自动退学书，好像从没把我（当）这学校的一员过。有时他们晚上在吃夜宵时，错把一个女孩当成了我，第二天再一次把我叫了去臭骂一顿，直到我拉出我所有的人证物证时，确定是自己认错了人，才肯对我说一句"以后小心点！"呵呵——！在这学校，在这学校的政教处，我所受的屈辱我想我一辈子都不会忘记。我还记得一位政教处的老师对我说："×××，世界很小，说不定哪天你的子女也会来这个学校。如果我还在这个学校的话，我会用什么样的眼光看你的子女，你可想而知。"让人听了，好像我干了什么不光彩的事，要遗臭万年，还要牵连到我的子女身上。真是笑话。从那时开始，我恨这学校里的所有老师。每当看见那些老师装成很关心的样子都觉得恶心，整天想着将来我该如何如何报复他们。我知道我的想法很不正常，如果我说给别人听，人家一定骂我。因为在我的长辈眼里，老师是最神圣的人物，他们说的没有一句是不对的。我不想向他们解释些什么，免得招来更多人的看扁。现在升高二了，和从前的兄弟都分开了，我也文静了很多，没有任何麻烦了，整天往返于一条线路上。可我总觉得我失去了什么，连我自己也不知道，我很努力地想集中精神去学习，毕竟老师都认为我是比较有潜力的。可我不能，也许是我的毅力、敏感、性格在左右我吧！我不知该如何控制它们，使它们朝着有利于我的方向发展，我要走出这些黑暗！

杨老师，以上都是我的无厘头，写得乱七八糟，你别在意。希望你能给我提出些意见。谢谢！

学生 ×××

2001 年 11 月 5 日

在一次面谈中，她也对自己的个性做过中肯而坦诚的剖析，说自己脾气不好，在亲戚朋友中，人缘也常常处理得不好。

她对自己的弱点实际上已经有了认识，也许，如果我们在平时的工作中能够考虑到这一点，能够从这个角度去做她的工作，而不是老去有意无意地刺激她，用一些大道理去企图说服她，师生间可能就不会这样对立，她也就不会"恨这学校里的所有老师"了！又或者，如果她的运气好些，生命中遇到的都是理解并包容她这种个性的人，她的心情，她的学习，可能也就不会是当时的那种样子？

10 多年过去了，不知道她今天在工作和生活中，跟同事、家人相处如何，不知道她的"运气"怎么样。

在讲义里疗伤的少女

　　是 2008 年吧，走在街上，一个明眸皓齿、苗条清新的姑娘从对面人行道上穿过来，立在面前："杨老师！您还记得我不?"我叫出了她的名字，姑娘高兴得跳了起来："杨老师，您记性真好！"

　　这时候她已经大学毕业了，正在湖州一家医院实习……

杨老师：

　　你好！听了你上的心理课之后，觉得你是一个可以倾诉心事的朋友，所以想与你聊聊。不介意吧！

　　快近期中考试了，可是我却依然心乱如麻。这一切还得从他开始说起。这件事可追溯到初二的时候，他是我表姐的同学，体育、品德、学习成绩等方面都很优秀。带着对他的欣赏，我很佩服这位高我一级的大哥哥。由于他和我表姐是很好的朋友，所以自然而然我们认识了。我很喜欢看他在体育场上拼搏的身影。可是不知怎么回事就发展成为那种关系了。后来，他来了一中。我整整一年没见到他，只通了少得可怜的几次信。从表姐口中得知他成绩不是很好。为了考上重点高中，我就把他作为我的精神动力，他也经常在信中鼓励我，为我加油。

　　后来我也如愿来到了一中。星期六不上晚自修，他就有时来找我聊天，我们只谈别人，很少谈到自己。偶然我问起他的学习，他总是含糊搪塞过去，他说他对学习已经没有兴趣了，有可能的话，高中毕业后就去参军，他说话时很认真、沉重，我突然感觉到一丝淡淡的失意。一日晚自修放学在通往寝室的路上，他对我说他们班的一位男生（A）想追我们班的一位女生，让我帮一下忙。我说尽力而为吧！第二天他就带了那位 A 来找我。一天又是星期六的晚上，就像现在这个时候吧，同学们都回家了,只剩下几个女生在教室看电视。A来找我聊天。聊了好久,A说,到走廊上去吹吹风吧!我说好的。走廊上风很大,也很孤寂。我说好冷哦!A说,天冷了多穿些衣服吧,别冻坏了!昏黄的路灯下,走来两个人,可是走到我们正下方时,我才发现那个穿橙色衣服的是他,旁边那个女生据A说是他的女朋友。我一下子呆住了,只觉得脑子一片空白,A把我拉到教室时,看看我说,想哭就大声地哭出来。可是连我也惊叹地发现自己竟然很平静,没哭,只是说我要回寝室了,A陪我走到了寝室。可是一扑倒在床上便再也控制不住了,但没哭出来。

从那以后,他见了我总在躲避,我们形同陌路。有时候在路上碰到,我想和他打招呼,可是看到他那不屑一顾的眼神,我无法开口。我的成绩急剧下降,从刚进班里的第5名下降到30多名,人际关系也搞得很僵,因为我很敏感,别人不经意的一句话有可能伤害到我。从此我总是独来独往,与以前开朗的我判若两人;忧郁似乎成了我的专利。我不知道他为什么要这么做,A说,那是因为我姐姐写信给他,叫他算了吧,别影响我的学习。如果真的是这样,他们有没有想过这样做才会影响我的成绩。我只不过把他作为我的朋友,我学习的动力、精神支柱,这有错吗?高一的第二个学期,我给他写了封信,我不想和他成为陌生人。可是他的回信里,他把自己贬得很低,这不像以前那个朝气蓬勃的他,他没有自信!我让姐姐写信给他,叫他别放弃学习,可是对他来说已经不可能了。他分流了出去。这一切都是他自己造成的,没想到他居然会这么差劲。我突然为他感到可悲,他不该选择这么一条路。

近来我去党校吃饭经常能遇到他,双方仍然觉得很尴尬。其实我可以不去那里吃饭,但是我还是去了,因为我要学会坦然!其实到了现在,我仍然没有走出这片阴影。我真想甩掉这片阴影,潇潇洒洒地学习、生活。可是我却办不到。原本坚强的我变得如此不堪一击。但是我不能放弃学习,我不能拿父母的钱当儿戏。我想用心学习,却用心不起来,我真的很矛盾,很烦恼。也许是我以前把他看得太重了吧!

看完了这个故事,请你别笑,这种事在校园生活中屡见不鲜。虽然我们年龄还小,但我们会把握分寸。以后的路还得靠自己走下去,但我感到前面是迷惘的,我感到了恐惧。我不知道我该怎么办,请你帮帮我,好吗? 我不想再沉沦下去了!

别忘了给我回信,谢谢!

学生:×××

2001 年 11 月 9 日

在中学校园,这样的故事每天都在上演;而对于她这样内心世界丰富且注重个人情感体验的人,"这种事情"的影响又注定比较深远。

"也许是我以前把他看得太重了吧",十五六岁的少女,正是最为"唯美主义"的时候,很容易将自己所喜欢的某件事、某个人想象得过分完美,而且为了对方常常又容易很单纯地将一颗心、一份少女的情怀全部地抛出去。等到真的距离走近了,才发现原来对方并不是自己所想象的那样完美,于是种种的冲突与失意便接踵而来。

她曾经给他写过一封信,"可是他的回信里,他把自己贬得很低,这不像以前那个朝气蓬勃的他"。事实上,也许他本来也就不高,以前的所谓高,只是她想象的高。一个有追求的人是该有点男子汉的勇敢与果断的,但从他当时的学习和表现看,这些他都不具备。那么,这样一个连自己都自强不起来的人,又怎么能够托付起她的一腔少女的痴情与期待!?

旁观者清,姐姐的做法则理智得多。对她来说,也许最好的做法就是将他放到记忆的最深处去,将过去的一切全部尘封起来,将这份感情当成少女时代的一个梦,一份人生体验;在眼前的每一节课、每一道习题上,用紧张的学习和忙碌的生活冲淡这种致命的失落,慢慢求得心灵深处创伤的愈合……

女孩，城门失火殃及池鱼

浏览这篇文稿，脑子里想起的是一段曾经放给学生看的视频:《伤痕母女心》……

杨老师:

您好!

有件事情一直困扰着我，我想请你帮我解决一下。

我觉得我和我妈妈之间的代沟真的越来越大了。有些事我向她说，她根本就不相信我，一天到晚怀疑我，让我很头痛! 她总希望我每天要到快上课的时候去学校，一放学就回家，一有空就扑在学习上，虽然我成绩不好，但也不用这样逼着我一天到晚学习，这样只会让我更厌烦。有时我把我的想法告诉她，她却嗤之以鼻，有时候还成为批评我时的材料，这让我很难接受。虽然我以前骗过她几次，但我现在却真的把实话都告诉她，万一哪次撒了谎被她知道，她就会全盘否定我以前说的实话，难道我的话就那么不值得信任吗? 有时候我把我对一件事情的看法告诉妈妈，妈妈总会认为我的看法是错误的，是幼稚的，而她的才正确，我最后只能按照她的方法来做。妈妈也总爱把她的想法强加给我。而且妈妈总怀疑我在早恋，如果有哪个男生打电话到我家，她就特别紧张，会问这问那，我知道家长对这种事很担心，但大家同学在一起，不可避免会吵吵闹闹，聊聊天，可我们心里都明白，彼此只是好朋友，只是同学，并没有踏入禁区，可妈妈就是不相信。她认为好女生就是应该和男生划清界限的那种，我真搞不懂妈妈的这种想法。昨天晚自修结束后我们好几个男女同学大家一起约好去吃拉面，大家吃得很开心，聊聊天，妈妈看我没准时回家就出来找我，看我跟那么一大帮人一起吃拉面，就一把把我拉了出去，让我特别不好意思。我又不是和男生单独在一起，很多人在一起，那也不行吗？杨老师请你给我一些建议，好吗？

高三×班　×××

2001 年 11 月 20 日

　　这位同学与母亲之间的冲突有一些背景原因：亲戚中的一位表姐一向听话、懂事，但前不久却跟着男朋友"私奔"了。这件事情在亲戚朋友中引起了恐慌。

　　而偏偏她又心地单纯、天真，孩子气十足。有时晚自修结束，回家之前也跟一些男同学先去逛街、吃夜宵，而且几次还被母亲看见。

　　我跟她说，和母亲之间的冲突，双方都有责任，解决起来自然也应该从两方面着手。首先应该约束自己，一段时间内尽量少跟或不跟男同学逛街和吃夜宵，以避免强化了母亲的疑心；另外也要找机会多同母亲接触，有意识地说些宽慰她的话，让母亲从自己的话中感觉到女儿已经懂事了，女儿并不是像她所想象的那样幼稚和不懂事。

　　另外，如果觉得必要的话，也可以由我同家长适当沟通，提示母亲，她的严密防范已经引起了女儿的心理不适，这将不利于孩子的学习……她说老师，暂时您先别跟我妈妈联系，由我自己去解决看看。

　　半个月后，她反馈回来的信息是，自己已经解决好了同母亲的矛盾。

盛名之下的女学霸

"学霸"就没有烦恼了？

杨老师：

　　和很多同学一样，进入高三，心情总是反复无常，然而我不知道该从何讲起。

　　本来我是个人缘不错的人，进入高中，面对新同学，我显得很被动，但同样我找到了几个知心朋友，只是她们都比较内向，看事情很偏激。与她们在一起，我不免受到些许影响，自己也在向抑郁迈进，但我并不讨厌这些。进入高二，我的同桌是我不喜欢的那一类型的人，跟她同桌，跟她谈话，我只是应付应付，而自己内心的事不愿向外人吐露，自己也觉得自己好虚伪。而内心积压的事太多，就会感到有些累，情绪波动会很大，我曾试着自己来调节自己的心情，然而很难。

　　进入高三，我的同桌终于换了，我跟她关系不错，心情也稍微平静了，然而我最惧怕的事情来了，向来成绩在全班前5名的我在第一次月考中却被甩到了10名之外，这是从来没有的打击。从高处摔下来实在很痛，但我认为失误总还是有的，只不过是第一次而已，我挣扎着重新开始，我期待着打翻身仗，可是这不是我想就能办到的事，第二次，我还是失败了，我不知道问题出在哪里。高三进来的第一个月，我对学习的兴趣提得很高，可是成绩却史无前例地掉到谷底，经过了两次月考，对学习的恐惧、害怕油然而生，一碰到难题就嫌烦，我害怕考砸了要想考好很难，面对激烈的竞争不想退缩，但想进却很难，学习到现在我都不知道该如何去学习了。

　　包括父母在内的很多人都对我期望很大，但是当我成绩不好时，他们不会说我，反而来安慰我，对于家境并不宽裕的我来说，最担心的是让父母失望，我觉得自己对不起他们，还有成绩向来优异的我一下子摔得这么惨，或许是敏感，但周围的人和事使我的自卑感增强，这一切都困扰着我。

我是个没有勇气与毅力的人，就像给你写封信我也考虑了很久，再如考试考差后就马上想重新来过，急功近利，然而没过几天，一切又都消失了，晚上想的并非白天做的。零零散散写了这些，有些乱七八糟，心里想的无法用言语准确地表达出来，真让你见笑了，我想和你聊聊，希望你能谈谈调节心情的一些方法，我也不太善于与人交谈，所以这次是鼓了很大的勇气写的这封信，就此为止，十分感谢。

高三×班　×××

2001 年 12 月 18 日

老师和同学眼中的优秀生，成绩一直排在班级前 5 名，高三时的第一次、第二次月考退步，但也是班级前 12 名。

父母比较关爱和体谅自己，"当我成绩不好时，他们不会说我，反而来安慰我"，但村里的人、亲戚朋友对她的期望则很大——因为从小学、初中上来一直都是优秀生，在亲戚朋友心目中早已是"未来的大学生"，是他们教育自己孩子的活榜样。

"盛名之下，其实难副"，亲戚朋友的评价其实是导致她产生压力的一个原因。另外自己的好胜心也太强，"考试考差后就马上想重新来过，急功近利"，动机太强，就容易产生紧张和焦虑。

可以提供给她的就是自己减压——不要将结果看得那么重要，努力了也就够了，另外就是掌握几种消除紧张的方法。

视考场如战场的女生

现在想起来,高三了还能够睡得像猪一样,其实也是一种幸福!

杨老师:

我现在已是高三的学生了,今天离高考只有95天了,只是我在学习上还有一点困扰。这个困扰我已经和爸爸谈过了,他说我心理有问题,叫我找你谈。

我的学习成绩不太好,在中等左右,但我一直觉得自己还有潜力,却不知道怎么发挥出来。现在我们总是有月考,考完后会排名次。所以我和我的父母都比较重视。由于我的成绩不太好,所以考试时间总不够(我的动作也很慢的),往往到考试还有半小时就结束时心里会很紧张,因为那时我总是还有很多题目没做。由于太紧张,我的思维会有些迟钝,本该做得出的题目也做不出。特别是数学,我数学很差,考数学时心里紧张得要命。从进入高三以来,我的数学成绩就没有及格过,我太失望了。在考试快结束时,看着这么多题目做不出,会紧张得手发抖,心跳加速,脑子里想很多乱七八糟的事,比如这次又考不好,让父母失望了之类的。我不知道怎么样可以消除这种紧张,你可以帮我吗?还有,有什么方法可以让我挖尽我的潜力。这也许是个棘手的问题。因为我天生爱睡觉,作为一个女生,这是个坏习惯,我们班的女生一定没有一个每天睡觉时间比我长的了,我每天将近睡9个小时,但还是不够,所以完全没有了复习的时间,怎么办?我自己也非常着急。

你觉得我的问题该如何解决?你可以找我当面谈,或者传纸条给我,也可以发 E-mail。如果找我谈的话最好在傍晚,因为中午我要睡觉的。谢谢！

×××

笔者回信——

×××：

　　每年高考，总是有人欢喜有人忧。如果拼搏三年，尽了自己的全力也不能达到自己能够达到的高度，一切倒也无怨无悔，但如果自己明明能够达到的目标，因为临场的发挥不好而失利了，那种窝心的感觉，的确不是一般人所能够忍受的。

　　然而，每年高考都有人"窝心"：本来能够上重点大学的，只上了二本；本来能够上二本的，只上了第三批甚至第四批；而本来能够上三本的刚刚上了投档线……对于这种高考中的发挥失常现象，虽然人们可以从各个角度进行解释，但其中不可忽视的一个原因是：紧张！过度的紧张抑制了考生正常水平的发挥。这种可能在考前的几个月甚至几年就暴露出来了，只是不大引起家长和老师的重视。现在社会上活得最累的群体应该是学生，而高三学生又是其中最苦最累的——为了高考，为了前途，很多人在考前三四个月就开始冲刺了，早上5点钟起床，晚上12点睡觉，每天的睡眠时间缩短到不能再缩短。连续的苦拼苦搏，体力透支已达到极限。更主要的是，还有心理上的累！

　　所以，在考前的准备阶段，除了要紧张地备考之外，还应该注意心态的调整。至于怎样调整心态，你可以参看我们发的一些资料，也可以到"心理氧吧"来，我们单独探讨。

杨老师

冬天里的两朵玫瑰花

这是一则堪称完美的心理辅导案例——

起

我是在 2002 年 9 月 2 日,新学期刚开始的第三天收到她的这封只能称为纸条的信的:

老师:可不可以陪我聊聊天(写信),做知心朋友?

没有姓名,也没有班级。落款只是"一个有点悲观的女生"。

信后还有一行字:请把信放在高二×班的窗台上,写上"××(笔名)收"就可以了。

显然,写这封信的人渴望得到理解,但又有着一种很深的顾虑和戒备心理。如果能够以此为机会介入,进行成功干预,她可能会吐露心曲。如果介入失败,将极有可能引起她的失望,导致她的后撤,沉默,甚至是封闭。

经过再三思考和反复的权衡,我于当天下午谨慎地给她回了信,向她说明心理辅导的尊重、平等与保密等原则,并告诉她"你可以随时写信给我——仍然投在'心理信箱'中。另外,给你的回信最好找别班靠得住的同学转给你——放在窗台上不安全!"

收到信的当天晚上,她就又给我写了信:

谢谢你的真诚。收到信是晚自修的第四节课,觉得很兴奋,真的!

跟老师您写信,想聊聊天,说说知心话。因为我始终觉得自己有点

165

悲观主义,高中生活,有点枯燥乏味,每天面对的都是题海,永远都无止境。想在老师面前好好表现,别让父母失望,但自己的实际行动又不行。待在这个实验班,有点压抑。其实我真的好想好想把学习搞好。至少每天可以轻松一点,可每天上课的不集中注意力,做题时的"遐想",自修时的不认真,把我搞得有点头晕,想放开一切又没有那样的胸襟。

老师,收到这封信,我真的好开心好开心……

我的回信,初步解除了她的顾虑。她开始有保留地向笔者倾诉,她开始欣喜地感觉到她终于有了"一个可以说话"的朋友。这点对她来说是很要紧的。

承

取得她的信任,消除她内心的孤独和寂寞,这两个目的已基本达到,但跟她的心理释放还有一段距离。工作在良好开端的基础上应该继续深入。我继续不动声色地给予启发和暗示:

信昨天上午第三节课就已经写好了,没有什么特殊情况的话,我一般都当天回信。

说到悲观主义,我想这不是你的本质,很大程度上可能都是由环境造成的。高中生活,每天面对没完没了的题目,的确枯燥乏味。好在再有一年多点时间,你们就解脱了……

这封信除了继续引导她释放之外,还有一个作用——间接地委婉地暗示她眼下的紧张和忙碌不是永远的,再有一年多时间就挺过去了,从而不显山不露水地抛给了她一个"希望"。

果然,接下来的信中,她开始主动地分析自己的困惑:

老师,我从高一起就在这个班了,只是班中的人际关系不适合我,我曾经试着去适应,但我与同桌的格格不入,让我觉得好难和他们相处。高一的那段日子,我是沉浸在泪水中的,想到伤心处,便自己一个人躲到树底下偷着哭。而且那时候,我喜欢过一个男生,后来因为多找了他几次，弄得全班同学都知道，我觉得又不好意思。一个女孩子失去了自尊，在别人面前就像是被剥光了衣服，无地自容。我曾试着去忘记那件事，但好像阴影般，怎么也无能为力。这几天与老师你的闲聊，让我轻松了好多，也不会刻意去想那件事……

我曾想放弃自己的生命（那是小时候的事了），因为我觉得一个人到这个世界上，真的没有什么意义。友谊、金钱、地位都是过眼云烟，像流水一样永不返回。但后来又想到了我父母亲，他们那样辛苦把我抚养成人（我前两个姐姐都夭折了），我实在不忍心看着他们再失去我。有老师说"学生为父母而读书"的观点是不可取的，其实我的一部分的学习动力就是源于这个观点的。我跟同学说起这个的时候，他们总说我想问题很极端。

不过，现在我发现我有点喜欢一中的生活了，或许是有老师你的安慰，因为在我的心灵深处，有个知已可以依靠。

转

至此，双方的信赖关系已经达成。她已经基本上可以和盘托出自己内心的苦衷。

此时有一个不容忽视的插曲出现：教师节时她买了两枝玫瑰送到笔者办公室。还有她上封信说的"我发现我有点喜欢一中的生活了，或许是有老师你的安慰，因为在我的心灵深处，有个知已可以依靠"，以及她对信的等待和盼望……所有这些都在提醒着，应该有一个转折点了，继续这样交流下去很有可能出现心理辅导上常常出现的"移情"和她对咨询员的依赖。

但怎样转折？什么时候转折？这又得非常慎重。转得太快，意图过于明显，她可能会觉得老师是在敷衍，进而会产生一种被冷落的感觉，这样不仅可能使前面的所有努力付之东流，甚至还有可能导致本来就不开朗的她更加封闭。

经过慎重的思考，笔者给她写了下面这封信，在谈了学习上的一些问题和彼此都熟悉的一位教师后，我不经意地说：

两朵花是你送来的吧？我听说教师节这几天买花的人排着队，花

167

价也比平时高出几倍。你还特别从一楼找到四楼办公室,难为你了。也非常感谢你!

这段时间事情多(抽屉里还有三四位同学的信都没有回)。不知道你怎么样了?

我的信能让你心静,让你不再像以前那样孤独和悲观,我很高兴。只是我担心信写多了,会不会占用你太多的学习时间?毕竟你们现在每天的作业也是很多的……

这封信看似平常,而其实好几处都是笔者精心安排的,如"这段时间事情多(抽屉里还有三四位同学的信都没有回)",实际就在暗示她其实回信也只是笔者工作的一部分,不是笔者生活的全部。还有"只是我担心信写多了,会不会占用你太多的学习时间?"之类的话就更委婉地暗示她不应该因为写信、等信而影响学习。

这之后,她来了一封信,从语气上看,笔者的暗示已经达到了预期的目的:

杨老师:展信佳!谢谢你在百忙之中给我回信。近些天作业特别多,要不然你的抽屉里肯定都是我的信。说到那张卡片,真的不好意思,字写得乱糟糟的(你应该看得懂吧)。不过,为了那张卡片,跑了好多家店,差点迟到,这是事实。

写信确实很浪费时间,我以后会注意场合的。不过我想和老师经常保持联系,必要时谈谈心,说说知心话,你不会反对吧?

我很想知道,老师给我写信时有什么感觉,是纯粹的师生关系,还是聊天的知己,或是朋友?这几天,或许你的工作还是很忙,如果给我回信晚些时候也没关系,我也会克制住自己不要整天想着写信,整天盼信的,我会调整好自己。

合

从抑制移情和为双方关系的定位上看,这次的交流已经达到了目的,像她说的"近些天作业特别多,要不然你的抽屉里肯定都是我的信。""写信确实很浪费时间,我以后会注意场合的。""这几天,或许你的工作还是很忙,如果给我回信晚些时候也没关系,我也会克制住自己不要整天想着写信,整天盼信的,我会调整好自己。"这些都是一些比较清醒和理智的认识和决定。

而且,她已经开始自己为这种关系和交往定位了——"不过我想和老师经常保持联系,必要时谈谈心,说说知心话,你不会反对吧?"

从心理辅导来说,这是一个非常重要也非常成功的步骤。

为巩固这种良好的转折,我没有马上回信,而是给了她6天的时间去沉思和冷静心情。

6天后,我写了下面这封信——

你好!这段时间过得怎么样?应该是比较平静的吧?!高二是个关口,调整好心态,珍惜每一天的时间。想想两年后的今天,我收到你的信,上面落款是××大学,那对我是一种无价的安慰和回报!

我们是师生,是朋友,也是知己——对每一个在社会中感到孤独无助和寂寞沮丧的人,我都会尽自己所能地去帮助……"

收到这封信后,隔两天她写了回信:

开学的那段日子,心情的确很不好,但每次和老师你写信,就觉得很舒坦,一切不开心的事情都在笔尖下消失了。唯一想做的只是聊天,心的交流。每次收到信,我都会反复看上几遍,体会那种微妙的感情,感觉真的很好。

我会找回在高一失去的一切,包括成绩,在高中的最后两年。浙大——是我的梦想,虽然现在离它比较远,但我会为它努力奋斗……

这以后有6个月她没有再靠我的信来维持心情,她潜心地投入到紧张的学习中。

6个月后,她给我写来了下面这封信——

有一段时间没有联系了,老师应该还记得我吧。

我从开学到现在,应该是比较好的,至少可以自己处理自己的事了,也不会因此耽误学习——不过今天似乎是个例外了,我花了一节课时间来写这封信。

近期,我不会与老师你写信了,因为学习太忙了。如果老师忙的话,也不用回信了,因为这也只是随便聊天,老师不用像对待其他同学那样开导我。

收尾

对本次干预的最好评价是个案的一封信。

那封信是她在 2003 年 9 月 10 日写给笔者的。信里充满了她对自己那段心路历程的深刻的剖析和反思——

回想两年中的风风雨雨，那个在人群中找快乐，却又不知道"快乐"的真正含义的小女孩，面对学习上、生活上的挫折，汪着眼泪，不知该如何拭去生活的伤痕……那时，我空虚无助，只有图书馆前的那棵大树，成了我倾诉的对象，收留了我的眼泪。而高二，我认识了杨老师，有了倾诉的朋友，也从那一刻起，我有了憧憬——在窗台上等信。每次经过窗台，看到信，便有无限的快乐。那时候总喜欢把收到的信放在带有茉莉花香的盒子里，每次一打开，便有股淡淡的清香。信封上、信纸上都是淡淡的茉莉花香，给人很亲切的感觉。所以那时每天最大的快乐就是看窗台，因为每一封信都会冰释我的痛楚，让我感觉到在不远的地方，有一个人在默默地祝福着我，关心着我。那时候的我，会利用放学后的两三分钟，跑到四楼，悄悄寻找老师的身影。偷偷想象老师的模样。直到那一次的谈话，让这个故事有了完整的情节。

或许，人真的是恋旧吧。现在回忆起那时的一切，总会有一种淡淡的美。曾经拥有的眼泪，曾经的痛楚，教会了我好多好多……与以前相比，现在的我平静了许多，不会整天胡思乱想，但有时坐下来会不经意地想学习之外的事。暑假中想了许多，许多事。或许这两年多的经历只是人生小小的一段，但它们却深深烙在了心底。这是人生的另一种财富，也是种幸福吧。高二学期末考了全年级第 56 名，应该说是比以前进步多了，可我并不是很开心。高三一学年，我应该奋斗吧。

杨老师，谢谢你的安慰与鼓励，让我走过了那一段不平的路。

祝你——

教师节快乐！

后来,我们就再没有联系过。不知道她考到什么大学,不知道她现在怎么样,高中毕业已快 10 年,她应该为人妻为人母了吧!

她,应该不会再有当年青涩年龄时候的无助和孤独了吧?!

2002 年

一个"怕"老师的高二女生

一直在想，如果把她的信拿给那位老师看，会怎么样？

杨老师：

从高一到高三，我都很少问老师问题，因为我不敢，我总是觉得老师会说我笨——

每次走近老师，想要问问题，我就心跳加快，还会脸红；每次课堂上，只要老师抽到我，我的脑子顿时就会一片空白，那时我只有傻傻地站着什么都不说，因为我一开口就准出错；每次课堂下老师给我讲题目，即使讲得再耐心，我也听不进去。

总之在老师面前，我总是紧张万分！

其实我自己也明白，在我的成长经历中，所有的老师对我都很好，这些紧张原因都在我自己身上，在我自己的害羞、腼腆和疑惧。

现在已经高二了，我成绩不是很理想，想请教老师的问题又很多，问老师问题是提高我成绩的重要方法，您说我应该怎样克服这种"怕师心理"呢？

××

笔者回信——

××同学：

你好！首先感谢你的信任。

你提出了一个很多同学都想提的问题——学生和老师的交往、交流，以及学生今后和社会上的人交流的问题。从某种角度上说，这个问题也是我们在学校里需要学习的内容之一。

人是社会的人，人活在世上不可能不跟别人打交道。跟别人打交道即是人健康的一种表现。1948 年，联合国世界卫生组织对人类健康提出的最新定义就是"身体、心理及对社会适应的良好状态"。其中"社会适应的良好状态"讲的就是人的适应环境、适应社会的能力。

一个人活在世界上有各种各样的人际关系：亲子关系、同事关系、同学关系、师生关系……敢于主动向老师请教，就是良好师生关系的一种表现。

再说，学问，除了学，还需问。作为学生不主动问问题，仅靠自己闭门造车，肯定是不容易提高学习成绩的。

但由于我们小学、初中以来，一直只是生活在家庭和学校这两点一线之间，我们的社会适应能力一直没有得到很好的锻炼。我们接触的人除了父母和同学之外，基本上就只是老师。跟父母和同学，因为朝夕相处，我们一般来说，还是不会紧张和无所适从的。而对老师，我们很多时候就有点"怕"和"敬而远之"了。

你的问题也是我们很多同学的"问题"。

其实，由于工作责任心和个人事业上的原因，现在没有哪一位教师不希望自己的学生考出好成绩，没有哪一位教师不是成天想着自己的学生。只是由于教师自己所处的特殊地位和身份，教师常常自觉不自觉地给我们学生一种"高高在上"的威严感觉。其结果，本来是一句对我们安慰和鼓励的话，但说出口时却变成了对我们的指示、命令和训斥。这样就常常容易让一部分本身就偏于内向、敏感和胆小的学生变得封闭甚至畏缩，严重者甚至演变成一种自卑的退缩的心理。

另外一方面，学生——特别是像我们这些平时自觉、用功、听话、自尊心强而成绩又一直不是最好的学生，自己的敏感幼稚的"自尊心"也常常容易使得我们自己封闭起来。

所有这些不仅不利于我们学习成绩的提高，有时甚至会对我们今后的社会适应、人际交往产生影响。

你在积极克服自己的这种对老师的"怕"和紧张心理。你是勇敢的和理智的！相信经过你自己的努力，不久的将来，你一定能够克服自己的现在的这种心理，落落大方而又礼貌地同包括老师在内的所有人交往。

要走出这种怕师的心理误区，首先是我们自己要自信。世界上没有两个我。我们每个人都是大自然的一件杰作！我们每个人都是独一无二的！我们的身体，我们的长相，我们的感情，我们的思想……都是神圣而又独特的！我们完全不必仅仅因为考试分数比别人差几分就把自己贬得一钱不值！

另外，我们也完全没有必要害怕老师。从你的信和你自己的感受也看得出来，你的老师都是比较关心学生的，都是责任心比较强的，都是很好的老师。那么，你对他们的"怕"，你的紧张，完全就是你自己的敏感、幼稚和多疑了。你想得太复杂了。要改变你现在的这种心理，除了在认识上你要纠正自己外，你还应该试着做下面的事情：

首先系统分析自己的"畏师"情景，按照自己产生过的"畏师"情景，由弱到强的程度列一张详细的"情绪反应梯度表"。这样你就对自己的"怕"有一个总体而系统的认识了。必要的话，你可以请你最要好的同学帮助你完成这项工作。

另外，你还可以做下面的实验，在一个安静合适的地方，完成以下练习：

闭上双眼想象课堂上看讲台上的老师；

闭上双眼想象课堂上老师抽自己回答问题的情景；

闭上双眼想象课堂上自己主动举手回答问题的情景；

闭上双眼想象自己主动到办公室向教师请教时的情景；

闭上双眼想象自己主动到办公室向教师请教且双目与老师平视的情景；

闭上双眼想象自己主动找教师自由交谈的情景。

这个阶段我们叫它"想象调整阶段"。你自己一个人静静地想象课堂内外与教师相处的各种紧张场景，当自己被自己的想象吓住了，内心产生紧张恐惧情绪的时候，你马上停止想象。必要时运用"呼吸松弛法"或"冥想法"使自己放松下来。

"想象调整阶段"在两周完成，其间你至少应该同"监督"你的同学交流三次，以便巩固取得的进步，及时调整和修正原先方案。

第三，我们叫它"实际调整阶段"。

"实际调整阶段"，顾名思义，就是在实际的环境中进行调整和改变。具体地分以下步骤完成：

第1步：课堂上看教师——课堂上直视教师眼睛。

第2步：主动举手回答问题，眼睛看黑板，力求语气的平和，吐字清晰。

第3步：主动举手回答问题，眼睛平视教师，力求语气的平和，吐字清晰。

第4步：主动到办公室向教师请教，眼睛避开教师，力求语气的平和，吐字清晰。

第5步：主动到办公室向教师请教，眼睛平视教师，力求语气的平和，吐字清晰。

第6步：主动找教师自由随意交谈。

"实际调整阶段"在两周内完成，具体的时间和机会由你自己掌握，同学对你进行督促检查。每个步骤的训练中，内心产生紧张和恐惧情绪时，立即终止，运用"呼吸松弛法"放松自己。

杨老师

寻找一米阳光的女孩

这是笔者 2002 年 9 月份收到的一张明信片——

杨老师：

　　真的非常感谢您，帮我度过那段艰难的日子，没有您的开导，我想我不会走出心灵的阴影。我以后会好好努力的。谢谢您！

学生 ×××

　　那时，她已经收到了北方一所师范院校的录取通知书，准备去大学报到了。

　　而在这之前——

杨老师：

　　您好！我是高三×班的学生×××。高一时听过您的讲座就想来找您，把我的问题向您倾诉。可我是一个内向的女孩，我心里的秘密真的不敢向一位不认识的男老师诉说。现在，我的问题越来越严重，如果再这样下去，我会疯掉的，我会死的。

　　我有一个极不负责任又一无是处的爸爸，说实话我真的不想承认他是我爸爸，我恨他，都是他，妈妈、奶奶、妹妹和我才过得这么苦。妈妈是一个一身病痛的中年妇女，拼命地工作，勉强维持一家人的所有开支，她是多么辛苦！病痛没钱医治，只能吃最便宜的止痛药来缓解一下。妈妈一个月四五百块钱的工资真的来之不易。而我却还要用她的钱，我已经 19 岁了，我本不该再读书，我应该帮妈妈分担一点重任。

　　高二的时候，退学的想法还没有出现过，到了高三，这种想法越来越强烈了,我真的受不了了。人虽然在学校,但心却时时在想着家里的事,想着妈妈因生活的艰辛与不幸而痛哭的场面;想着他那副死人的样子——我恨他;还想着每天怎样地少花5毛钱,怎样不要被同学发现自己的窘迫;想着别的同学用怎样异样的眼光看我……我真的不行了!我要退学!……

……

(请回信)

×××

2001 年 10 月×日

……家里的情况越来越糟糕了,妈妈工厂里效益不好,四个月没有上班,家里已经不可能有多余的 1200 元钱来缴学费了,妈妈说她现在晚上老是睡不着觉,想着我的学费,想着我在学校里是怎么过的。妈妈真的实在是太可怜了,别人的妈妈穿高档的衣服,骑着小摩托,戴着金首饰……我的妈妈什么也没有,这些我不羡慕,妈妈也不羡慕,可是别人的妈妈有可以一起奋斗,一起撑起家庭的丈夫,而我的妈妈的丈夫等于死掉——或许死掉了还好些。

每当我的同桌、我的室友谈起她们幸福的家,谈起她们的好爸爸,我真的非常非常嫉妒,以前我几乎不哭,可现在……我经常失眠,一整夜地失眠。

(2001 年 11 月——笔者注)

177

……妈妈去临近的一个县工作了,晚上要住在那里,妈妈是为了我才去那里的。

妈妈不在家,生活的重担全压在奶奶的肩上。奶奶做家务,要照料不乖的妹妹,还要干地里的活,奶奶是我的精神支柱,奶奶已经 72 岁了! 我真的非常非常害怕有一天奶奶不在了,我怎么可能活下去? 我总是想着回家,回家可以帮奶奶,不让她这么辛苦,我希望一切病痛全降临在我的身上也不希望奶奶生病。

“爸爸”这个名词在我的脑海里已经变得很模糊了。他总是说:“我为了你,我会改,我要努力赚钱,让你上大学。”我厌他,烦他。他每次都给我一丝希望，但不久就破灭了，他只会承诺，却从不会付诸行动。他会当着我的面骂奶奶；他会买几十块钱一包的香烟；他会转眼之间把几千块钱拿去输掉……

（2002 年 4 月 15 日——笔者注）

杨老师：

您好！我又来麻烦您了，不过不需要给我回信，我只是心里有事，没有人诉说，我只有对您说了！

放假的五天，发生了好多不好的事。爸爸把妈妈的工资赌光了，这钱本来是想为我缴学费的——我上学期的学费都还没缴！

……

……

您不用给我回信的，我只是向您说说，好了。

对了，我以后可能还会写信给您，希望不要觉得我很烦，谢谢！

说过之后，心情好多了。

祝：Happy！！！

学生　×××

2002 年 5 月 6 日

高中生家长，绝大多数都是 40 岁刚出头的中年人，上有老，下有小；工作上也正面临企业改制、机构缩减这些事情，压力大，思想负担重。有时沉溺在烟酒的麻醉中，有时寻找些适当的放松和休闲，以此来缓解压力……这一切原本也无可厚非，只是很多时候也得为子女着想，要考虑到子女的学习、生活和内心的感受。

这是个家庭责任感不强的男人，也很难说他有多么坏，但就是喜欢赌钱，打麻将。家里本来经济就不宽裕，仅有的一点收入也会被他拿去输掉。也许他没有觉得有什么不好，但女儿却被他的这种不负责任的行为深深给伤害了。

三年高中生活，她几乎都是每餐靠吃几毛钱的菜过日子；她靠向班主任诉说，靠向同学中交情比较深点的人诉说，靠向心理老师诉说来排遭自己内心的苦闷。

同笔者的通信,贯穿了她高二、高三的整个生活。所幸的是,她还是比别的一些孩子幸运——她没有放弃,她战胜了困难——高中三年的拼搏,她最终走进了大学的校门,后来又读研……

我根据她的这段经历,写了篇近 2000 字的短篇小说——《一米阳光》。

2002 年

舍不得那条三八线

对她，应该不是回信，而是面谈；很好奇自己当年谈了些什么？

杨老师：

　　有一个男生，从高一开始他就一直坐在我的旁边，他是一个不错的男生，没有一般男生的那种吊儿郎当的样子。他也很优越，不管在成绩还是在为人处世方面。也许是和他坐得久了，也许是晚上回家我们有一段同路，我们渐渐发现我们的性格很相似，也很能够理解对方。

　　不知道从什么时候起，我们都对对方有了好感。我是个保守的女孩，从前有些男生胡乱写信给我，我看都不看一眼就扔掉了，可是这一次动了真情。我特别在乎他，我知道他也很在乎我。

　　我们不止一次地互相约定：不能超越界限，我们要做回曾经的好朋友。我也不止一次地告诉自己，不可以再这样下去，一时的快乐会害了自己也害了他的。可是很多事情不是我们的意志所能控制的。

　　前两天，他突然从第一排换到了最后一排。今天中午他单独跟我谈了很久，他说他不会再换回前面来了，快高三了，高考只有一次，只准成功不准失败，将来上哪儿读大学还说不清。真想在一起，高考考得好是唯一的希望……我觉得他说得很对。可是，我却感到十分伤心，十分恐惧，这将意味着我要失去一个很好很好的知心者。而且，没有他在我身边，我总是干什么事都无精打采，没有动力，没有热情，就像生活在一个人间地狱。父母给我的只是物质的满足，我学习的一大半动力都来自他，他的离开，似乎把我抛入了深渊。除了眼泪，那一刻面对他我不知道还能够说什么。回忆我们共同走过的路，经过那么多风浪，可现在……我真的很难过，也很伤心，从来都没有这么伤心过。

一想到接下来的一年中我不能再像以前一样向他倾诉，听他的安慰，或是听他倾诉，我将会失去他，我的心就再也无法集中在眼前的这一大堆书中了。

　　我很想用理性思维来控制自己的思想，或是想用时间来冲淡一切，可专一的性格决定了我怎么也做不到。

　　我好想他，我该怎么办？

高二×班　　×××

2002 年 6 月 17 日

被贴上标签的高三女生

写这封信的仍然是一个女孩子，一个成绩"很好"的女孩——

杨老师：

您好！进入高三紧张的学习冲刺阶段，我十分希望自己能把自己所有精力投入其中，但总有许多琐碎的事牵绊我。我原以为在思想情感方面，我不该会有什么问题。因为我自认为是个坚强，独立的女孩，喜欢自己思考问题，自己去琢磨如何解决问题。"逢人但说三分话"，留七分心思我不会说出来。人家就说我让人摸不透。

曾经的几个事件，如今积累起来似乎是个不可忽视的病痛了。在高一时，很幼稚的我有个一次极荒唐的早恋，几乎是人人皆知，且影响极差。不了了之之后，却被我淡忘了，我挺活泼，成绩也一直中上，从小在老师的宠爱中长大。根本没有意识到这种行为早已让班主任等老师对我有了很大的偏见（可以说是犯了他们的忌讳）。我还过我的生活，任那个他又去第二次第三次恋爱。但不幸的是要我单方向来承担恶果——班主任总会"适时"地给我提醒，直到班主任一次阴着脸对我很明确地说："把心思用到学习上去，这种事你有数。"我看到有一个男生的母亲对班主任说我与她的儿子有什么不正当的关系。事实上，那个男生是在追我，且我们曾是很好的普通朋友。我也不想，但最终选择连朋友都不做了，搞得他痛苦万分，又闹出了家庭矛盾，自然一切罪又在我。班主任似乎一边想教好我一边又敌视我，我就像是一种病毒，很不祥，很令人厌恶。同学之间也总极力渲染，弄得都对我很有成见。

之后所谓的表白又有过几次，都被我拒绝了，我真不知道怎样做才会对，反正，我知道我在外口碑根本不好，说我阴险，玩弄他人，用情不专,卖弄,爱炫耀什么都有。

我生来喜欢与男生做伴,除了有一个较交心的女同学,其他朋友几乎都是男生,习惯了与他们笑骂、嬉戏,但流言的侵袭根本不可抵挡,不适时地冒出几句触我心惊的话,我总是人前毫不表示,人后便独自伤感。可怜,自己做人到这田地。但只要我的视野里还有男生,流言就永不停息,且与日俱增。

我只想不理睬它们,好好读我的书,已经耗去我太多时间了。以我的实力,我根本不会满足于现在的排名。但摆脱得了吗?我发现以前很要好的男生,现在常陪同我去推车,好几(次)还送我到家才走。我本来就每天与一女生一同进去,这种搞得那女孩也很尴尬。今天她就弃我而逃了。昨天班主任又一次郑重地在课上指出要某些同学特别注意行为和影响,后面一句补充的句子,我一听便知是指我了。也知道了,人家又在说我和这个男孩在开始另一段恋情。怎么办呢?这是个很热心的男生,在别人看来也是个很不错的文科班男生,又曾是我的好朋友,叫我如何说,我不想让他陪我推车,不想让他陪我回家,我根本不想恋爱,根本不想有某个男生来介入我的生活。我只要好好学习,只要奋斗这5个半月。

但说不出来,我怕重蹈覆辙,怕更坏的结果,怕末了,这一切的不是又都由我承担,怕末了,我被说成"水性杨花"。太难想象了,说不定我的形象在班主任脑海中已在腐烂,恶人的臭味。

我无法解决了,但又得立马解决,又没有太多时间让我来想这样的问题,我只能花2个小时来把问题呈给您。老师,这些全是我绝也不提(的)心事,但我已装载不下,已要漫溢出来。愿与您进行信件交流,急盼回信解我燃眉之急。对老师、同学,及现今的这个男孩,我应如何?……陷于苦闷!

高三×班 　×××

2002 年 1 月 21 日

183

注:

求安心我不得不说一句,我绝对不希望班主任会知道其中(以上)任何一点的信息。

　　这是一个长相清秀、文静的女孩,有一手洒脱的字,且成绩也不错……当然,在现在的中学里,像她这样的女孩子肯定是容易引起男生注意的,她收到纸条、信件和主动示爱的话语以及烦恼也要比别的女孩子多。

　　她和这个年龄的女孩一样心软,有时候尽管内心里其实并不愿接受什么,但很多事情却也不忍心断然回绝,一来一往,于是在老师、家长和同学看来也就很像"那么回事"了。

　　情感上的事情,不仅在敏感的中学生这里,就是在成人的世界中也历来是"百口难辩",越描越黑。在短短的四五个月,她根本就不能改变老师和同学对她的看法。而空洞的劝说和安慰又对她来说无济于事。

　　我给她说,班主任这里,还有 5 个多月的忍气吞声的时间,5 个多月之后便远走高飞了,好也罢,歹也罢,解脱的日子很快就要到来;同学那里也差不多,几个月之后,眼下的一切就将成为记忆,自己今后会有新的同学、同事;那么,也就别过多地去考虑周围人那些不公正的评价,只要自己永远不伤害自己,不伤害别人,一切也就随它去。至于那位男同学,不管他是"热心",还是"真心",都来得不是时候——此种时候,此种氛围里,除了添乱子和流言之外,还能带来什么?!

　　因此,应该坚定地、开诚布公地同他谈一次,至少在高考到来前别离自己太近……

差点被老师眼神杀死的女孩

其实，他也是很不容易的。多年来，他，他的家人，都一直顽强地扛着，抗争着；只是老师的事情，不能轻易给学生说……

杨老师：

您好！

这两天是期末考，我本该进行紧张的复习。可是今天发生的事让我无法平静地去复习。

今天下午考化学，监考的是我们的任课老师化学老师。说实话，我最怕上的就是他的课，因为他的脾气很大，有时又阴晴不定。而且他监考总要看你的试卷，有时会站着不走。化学考试如他说的难度并不是很大。但我一向对化学没有多大兴趣，也就做得忐忑不安，生怕他站在我旁边。在做一道填空题时他走了过来，我心也慌了，题目也没看清楚，想也没想清楚，于是先胡乱写了一个，谁知他指了指，说道："全班都做得来，只有你一个人做不来，在考什么，读什么书，我看你不在读书。"然后用手指敲了敲我的头。事后还看了我几次。

我是个很好强，自尊心也很强的人。这些话对我打击很大。对于化学，我都不敢确定自己的答案，如果他说我笨，骂我呆，我倒可以接受，可是他不能说我不在读书。连最基本的题目都做不出，是我笨，我不懂学习化学的方法，可是到高三了我现在最大的目标是高考，为什么说我不在读书，我不用心读书，我读高中干什么？

我也想或许是他恨铁不成钢，连最简单的也不会，是会气死任课老师，难免会骂人，可是他也得顾一下别人的感受，难道我愿意这样吗？

班里被他这样斥过的同学有许多，大家对他都有点畏惧，他会时不

185

时骂我们一顿。有一次，化学科代表（男的）由于交作业不及时，被他骂得两三天都闷闷不乐。他心情好时又总给我们讲着玩。他的脾气真的很让人捉摸不透。还有一次，一个男生作业乱做，被他公开批评，他的口头禅是："你被我看死了。"他也总说很看重人的品德，什么人他一眼就能够看出。但我觉得他这样的做法很缺理智，学生也有自尊的。做老师的不是应该循循善诱吗？

他今天后来若有所思地看着我是为了看清我是谁，我知道以后还会被他公开批评的。这我不是很介意，但他肯定会让我从此对他退避三尺（其实其他同学都有同感）。

杨老师，作为一个老师可以这样骂一个学生吗？可是我认为对于爱自尊的人来说会有可能一蹶不振，我真的很难不去想他的话，不去想他看我的那种眼神。

高三×班　　×××

2002 年 1 月 21 日

据笔者后来的了解，她所说的事件实在是事出有因。因为老师认为她有早恋的倾向，而且有时还旁若无人。另外，她的这种写信倾诉本身也是一种宣泄，想不起我有没有给她回信了。

十八岁的忧伤

或者,这就是青春的烟雨,青春的忧伤?!

杨老师:

展信佳! 离高考只剩下 2 个月了,或许到现在不该再有在学习以外的"烦",可是有件事一直缠绕着我,怎么放也放不下。

窗外下着雨,蒙蒙的细雨,天灰沉沉的,耳机里传来优美动听的笛声,悠扬飘远,的确很美,但却让我有些胆战,产生了某种畏惧。我说不清这是为什么,总之心依旧沉沉的。

原本这个时候,我会安静地在教室里做作业,偶有兴致突发,就对前桌(A)来一个小小的突然"袭击",然后是轻松的笑。一切的一切都那么轻松,自然,没有隔阂。我们一起去吃饭,一起回教室,往往在那条回来的林荫路上也充满了轻松的打斗,轻松的笑。有了烦恼,她会毫无保留地向我倾诉。当然我也一样,问题有什么不懂就互相请教,然后相互讨论,每天的生活都是"两点一线",但却很充实……可是,这一切的一切就这么消失了,或许永远不可能再回来……

……

大概在一个多月以前,换了一位同桌,原本并不熟识(虽然同一教室),但自从成了同桌后,就如破了双方的纸,感情骤增。她说,以前孤单的日子太可怕,只会沉溺于思念去杭州学画画的同桌,但现在却不同,一颗心只有一个归宿,她说她现在的心的归宿是我。我也不敢相信我们会相处得如此之好,原以为我们是两个世界的人,不会有心与心的交流。

然后她说外面吃饭真麻烦,想和我一起吃,我说不行,我和 A 在一起的。她说你们不是两个人分开吃的吗，那又有什么关系。我无法拒绝，然后我和她一起来来往往，也很快乐。但在教室的时间却少了，她不是一个非常热衷于努力的人（而 A 是一个极其努力的人）。

然而，我不知道一切都在变，直到有一天，A 找我出去，说：这次数学考试我考得很差，你知道为什么吗？我惊愕了，然后恍然大悟。她说，她需要的朋友是她一个人的，只是她一个人的。她说她知道这样的心理不好，但是她摆脱不了。我说："其实以前我也是如此，几乎和你一模一样。可是后来发现这办不到，或许该放弃了。"我不知道这是在安慰她还是什么，但现在看来这句话终究力不从心。

从朋友口中得知，A 对我有了隔阂，从我面前消失了。当和朋友谈起她，我和她时，朋友口中流露出责怪，说我伤害了她。我没想到我的无意和一如既往竟得到了如此的结果，眼泪不由自主流了下来。我知道我很在乎她，非常，她对我的疏远我也明显感觉到。我有些无可奈何，她是一个严肃、努力的人，我不敢再去打扰她。但我清楚地知道我和同桌之间再好也不可能和她在一起那般，这一点我清楚地告诉过她。曾经也说过"我们之间永远是好朋友"，但或许年少的许诺经不起岁月的涤荡……

×××

2002 年 5 月 14 日

字里行间都浸透着一种淡淡的寂寞和忧伤，忧伤中又有一种凄楚的美，像是江南四月间的天气，像是戴望舒《雨巷》的意境。假若高天上真有一位神灵，神灵在静静地关注人类的活动，他定会忍不住苦笑，他定会忍不住轻声叹息。

一个女孩，一个成绩、体相、性情都优秀的十八岁女孩，再过几个月就会顺利地进到某所大学了（以她的成绩看，这点是肯定无疑的）……但她在考前的一个多月里心情忧伤得如同这江南的雨季，而激起她内心里无限波澜的却又只是这样的一件事，这也就够了，对有的人来说，一点小小的事情也就足以引发她满腔的愁绪……聚聚散散是人之常情，命中注定我们每个人一生中都要结识很多的人，又要离开很多的人，命中注定我们要永远走在聚聚散散中。那么，又何必一定去为了彼此间的那点微妙的隔阂与疏远而烦恼呢?!

　　细腻的、敏感的、内心世界丰富的灵魂总是要令自己忧伤。那么，很多时候宣泄与升华是必要的,凭借手中仅有的纸和笔;但往往很多时候,这种宣泄与排解的过程也正是生命的不经意的记录过程。

2002 年

艺术女孩

　　想到她,便会想到"艺术家气质"。"艺术家气质"是一种什么气质?多愁? 善感? 喜欢自寻烦恼、自找忧伤?

　　不知道后来的日子里,她有没有为自己摸索出一条升华情绪寄托忧伤的路?!

杨老师:

　　您好! 在我想提起笔给你写信之前,我是下了很大的决心。其实我一直都有很多的心理问题有待解决。在给你写信之前,老师、家长都开导过我。我的好朋友×××也帮过我很多,她也曾遇到很多问题,她曾经还去找过你。我知道自己情绪变化很大,经常做不进作业。像今天,四节晚自修,两节老师上课,其余两节又荒废掉了! 我不知道自己怎么的,我置身于教室,却又仿佛超脱于世界。我与这个教室,尤其是这样浓厚的学习氛围格格不入! 我并不是一个学习用功的女孩,我的作业总是完不成,我总是很无奈。我的生活总有阴云,我排解不掉,挥之不去。其实我曾经成绩不错(在班级前10名),可现在,由于我总是心理上有麻烦,总是不能很好地学习和生活。现在,成绩一落千丈,我摔倒了,却爬不起来,不管是学习还是精神。我总是带给人很多麻烦,朋友、家长、老师。我发现我存在的问题远不止这些,也远不是从高三才开始的,而是从高一开始慢慢积累越来越复杂……我真的需要你的帮助。我们可不可以面谈?

高三×班　×××
2001 年 11 月 1 日

清楚记得,收到信,在那间不足 5 平方米的楼梯间心理辅导室,安排了一次面谈,时隔半年她又写来了下面这封信——

杨老师:

我是高三×班的×××,不知你还记得我否? 我现在遇到一些麻烦,很是困扰,每天都没法正常复习,现在临近高考了,状态很是不好,我心里十分担心。

情况是这样的:我自己的"抗干扰"学习能力很差,近几次考试成绩也极不理想。我的同桌是一名很好的学生,我和她是截然不同的两种人。她和班里同学相处得很好,成绩棒,平常她经常和前后左右(同学)讨论问题,自主性很强。然而她虽然成绩好,但平时上课不太听,照照镜子,玩玩游戏……总而言之,我很受影响。现在我已经到了一种糟糕的程度。我不能看到她,看到她就写不进作业,主要是这样的,我的右边就是她,我每次写作业,我的余光就瞥见了她,这样我就无法写作业。我想集中精神,但余光总能望见她飞速地写作业,她有时转笔,我反正只要写作业时能看见她就没法写。现在我写作业只能侧着身子写。连考试都考不进,因为总是能看见她。我其实适合一个人写作业。我今天试图和她换个位置,这样她在我左边就不容易看见,但她不肯。试图调座位,也不得成功。现在快临考了,整天还因为这事不能写作业和考试。今天是星期一,下午就有理综考试,是不分座位的,我肯定只能侧着身子写,这样还担怕余光望见她,一定考不好。我曾经向父母同学求助,但他们都不理解,认为我的这种想法不可思议。

现在时间很紧,希望杨老师能尽快给我答复——以纸条为传递形式!

高三×班 ×××

2002 年 5 月 28 日

第三次来信——

191

杨老师：

　　您好！上次的信我收到了，因为一直没空，所以到现在才给你回信。关于上次的那件事可以说是得到了一点控制，但是这不是我自己主观努力的结果，而是我的同桌由于她的某种私人理由突然同意和我换位子了，所以现在我在她右边。昨天又考试了，我觉得影响是小了点，因为我可以一只手撑住头，一只手写字（原来在左边是不行的），但是手不撑住时还有影响。但是，我认为，不管是客观上帮助了我，还是主观上有所好转，总之，是有所好转了。因为我觉得，现在关键是珍惜每一分时间，只要结果好就行了，在这样短的时间里要完全改变自己是很困难的，不知道我这样想对不对？

　　还有一件事，就是我们最近经常考理综，我的理综很差。最近我仔细分析试卷，发觉好多场考试都是应拿的分没拿住。大部分题目我总是看错，我想请教一下你，这到底是什么原因？比如说，这次理综有一道物理题中有一个很大的表格且上面有一句话，大约是十六开本的四分之一这么大，可我竟然没有看见，而是把上一小题做完后直接做有表格这题的下一题，这么大的内容怎么会没看见呢？

　　我现在很担心，希望能从杨老师这儿找到些帮助。同时上次的事我从你这儿得到了自信，这里表示十分感谢！

高三×班　×××

2002 年 6 月 5 日

　　气质上，这位同学属于胆汁质与抑郁质的混合型，做事情比较冲动，冲动过后，挫折感又比较强。因此，平时在生活中常常令班上的同学敬而远之。

　　她还有一个特点：形象思维比较发达，因此对文学有一种特殊的感悟力，也时常浮想联翩，无法克制自己。

　　以下是笔者针对她后面两次来信的回信——

×××：

　　接触的同学多，但对你的印象比较深刻，大概是出于骨子深处的那份对文艺的共同爱好吧！

依稀记得在哪层教学楼的走廊上见过一幅画,署名是×××,不知是不是出自你之手?

你的困惑我能理解。因为在我所接触的同学中,类似你这种情况的比较多。但也正如你所感觉到的一样:父母、同学、老师……并不是每个人都能够理解这种感受和苦恼的。

但我要说的是,通过调换座位来解决是不可能的,你只能自己来解决这个问题——即使换开座位又怎样? 你们依然同在一个班上,一个年级,一所学校! 所以消极逃避不是最后的选择,勇于正视现实才是办法。

其实你已经在正确面对了,如侧着身子,如你换在她右边……那么,你能不能再进一步,从心理上克服对她的那种"恐惧"和"顾忌",从心理上超越她的存在?! 事实上,你是有着许多别的女孩子所不具备的优点的,如率直,如才气,如风度体貌! 你说的同桌我没有多少印象,但我想她可能除开成绩比你好点外,别的方面未必就比你强。 那么,你又何必去在乎和顾忌她呢?!

你对她的过分的在意和顾忌形成了你内心的一道阴影,而这阴影正在影响着你的心态和考试水平的发挥,而这阴影又根本是子虚乌有的,完全是你自己对自己的一种吓唬——你说,去背这个思想和心理的包袱,值吗?!

勇敢地去面对你心中的那份痛吧! ——天助自助者!

祝好!

杨老师

2002 年 5 月 29 日

193

2002 年

祭奠那个叫猫猫的女孩

　　如果要说到经历的复杂，在接触的所有学生中，首先就应该推她了。不知道她现在怎么样了。

杨老师：

　　好！

　　我是个"双面人"。我在别人眼中开朗、活泼、可爱，可其实我很冷，我内心世界没人知道。

　　我经历了好多事，别人无法想象，结果，我找到了解脱的好办法，把自己加入热闹，让自己开朗，可代价？——成绩下降！现在，我想收收心，却发现太迟了，我已玩野了！你说值吗？用成绩换取平衡心态？！

　　我属于"早恋"吧！我有 boyfriend！他很出色！是我自己争取来的！我想在高中拥有一段没有被社会污染的初恋，该吗？不过，这样我很开心！我喜欢他，因为他有些方面很像我爸（我没爸），爸是我一生最爱的男人，我不想错过他，怕万一错过了，就再也找不到了！我的生活没有爱，我好想有个人能宠我、疼我，他可以，像爸一样！而且我和他只是比朋友进了一步，并未因此影响学习。我很早熟（心理上）我可以很理智地分清学习与感情（也许你不信，可我们确实做到了）。

　　作为老师，你会分开我们，可作为朋友呢？你能支持我的选择吗？

　　对于我自己，我自信能调整好心态，而且考试，我敢说，对待分数，没人能比我更理智，心态更平衡！一次失败，我告诉自己，还有下次！可太冷静了，却使我一丁点压力也没有了！

　　你知道吗？一个家庭很幸福的女孩，一个把爸爸病态地视为梦中情人的女孩，在小学三年级却失去了爸爸，她选择自杀，却被救了回来，后来,为了家人,她理智地面对了,可再后来,亲人却一个个离开。心流血,麻木,从内向到外向,从拒绝生活到伪装快乐。经历 8 年,8 年的一切改变了,我坏过,烂过,凭着爸给的聪明却到了这里,认识了他,为了他,拒绝了 30 多个追求者,摆脱了以前的烂仔,现在规规矩矩做起了学生,那些人找我,为了他的感受,我拒绝了,和他们闹翻了,失去了靠山(对我来而言,因为曾经坏过,是非不断,所以靠山很必要),为了他我做了好多,变了好多! 你能支持我和他这段过早发生的恋情吗?

后天是我爸祭日!

回信地址:你只要把信装到信封,写上"猫猫(启)"放到学校对面理发店边上那家借书的书屋就可以了,(边上有个修车棚的!)书店老板是个 20 多岁的女生! 谢谢!

我想信任你,可经历教会我除了自己,没人可信(对不起,别介意,我对任何人都如此,包括我的"他")。因为我伪装得很成功,不想让任何人看穿! 以后就这么联系,好吗?(信封就用我放这信的那个)

猫猫

2001 年 9 月 3 日

笔者回信——

……像你这样从不幸走出来的人是比别人更加懂事和有自制力的,我完全相信你所说的"可以很理智地分清学习与感情",我也绝对没有要劝你同他分开的想法。

我唯一想说的只是别将你们之间的这种友情朝深处发展,一旦突破了朋友的界限,友情就变得脆弱了。毕竟现在大家都还面对着升学,毕竟现在你们都还无法向对方承诺什么!

"他"是你爸爸的影子,"他"是你心灵的一根拐杖;"他"可以做你的哥哥,可以护送你平安度过多事的高中时代,但,"他"还不能作为你的"恋人"——你说呢?

今天是你爸爸的祭日,那么,对九泉之下的他的最好的告慰不是他女儿有了一个"男朋友",而应该是他的女儿成熟了,懂事了,可以独立生存和即将考上高校了……你说对吗?

遗憾的是，她的悲剧还有着她自身的一些原因！第二封信——

老师：

还记得我吗？猫猫！

我和他很好，也许你说得太晚了，我和他已越过了朋友的界限，我们不可能恢复以前的好朋友关系了，就这样吧！现在我和他暂时分开，为了期中考试！

我真的很难懂自己，测出来，我是多血质的，22 分，胆汁质有 16 分，是偏外向型的，可我还不懂真正的自己。幼儿园、小学我一直是个很内向的女生，性格很黏液，是上初中后，妈妈的出走及朋友的影响使我逐渐改变。我现在外向、开朗、活泼，别人说我可爱，好兄弟一大帮。外面社会上的人认识不少，想断也断不了。这次好不容易和一帮人断了，却不知怎的，又惹上了另一帮，不是我去惹他们的，真的不是。朋友说我太耀眼了，外形和个性，我觉得也许我太张扬了，那个男生（拖鞋）告诉我：我一走进游戏厅他就看见我的笑容和"跳路"，也许我得收敛一下了。

可内心的自己我一点都搞不懂，别人说我单纯，可自己告诉自己，我复杂得可怕，单纯是无意之中加上的面纱。我不相信任何人，习惯用开朗伪装自己，其实我内心是个很郁闷很仇视的人。我讨厌比我幸福的人，我喜欢和别人抢东西，他也是这样，他很"抢手"，很多女生喜欢他，暗恋他，追他，可却被我抓住了，别的女生看我怨恨的眼神，却让我感觉无比开心，我会回她们一个无邪的微笑，把她们气得无话说，背地里好开心。我喜欢把自己看了不顺眼的人弄得很惨再加以安慰，没人看懂我。

我也不知道自己的单纯是伪装还是天生，我无意间说句话别人都说单纯，可我对这个社会上的人际却把握得很好，我了解人性比别人要透彻好多，看问题的角度和别人，和同龄人不同，比他们深刻好多。我心肠很软，别人对我好点，我就会拿十倍回报，不会伤害他们；别人惹我，我也不会手软，会回报他们更狠的。只有对奶奶时，没有加上任何心机。

我的伪装已极其自然,连我自己都无法分辨真假了。

老师,能分析一下吗?如果有别的心理测试卷,能借我一下吗?用后一定完璧归赵,如果你相信我的话。

记得地址吗?广场路,校门出去左转,广场对面那个小书屋!(边上有个理发店的)用信封写上猫猫启!

祝开心! Thank you!

猫猫

2001 年 10 月 13 日

这是一封将自己解剖得淋漓尽致的信!

笔者回信二——

至于你和他的事情,我再说什么似乎也多余了。只是一切自己要把握好分寸,千万别酿太多的苦酒让自己今后来品尝!

的确如你所说的,你了解人性要比别人透彻得多。但我想补充的是,你可能对人性的阴暗的一面了解得更加多一些,而人性中善良的一面你可能知道得就相对少了点。

你对自己的解剖也很深刻和勇敢,你的一些特点别的人也同样有,只是到了后来才逐渐地得到矫正和完善。

另外,你能不能也分析一下我?还有必要的话也可以坐下来共同探讨些学习、生活中的问题——当然,如果你不愿意公开自己的身份,也就算了!

两天之后,她的第三封信到了——

嘿嘿:

分析你吗?原本没有什么具体的印象,现在算做个总结吧!你的信上的一切信息,让我感觉你是戴着壳做人的,这壳有多种作用:1.保护自己免受伤害;2.把自己的锋芒用厚壳包住,保护别人;3.掩盖自己本来面目。对吗?不过,基本在社会中的人,都差不多的!也许我说得太不尊重老师了,请原谅!这只是我的一种感觉而已。其实,我很庆幸你做了心理老师,如果今天你是站在讲台上授课的语文老师,我会尊敬地叫你"杨老师",不会给你听心里话的机会,你看到的也只是一个很开朗、善于交际、吵得叫你头痛的女生,我偶尔会开开你的玩笑,可不会把真实的自己展示出来。我相信,同学们更欢迎心理老师,更乐于和你说话。

　　……

　　公开自己的身份,我怕我做不到,一张假面具戴久了,就不敢摘下来了,我放不开。而且,见面你会失望,我已习惯用笑脸掩盖伤口,只有纸上才能找到痛,见了面,我会以一贯待别人的方式待你,不会再剖析自己,请原谅!祝开心!

猫猫

2001 年 10 月 14 日

　　随这封信一起的,还有一篇随笔——

她的十八年

　　她 18 岁了,走过了 18 个春夏秋冬,今天回过头去,看了看那一排深浅不一的脚印,为自己一生无数次改变而感到惊讶!

　　幼儿园,她幼稚、天真、调皮、贪玩,像野孩子,把一切都看得很真、很美,对一切都好奇。

　　小学三年级,她沉默、寡言,冷冷地注视一切,不说,却一一记进心里,拒绝任何友情。

　　现在,又变得开朗、爱动、爱笑、爱说,可怀着的却是一颗无比成熟的心,用远离一切的眼神看周围的事,一切都与她无关,却又用热忱的笑脸跟任何人笑着,闹着,打听着一切在她眼里其实很无聊的事,笑是甜的,眼泪是冰的。

　　她是一个矛盾体,将小时候的她的脸和 10 岁后世故的心结合在了一起,固然矛盾,却又无比协调。

　　有时候,她好想告诉别人她的无奈,她的矛盾,她的挣扎,可又怕别人了解。对一切漠不关心,除了家,外面的事都和她无关,即使发生再大的事,她都可以漠然视之。她想,这世上能打击她的只剩两件事了,那就是最爱她的人的死亡,她永远不希望看到这件事发生。10岁后,一个个亲人离她而去,伤痛也渐渐减弱,她的心,麻木了。她的心已找不到真正的冲动,她可以冷静地面对一切,却用伪善的面具掩盖着冷静,其实她真的希望有一天,除了仅剩的两名亲人,还会有别的人,别的事让她在乎,让她失去冷静,哪怕只找回一点点冲动。可没有,8年了,她一直很冷静,妈妈的走没带给她多大的震撼,她只对妈说了声:"妈,早点回来!"她才12岁!17岁,爷爷的死没带走她多少泪水,只在尸体进入火炉的一刹那,她无声地掉下一滴泪!别人问她家里的事,她用甜甜的笑容,用冷漠的眼神望着鸡公鸡婆们,直到她们打消念头。有人骂她弟弟没爹娘教,她走过去,说:"你会老的,我会长大的,我不会(忘)了你的教训!"那人只剩下一副呆样,不再吭声,拉过哭哭啼啼的弟弟,抹干他的泪,告诉弟:"不哭,姐在!他们不会好过的!"她是个记仇的人,她会做到的,我相信她!其实,以前的她不是这样的,她很容忍,近乎到了懦弱的地步,别人说她什么,她都不会计较,可现在她,做不到。

村上的大人不敢惹她,不敢对她亲近,因为她的眼神,因为她的话,因为她矛盾的脸。可孩子们对她很热络,她很爱逗孩子,也只有这一刻,她的脸才没有矛盾!奶奶惊异于她的改变,却不能说什么,这是件无奈的事,谁都不信,而且,在家里,在亲人面前,她还是小时候的喵,甜甜的,乖乖的喵!

奶奶老了,弟弟还小,在校园,她扮演着一个不识人间忧愁的嘻嘻哈哈的女生,可回到家,她却成了护雏的母鸡,护着奶奶,护着弟弟,护着这个爸爸留下的家,留下的那株蜡梅。一次,前面的人家以为她家软弱可欺,砍走了蜡梅的枝,她心痛,这是她6岁生日,爸爸给她的礼物,她走了过去,告诉那家人她的愤怒:"对不起,真的好对不起,求你们别砍我爸的树!要砍吗?砍吧!但愿多年后我穷困潦倒,不然我会回来要树的!我家是没'人',可我还在,奶奶是人,弟弟是人,我和弟会长大的,知道吗?"她转身走了,不管这件事第二天在左邻右舍传得如何沸沸扬扬。奶奶用心疼的眼神注视着她的成长,她用害怕的心逼着自己往前,因为如果她不走,弟弟就会代替她,她不想弟弟有一天也变得冷漠,她要弟弟开心地长大,像校园里的她!

　　矛盾吗？可怕吗？十八年，十八年发生了太多的事，不敢想，不敢往回看，好怕自己失声痛哭，失去冷静，再也不敢往前走！

　　坚强点，前面就快到了！她对自己说……

杨老师：

　　这是我的一篇随笔，"她"＝我！里面的事都是真的！我觉得，我可以告诉你一切，除了身份，不过，只要你想，应该打听得到，毕竟，我的经历没有人有权"享受"，但我希望能给自己保持点"外套"！

　　我10岁以前一直很受宠，家里三代同堂，除了妈，大家都很疼我，可1993年，爸却死了，12岁，妈走了，跟别的男人远走高飞，6年了，毫无音讯，17岁，最疼我的爷爷也因车祸离开了。你知道由云端掉落地面的感觉吗？我逼着自己坚强，我用天真与快乐换来了坚强，却同样得到了冷漠，我只有这个选择，如果我不走，弟弟就成了我，我不想这样，弟和爸太像了，他是爸的重生，我得护着他！老师，你能体会吗？一个小女孩，天真无邪，幼稚的女孩在短短6年中要完全改变，经历了什么！是人性的摧残！是恶的一面的熏陶！她原本好内向，不爱说话，生活在幸福的梦中，却被无情喊醒，丢入可怕的噩梦，两个反差：原本受人宠，如今却反过来护着家人，变得外向，伶牙俐齿……我自己都想得后怕！

　　我是个善于交际的人，朋友很多。好的，刚考进北京外国语大学和同济大学，坏的，却在牢中服刑。我可以与乖学生讨论人生，也可以与混混抽烟喝酒划拳通宵，高一高二高三我认识好多，只要有点名堂，我都熟，职高的是兄弟，社会上的是大佬，我用承袭自母亲的face周旋其中，因为，我需要！不少人被我的外表欺骗，以为我单纯好骗，结果却被我耍得团团转。

　　这就是Me！猫猫！

　　你上网吗？我的OICQ——502×××××

笔者回信三——

猫猫：

　　你好！一连收到你的两封信，没有及时回，因为想很好地静一下，静一下之后以一种平和的心情同你探讨些问题。

上次的分析，你说我是属于戴着壳做人的人，你的分析比较深刻，只是"人性恶"的成分多了些，因为我并没有什么"本来面目"需要掩盖。经历了那么多的坎坷与磨难之后，或许你已经不再相信友善、真诚、奉献等一些美好的事物与行为了吧？而我却是比较坚定地相信着的！

我经历的磨难不及你多，尽管我也有过少年丧亲的伤痛，也经历过不少冷面孔，但后来经历的许多事实都使我坚信：这个世界上，真正的好人不多，但真正的坏人也不多，多的是不好不坏的人。这种认识与信念，也正是这种认识与信念才支撑着我，让我不会对这个世界和这个世界的人过分地失望——而你是有着比我更多的失望，对吗？

邻里纷争，家族喧哗，以及孤儿寡母的势单与力薄……所有的这一切哪里都有。的确如你所说，你不挺身而出你弟弟也得走这条路，你选择牺牲自己而保全弟弟和家庭，这种做法是一种牺牲，也是一种勇敢。

校内校外的人你认识的很不少吧？在跟各色人打交道的时候多长个心眼，毕竟社会是复杂的，在这种复杂的交往中，一个女孩子应该很好地保全自己。再说，不管是护家还是护弟弟，并不一定都要以堕落和沉沦作为代价。你说是吗？

保护自己，保护好自己的身与心，看清世界上的一切丑恶与虚伪的同时依然能够保持自己的一份真诚与善良，这，才是人生的最高境界！

我骑自行车到过周围的很多地方，或许我曾于不经意间经过你们村镇，或许我在不经意间看到你爸留下的那株蜡梅——蜡梅，身处逆境却依然芳香自洁的蜡梅！事实上，在你的身上也有着许多傲霜斗雪的顽强品性。

敢于挺身而出，外向和伶牙俐齿都不是坏事，这也是人的一种生存能力。只有自甘堕落才是坏事情。

感谢你对我的信任！一般情况下我不上网，因为没有多少空余时间，再说条件也还不具备。等今后办公室装了电脑之后再说吧！祝一切好！

杨老师

2001 年 10 月 19 日

这封信以后，沉寂了一段时间，大约3个月后，又有了声音——

嘿嘿，老师，猫猫又出现了！不好意思，一直没找您，有事才来，有点利用朋友的味道。可前段时间连着发生了好多事，烦极了！考试＋分手＋朋友被抓！

我和他分了，为了距离，性格上的距离。两个人还是好朋友！经过一个月调整，我基本没事了，至少表面上放下得很轻松，在别人眼中的我一直是个放得开的人，我顺了别人的看法么好了！

我最好的异性朋友被抓了！他是外面社会上的，可他人不坏！真的不坏！至少对我很关心！他很了解我，在所有异性朋友中，他是唯一一个真正摸得准我的心事的人。知道吗？上次，他家狗死了，陪他走过狗狗的坟时，他哭了，很伤心！我感受到这份伤心不是假的，哭得很难看，几乎有损帅哥形象（在别的女孩眼中，他是个很酷很帅的人），我认为，一个可以为狗哭的人，不会是个坏人！第一次有人在我面前为只狗伤心地落泪。初中时，我的威力死了，我伤心，哭了，反而成了同学的笑料。他哭得很自然，让我为之动容！他这次是因为打架被抓的！我告诉他，恋人一转身可能就是仇人，可朋友永远都是朋友！他本质真的不坏！（他和我同年，只不过被学校开除了。）

你相信星座和血型之类的东西吗？我信！因为很像。我是天蝎座。天蝎是十二星座中最具报复心的，可O型天蝎更是蝎子中最有复仇念头的，不巧，我是O型的！6年来，一直恨着继父，一直恨着妈，一点未曾变！

要考试了，我想好好用心，可看不进，一点没用。现在，为了逃避看书，就写信，其实我很想用心，可一拿到书，一行字往往看一节课，而且一点紧张感都没有，教过我的老师一直说我心态好，太好了，导致没有压力。可我真的不知道紧张，也不知道怎么用心。从小，我就被老师告知，我很聪明，可不够用心！如果用心，成绩可以冒尖。我对自己的智商绝对自信！关键是，不是我不想用心，是我不知道该怎样用心！"还有救吗？"我一直这么问自己！

我现在记日记，写小说，干这些，我可以坚持几个月，甚至更长，可以坐着不说一句话,可一拿书复习,就没法静下心。现在,小说已写了5000个字了,写我从小到大的经历,没有公开的打算,只想当作一份留念。整个本子的字迹全被泪水化干又凝固,写得很辛苦。还没完成,只写到三年级时爸爸的死!写不下去了,奔涌而出的泪阻塞了所有思绪!

蜡梅花开了!可爸的蜡梅还没开,还早!再过段时间就要开了吧!如果可能,折一段送给你,要知道,我没送给别人过哦!

不写了!想看书!烦啊!祝开心!

猫猫

2002 年 1 月 21 日

注:

另附散文《那双眼睛》!

笔者回信四——

猫猫:

《那双眼睛》写得很好,比平时写在周记和作文簿子上的文章都要好,也许这才是最真实的你!

你的眼睛的确很美——从你的文字描述中看来,至于少掉的那份灵气、精神和开心,我想也并非就不能弥补。

眼睛是一个人心灵的窗户,只要顺着你现在的爱好走下去:写日记、小说,反思自己的生活,常常清理心中淤积的杂物,有意识地净化自己,你的眼睛定会有许多清新的东西出现。有一句话:久读诗书气自芳。而这种源于生命本质的内在气质又必然会体现在一个人的眼神里!

常常在大街上,看见一些长相清纯的女孩口吐粗言或是身着与年龄不相符的艳装,总有一种纯净的美被糟蹋了的感觉——我是比较欣赏和崇敬那些有理想有追求的学生的!

从本质而言,也许你曾经的那个"他"和那个入狱了的朋友都不错,但从你现在的年龄和身份来说,我觉得你真的不该将对他们的感情作为自己的精神寄托——你从此能够从中走出来吗?

　　课本和作业曾经让很多人都感到头痛,那么在学习上你应该为自己定个目标:争取拿高中毕业证!

　　另外,"小说"作为留念最好写到比较精致的簿子上去,别写在零散的纸页上,毕竟,那是你的一段失去的记忆。如果有可能的话,写好之后也给我看看,好吗? 祝好!

杨老师

2002 年 1 月 22 日

　　后来,她又写过一封信来,也仍是以前的调子:情绪化,烦躁,"朋友",boy……,只是,她的生活和心情比以前更混乱了!

　　她写给笔者的最后一封信是在去年年底,那时,距离她的最近一次来信已经有 8 个月!

　　——今天又是一样的无聊,莫名。讨厌极了政治老师,他不喜欢我们班,那么,他不会尽力来教,只是应付罢了。也许人类社会就是这样,弱肉强食? 好看不惯他那副高高在上拿鼻孔看人的样子。

　　……

　　我经常从变态的恶心中得到扭曲的快感,从小就喜欢鲜血淋漓的东西。小学,别人还在看作文选,我已捧起了大案要案纪实、古代十大谜案。连看片子也是恐怖片。

　　……

　　我很自信,我相信我可以得到! 有一天我会去追求,离开这里,远远的。我骨子里其实很虚荣,遗传自母亲,想要豪宅,想要名车。我甚至宁愿遗臭万年,也不想默默无闻,可有了家,要用家去换,我什么也不想。

　　这个小城有太多回忆,太多伤心,如果可以,我也想远远离开。有一天,会的,当这个家不再需要我,我会离开,不再回来,永远不再。离开这里,总有一天! 也许我会去追随奶奶,也许我会追慕虚荣,总之,不再回来。

　　我不明白为什么要来这世上,不明白为什么要留在这世上,我只有一个目的,保住这个家。也许某天,怀有另外一个目的,可希望渺茫。

先不想别的,人不能太贪心。

学校也是个小社会,或者说是社会的缩影,老师不再是圣人,老师也有名利之争,钩心斗角,不是吗?

一个人,除了活下去,还能够做什么? 活,为了什么? 责任还是追求? 追求,为了什么? 享受? 那为了享受,可以不择手段吗? 不可以,为什么? 心安? 那我不择手段也可以心安呢? 那就可以了吗?

现在,我束缚于责任,束缚于幸福,也许会有那么一天,我会为了自己的目的不择手段,因为,我本质是个自私的人,信奉"人不为己,天诛地灭",我也相信"胜者为王,败者为寇",当你胜了,你就对了。历史不是有很多故事都在阐述这个道理吗?

努力使自己快乐吧! 老师,你也是!

猫猫

2002 年 11 月 15 日

这是她写给笔者的最后一封信。后来,她不再写信来了,后来,她就离开了学校,没参加高考。刚开始,她在一家影楼打工……

她的身世令人掉眼泪,她的抗争和顽强又让很多中学生望尘莫及,那么点年纪失去了父亲,而后又承受亲人一个一个离去的痛苦……在她的身上,我们似乎看到有简·爱的一些影子! 但她却缺少简·爱身上的一些东西,这又可能是她的遭遇更加令人唏嘘的地方!

也许很多的读者在读这封信时都会同我当初一样不约而同地会想到那个词——天使与魔鬼! 实际上,在她的身上真的已经具有了很多的天使与魔鬼合二为一的东西。她是贫困生,离开学校时几年的学费还没有缴清,她的高中毕业证书也一直没有取走。她是差生,成绩差,声誉也不好,学校里很多同学和老师都知道她。

但她却对笔者很坦诚。她把她的经历、她的思想都告诉了笔者——因为她相信笔者是她唯一可以信得过的人! 我没有理由怀疑她这些话的真实性,我也没有理由拒绝担当她的倾诉对象和精神的寄托,只是后来她不再需要这种倾诉对象了,她长得太大了。

她是典型多血质的气质,外加一点胆汁质。多血质的人……很多时候,她都让笔者想起写《糖》的上海女孩棉棉,还有写《北京娃娃》的春树——然而,她比棉棉和春树还要惨烈,她 10 岁那年没有了父亲,12 岁那年没有了母亲,17 岁那年没有了爷爷……她和年迈的奶奶、年幼的弟弟过。她的学费一直欠过来的,从初中到高中。她身上已经显露出了一些"恶之花"的形迹。

作为一个心理咨询人员,作为一个准校园心理学家,我曾经成功地替很多同学解开过心的症结,但在她这里,真觉得自己是一个失败者,彻底的失败者。

一个休学的男孩

"他吗？他的成绩这个学期急剧下降。能不下降么？这个学期上课他认真听过几节课?！要么就是趴在桌子上,要么就是看看和课堂内容无关的书籍。还有考试,平时他倒是各门功课的作业都做。但一到考试和测验,他就只挑前面的几道选择题做,然后就闷坐在那里发呆。最后交卷的时候,他交上去的差不多等于是白卷。我多次找他单独谈过话,谈话的时候他认识较好,也表示决心去改,但是过后一切照旧,并没有看见他改变什么。"

这是他的班主任,一个 80 后女教师的评价,而他自己的叙述是——

"我现在每天都不能集中注意力。我脑袋里总想些乱七八糟的事情。无论是上课、走路,还是看电视和做其他的娱乐,我都常常要为眼前的一件事情分心,想它为什么会出现,有什么价值……自己也知道这样去想是毫无价值和意义的,但陷进去就出不来,思维根本不听自己的控制。有没有例外?有!那就是和我感兴趣的人谈话、去操场上打篮球和在家里干体力活的时候。只有那些时候,我的大脑才能够得到片刻的轻松和休息。

"最早是在什么时候出现?初二的时候。上初二老师要我们背政治,那时我就出现要翻来覆去背诵、反复去记忆的现象了。到初三这种情况就由背政治扩展到别的学科去了。

"我家住在靠近河的地方,河里运输繁忙,夜里轮船声音很吵。初三时无意中听到一位教师说噪音对一个人的神经会产生重大影响。从

207

2003 年

那之后，我夜里又格外去留心轮船的声音，于是更加睡不好觉。

"高一高二的时候，这种无意义的注意、留心及思维上的追根究底开始由学习扩展到生活。以致自己根本不能专心地做好生活中的任何一件事情。我没有跟爸爸妈妈和老师说，自己悄悄去找过很多关于'强迫症'方面的书来看，从书上我得知这种'病'要17年才能好。我的心事就更加沉重了。现在我已经放弃了所有的学科。成绩也由原先的中等降到了全县的倒数第一名。

"我也曾经试探地提出过休学，但是我爸爸妈妈根本就不理解，也不同意。自己又不能给他们说明。没有办法的情况下，我只有硬着头皮走进心理咨询室来。

……"

这是他本人，一个高二男孩的自述。

跟笔者交流之后不久，家长就来给他办理了休学手续。休学期间，笔者建议他每天尽可能完成如下的一些事情：做些力所能及的家务活（如买菜、做饭、搞卫生等）；完成上述任务后，进行些自己能够全身心投入的运动（如跑步、打篮球、散步等）；在上两项的基础上，可以短时间地看些书和电视节目……

他在家休息了5个月。之后回到学校同下届同学一起重读高二。问起他现在的情况时，他说还算正常了，不再受先前那些念头的困扰，很多问题也不再那样偏激和极端。学习上自己将尽力而为，真考不上理想的大学就去经商或是学门手艺……

另类女孩

人物标签:高三女生
时间:高三第二学期

一、师生的印象

1.上课时间不声不响,只顾自己埋头看课外书;作业大多数时间都完不成,也不肯去做;成绩差,自己一副无所谓的样子。

2.从不见她和男生交往,与女生也少有交往;眼睛近视到 400—500 度,平时没有事情就独自看卡通书刊。

3.不恋家,也不喜欢任何人,对一切事情和人物都无所谓,近乎"冷血";最大的爱好是画卡通画,常常课堂上也埋头专一地画。

二、事件

同班主任关系紧张。一周前在课堂上突然站起来,手指班主任直呼其名:××!你和我爸爸都干了些什么肮脏的事情?!你管我吃干什么?!(此前其姐姐曾经来过学校,班主任反映了些情况。两天后她爸爸来学校,跟她谈话,教训她,并用手指戳她的额头。她当时气得嘴唇发抖,并一气之下跑出了学校。)

三、个案自述

跟班主任关系很僵,基本上互不理睬。矛盾源于高一一次课堂提问(那时班主任还只是科任教师)。点到她名字时,她站起来没有回答出问题。问她怎么会不知道,她说了句"不知道就是不知道嘛!"老师模仿着她的语气夸张地重复了一遍她的话,惹得全班同学哄堂大笑。这种哄笑声让她一下子唤起了她的那种小动物的甚至是连小动物都不如的命运和屈辱感。从那之后,她就和班主任结下了不解的仇,认定她说话寡情少义、刻毒。从此不再听她的课,也不做她布置的作业,对学习、对周围的一切都无所谓。

其实这一切都起源于小学五年级时候的那次经历——

邻居(乡镇)中几个同龄的男孩子联合起来作弄我,他们把我骗到附近一个池塘边,池塘里的水面上泛着一层泡沫和垃圾。看上去似乎可以走人。池塘的那面有一丛漂亮的玫瑰花。几个人把我骗到水边,然后趁我不注意,把我推下池塘。然后他们便站在岸上看我在池塘里挣扎,一副无动于衷的样子,似乎我连只小动物都不是。当时他们看我的那种眼神令我彻底心寒,也令我刻骨铭心。从那时候起,我就再也不和任何男生交往了。

那天后来还是我的小表妹去叫人来才把我救起来。回到家里我也不敢告诉爸爸妈妈,我怕连累小表妹,因为是她帮着那些男孩子把我从家里骗出去的。

四、几点细节

(因为班主任在办公室无意说起她,心理教师便决定主动探探她的个性秘密,先借口请她帮忙画几张卡通画,第二次以交流画为由请她来心理咨询室。)

1. 从小就喜欢读书,天不亮就偷偷起来看四大古典名著。但爸爸妈妈说她"不务正业",不让看,动辄打骂,甚至撕掉她的书。以前家里穷,爸爸妈妈忙着干活,很少陪伴她;现在家里办工厂更加忙了,更没有时间陪她。有一个亲姐姐,但相差六七岁,也少有沟通。觉得家里缺少亲情。

2. 个案禀赋上的偏激、细腻,对书籍的嗜好和专一(没有得到很好的培养,而是在一路的压抑和摧残中走过来)——形成了现在的"古怪"和对一切的不抗争、不在乎!

3. 高一时和班主任的冲突强化了她的悲剧体验和认识。周围没有人(包括家长和姐姐)给她正面的引导和帮助,于是一任今天这种不关心一切(包括学习、亲情、友情、爱情)、不在乎一切独来独往的"古怪"性格的存在,封闭而又不为人理解地生活着。

4. 告辞:与心理教师的谈话是她十几年来的第一次暴露心迹——被推下水的经历和体会她从来没有告诉任何人! 与心理教师 45 分钟的面谈结束后,她告辞,但下到二楼她又返回来(心理咨询室在二、三楼之间),人站在门外不乏孩子气地伸进头来:"今天给你讲的这些,你别告诉任何人哦!"

一位想转到职高或技校的男生

家长收到孩子的信,火急火燎地赶到学校,找到班主任。班主任又找到了我。

时间是在 2004 年 10 月,刚上高二。

爸:

其实我真的不想写这封信给你,因为我知道你看了这封信之后,一定会很伤心的。但是我真的没有办法去克服它,现在学习简直就是一塌糊涂了,做作业什么都不会做,上课也怎么都听不进去。其实高一的时候我上课还听得很仔细,有时候只是偶尔想想,而现在越来越严重,连上课都听不进去了。

其实,现在上课我也是听得很仔细,但是不知道为什么到了下课后,脑子里就一片空白了。根本不知道一节课到底上了些什么。有时想想真的是很难过。本想上课没有听仔细,想用做作业来弥补一下,可能真的会好一点,但是一拿起作业本来,就会紧张,我也不知道怎么会这样。像这样一下子,就算是最简单的题目也没有办法,更何况是难的题目。

我知道这可能是心理作用造成的,但是我也已经想尽了一切的办法来克服它,只是怎么也没有办法克服了,有时好两三天,就又那样了。有时不紧张,就会觉得眼睛很难过了。我真的是快要憋死了。其实,在初中的时候,我就很想好好读书,因为我知道你花了很多钱,才进去了。但是那时候,我不懂事,只知道玩,没有学好。但是我现在意识到了,想要学好来了,却又学不进去了。这种感觉真的很难过。有时真的想到过要……但是我真的克制不住自己,仔细回想,却又觉得那样太傻了,不值得的。但是我真的已经想尽办法了，比如让自己开心一点，唱唱歌什么的，但是一旦到了静的时候就又那样了。我真的是有生不如死的那种感觉。我真的不知道该怎么办才好，所以才会写信给你的。

现在上课本来就很难，再加上现在这样的情况，就更加不懂了。本来我就是一个很急的人，遇到不懂就会马上要弄懂它，但是现在不是这样了，我也不知道为什么会这样。其实，我很想好好读书，考上二本的，但是我知道再这样下去，高三不知道会怎么办了。

我记得初中的时候，我还是一个很爱笑的人，但是自从那样之后，就变得很少说话，平时在班级里我也不声不响的。有时候，心情真的很好，才会去和同学讲讲话，大部分时间就在发傻，想怎样才能不紧张，排除外界因素，怎样才能学好。越是这样想就越是头痛，上课就乱了。我也想不要再想它，有什么好想的，不想就没事了，但是我真的已经试过一切方法了，都不能够克服它。看着班级里的同学都一个个开开心心地学习，我也何尝不想这样呢？又会做作业，又会开开心心的，但是像我这样下去，作业更加不会做，思想也变得很笨了。所以这个学期我真的不想学下去了。

所以我真的很想学一个专业，像姐姐一样，这样会相对比较轻松一点。如果再学下去，我真的不知道将会发生什么事了，不是我要威胁你们，而是我真的受不了了。

我知道你们很难接受一个从普通高中调到那种学校，我也不想的，但是我真的是已经不行了，再这样下来，到高考就会更加难过的，与其到那时候让你们更加难过，还不如现在我直接告诉你们，反正怎么样你们选择好了。反正我告诉你们我真的已经学不进去了。

如果你们真的不想让我去那种学校，那我也愿意高一再重读一年，复习以前的知识，但我也不知道到那时会不会紧张起来。

所以请你们好好考虑，给我一个答复。对不起。

这是我自己的选择，我就已经是下了决心了，以后我一定不会怪你们，都是因为我自己没有出息，但是我还是很想读大学，我知道读专业也还好，而且以后考的大学分数也比较低一些，在这里下来，我想最多只能考上三本什么的了。而且心理到那时候也不知道会变成什么样子。

以上都是我自己的看法和想法，一切都凭你们。但是我告诉你们，如果再这样读下去，学习肯定是一塌糊涂的，还不如去（学）专业比较好。而且心理上压力也很大，旁边都是很好的同学，我都快急死了。

今后的路该怎么走，他都也已经考虑好。

他所说的"那种学校"是职业类的高中。职业类的高中有专业，文化科要求相对低一些。对于一些学习上有困难，但在操作、技能上有兴趣的学生，不失为一种比较现实和恰当的选择。但是家长却常常不这样看。家长认为读那类学校丢脸、没有出息，甚至孩子会学坏；他们要孩子读普高，考大学，大学毕业坐办公室，考公务员……于是相当的一部分学生得在普高里煎熬，三年的青春在无望的煎熬中浪费掉，人也过得没有一点盼头和成就感。

对于他的打算，我和班主任的态度很明确：应该尊重孩子自己的选择。但是家长却有种种顾虑。他最终还是没有转到职业类的高中，也没有"重读一年"，他继续待在高二教室里，听课，做作业，他不再给爸爸写信，也不再提任何要求。

遵照家长的请求，每隔一段时间，我会叫他来一次"心理氧吧"，给他做"心理工作"。高二毕业后就是高三了，高三之后就是高考。他到底也只考上了一个第三批的学校。不知道他会不会将他的焦虑和对未来的无望带到今后的生活中……

一位高二女孩写给心理老师的信

跟上一个男孩不同的是,这是一个高二女孩子。不是写信给家长,也不是写给班主任,而是写给心理教师。

时间也是在 2004 年下半年,高二上学期。

杨老师:

您好!其实很早就想写信给你。然而我不知道心中的结是否真的可以被解开。因为毕竟看到同学们驰骋书场时,而我却在写信,觉得是种奢侈。

最近几天,心情极度郁闷,几场考试的不期而至,总让我心有余而力不足。我是个要强的女生,总希望我能把事做得洒脱。是的,我做到了,但洒脱的背后却是更多的空虚与无奈,忽然觉得世界变得如此灰暗,我努力地把心中的不快发泄在日记本上。朋友告诉我,写心情日记的人最容易受到伤害,是真的吗?

我感觉我活得好空虚,我喜欢幻想,甚至无可救药,其中的荒谬性没有人可以领悟得到。我感觉一天中最值得我兴奋的事便是做梦,即使是噩梦,我也不愿回到现实。

我总认为"防人之心不可无"。我防任何人,甚至包括我的父母,我不知道为什么会这样。

我心情反差很大,前一分钟还嘻嘻哈哈,下一分钟便会躲在被窝里无故地哭泣。

我没有谈过恋爱,但曾经暗恋过一个在"坏学生"范围内的人,到最后,我忽然发现我只是爱上了他血细胞中我不曾有的疯狂和叛逆。

我总是莫名其妙地想证明自己是否还活着,我喜欢在刺骨的北风中独立,因为这样我才觉得活着。

我总希望我不是地球人,我讨厌这样的生命。

我是否心理变态?!

这位女孩我没有见过,她没有到"心理氧吧"来。甚至我连回信都没有办法送到她手中,因为她没有留下地址。

即使有她的地址,又能怎么样?能给她回信,又能怎么样?对于一个防任何人,甚至连自己父母都防,"前一分钟还嘻嘻哈哈,下一分钟便会躲在被窝里无故地哭泣"的女孩,你又能够跟她说什么?写这封信的时候是高二,她19岁吧。13年过去了,她今年32岁……

网上的一次公益咨询

那次我误打误撞进了一个叫"心理咨询"的 QQ 聊天房间。她一上来就问:"有心理咨询的吗?"等等没有人回应,又问:"这里有心理咨询的吗,请问?"

见没有人回应,我就敲出了一句:"你好! 你有事情?"后来她就加了我。时间是 2004 年 1 月底,那时候我刚刚学会使用 QQ……

……

她:?

她:稍等一会好吗? 去去就来。

笔者:我在听……那个人多大了?

笔者:好!

她:17 岁。

笔者:同学?

她:也是。

笔者:事情现在有影响吗?

她:是的,而且很大!

笔者:怀孕了?

她:我们不但是同学。

她:没有。

笔者:还是什么关系?

她:你不会相信!

笔者:没有怀孕一切就好!

她:比亲戚还亲的!

笔者:他跟你什么关系?

笔者:是你弟弟吗?

她:姐弟!

她:是双胞胎!

笔者:亲弟弟? 他多大?

笔者:他主动还是你主动?

她:我多大他就多大,他多大我就多大。

她:他。

笔者:现在他什么反应?

她:他天天像没有事一样,所有的麻烦和担心都找一个人的。

笔者:多久了? 你肯定没有怀孕?

她:一年多了。

笔者:只有一次?

她:N次!

笔者:强迫的,还是主动的,你?

她:说不清楚,我们当时不懂什么的。

笔者:最近一次什么时候?

她:刚才。等我两分钟⋯⋯

笔者:好!

⋯⋯

笔者:你的烦恼爸妈知道了吗?

她:不知道呀,我不敢告诉他们。

笔者:他们就一点没有察觉?

她:不知道。

笔者:像你这个年龄的人情感都比较丰富,很多女孩都有类似的经历了——只是和自己亲人的不多⋯⋯

她:是呀。

笔者:你想过怎样从这种烦恼中解脱出来吗?

她:想了。我不知道怎么做。

笔者:这个年龄的人,肉体和精神有时是分离的——肉体有时会背叛自己⋯⋯

她:也许是的……

笔者:自己也知道这样是不对的,但一段时间后自己也禁不住要想——是吗?

她:是的,你怎么知道的?

笔者:而事情过后又悔恨不已、痛苦万分,可下次忍不住还是要去做——就这样不断地恶性循环——我说得对吗?

她:是的,特别是在他的亲密的接触下。

笔者:一般来说,这个年龄的人,女孩比男孩懂事——所以要摆脱这种烦恼只有你采取主动,知道吗?

她:知道了。

笔者:社会是不允许姐弟间发生这种事情的——就是别人不说,自己内心也会折磨自己的。知道吗?

她:知道了。

笔者:说了那么多,我只是想告诉你——现在是应该马上刹车的时候了,一切应该画个句号!

她:我知道应该怎么做了。

笔者:你真是个聪明的女孩!

笔者:我的电话是0572-783××××,你现在打过来试试看。

她:我不能够让你知道我的电话!

笔者:好的,尊重你的选择。不过电话号码你记住,今后需要帮助时随时打给我!

她:嗯。

笔者:想问问你打算怎么去处理这件事情?

她:我听你的。

笔者:先说你的打算!

她:我现在应该拒绝他。

笔者:能拒绝吗?能够拒绝多久呢?

她:不知道。

笔者:即使你内心想拒绝,但你的肉体能够拒绝吗?人都是有欲望的呀。

她:我想我能够的。

219

　　笔者：那就好！
　　……

　　那次我像盲人一样撞进一个叫"心理咨询"的 QQ 聊天房间。她一上来就问："有心理咨询的吗?"等等没有人回应，又问："这里有心理咨询的吗，请问?"

　　见没有人回应，我就敲出了一句："你好！你有事情?"后来她就加了我……时间是 2004 年 1 月底，我那时候刚刚学会使用 QQ。

　　不知道她的父母平时有没有和孩子说起过青春期方面的知识;不知道做父母的除了工作和养家之外，有没有尝试走进孩子的内心世界;不知道她后来怎样了。她家在东北那个著名的海滨城市……

学习与考试——系列人物

"我原本是乖乖女/不迟到/不早退/按时作业按时睡!"（林潇潇《高四学生》)。

他(她)们不是高四学生,但是他(她)们过得跟高四学生一样……

A

杨老师:

现在我很怕数学,不是怕学,而是怕考试。因为我一到考数学就会很紧张,常常会心跳加快,手里的笔也握不住,弄到最后时间也来不及,考得就当然不会好了。并不是我不会做,而是我无缘无故就会紧张。

上次期末考试,我语文121分,英语127分,而数学却只有103分,我考完那天就知道数学考砸了,我很难过,一整天都没有说话,现在在实验班,压力也很大,虽然我的父母是很开明的人,他们不要求我做什么,尤其学习上,从小到大,没有管过我,可我总希望自己能够考得好一点,让他们为我骄傲。

可是数学一直拖着我,我不知道自己怎样才能克服心理上对数学的恐惧。

高三学生,高三上学期

B

杨老师:

这个星期回家,因为考试成绩不理想,爸爸妈妈和姑姑都一起坐下来做我的"思想工作",指责我,贬低我,说我"你这点成绩还能够考大学?"而且他们还一口咬定我这次没有考好的原因是我学习不努力、贪玩。

结果引起我有生以来情绪第一次失控,当场爆发,大吵大闹,边哭边说:

"你们怎么可以贬低我?! 你们怎么可以否定我的一切努力?! 我考差了我心里有多苦你们知道吗?!"

当时自己情绪激动,又哭又说,连平时从不敢说也不忍心说的话都全部说了出来,后来便昏厥过去。大约两三分钟后醒来,便不顾一切地冲出家门冲进雨中,但被父亲追上拦了回去。后来平静后,晚饭没有吃便来到了学校。

我其实很在乎成绩的,虽然有时候贪玩,也有过和男生交往的事情,但内心里总希望自己考好,让自己找回往日的辉煌,让父母开心。可能是太想考好的原因,所以每次考试之前总觉得身体不太好,大脑空空的,有时候还得到医院里去挂盐水。考试时遇到难题时心慌,大脑一片空白,很多会做的题目都做不出来……可父母对我的这些苦楚一点也不体谅。每次考试之前总要在我耳边说个不停,让我想轻松都不可能。也不知道他们从哪里打听到了学校又要考试了!

而且爸爸一向来对我都采取贬低的态度。我越是想得到他的赞扬可就是得不到。初中时一次我的作文在《湖州日报》上发表,当我兴冲冲地告诉爸爸时,他却给我浇了头冷水:"这有什么好高兴的! 豆腐干样的一块!"第二次我发表的文章长了点,爸爸又说:"懒婆娘的裹脚布,又长又臭!"

我觉得好灰心。现在我很自卑,觉得自己什么都不如别人。在亲戚朋友,甚至在同学中都有种抬不起头来的感觉。

我现在对家有一种怕和厌恶感,有时候真想离家出走什么也不顾了!

高一学生,高一下学期

C

杨老师:

终于鼓起勇气提起笔给你写了这封信。我清楚地知道学习是我的天职,我也热爱读书。但是学习带给了我一次又一次的痛苦。自高一以来,一年多的时间里我经历了许许多多的失败,比我前17年多得多。也许经历了太多失败,我有时感到麻木,而有时感到害怕。成功对我很吝啬,无论我付出多大的努力。这样的努力比我读初中时付出的多得太多了。初中时我在班级里名列前茅,而现在我算不上了。

与我同村的一个女生和我一同考进了一中实验班,我与她以2分之差就进了不同的班级——她进了创新班,而我进了普通实验班。从那一刻起我就要求自己,以进创新班为目标。可是高一第一学期的期中考试就给了我一个下马威:我的分数与她竟相差30多分,我不甘心,下学期我格外努力,可是结果让我惊讶。后来越考越差,当时我很失望,但是很快我又重拾了信心,又投入更多的努力,以她为目标。到现在我还是被她甩在了后面,我不服输!我和她有着相同的基础进入高中,为什么她的学习成绩直线上升,而我却恰恰相反?!

这次的期末考试我又考砸了。比以前任何一次都要惨痛。我整整伤心了一个寒假。流了无数次的眼泪,也无数次地扪心问自己:为什么会这样?!可是我找不到答案。我问我的同班同学,他们说我太紧张了,但是我没有发现自己过度紧张过。但我感觉自己压力挺大,特别是临近重要考试的时候,有时压得我喘不过气来。我越是鼓励自己,压力就越大,就像这次期末考试前几天,我打电话回家说"我考不好,我有点怕",爸爸妈妈也被我弄得很紧张,当时妈妈马上就从家里赶来学校看我。可以这么说,我复习是比较充分的,可是结果却总是不尽如人意。考试卷发下来的那一刻,我几乎傻眼了。补课那几天我几乎没说过什么话,我陷入了痛苦之中,早上起来,枕头上总是湿的。

学习对我太重要了。班主任说我品学兼优,是老师心中的好学生,而我觉得我与这样的评语相差太远,起码我不是一个成绩特别优秀的学生。老师、家长对我的期望值越高,我给他们的失望就越大。就像我参加了三次演讲比赛,都失败了,尽管我是那样努力,赛前也做了充分准备。最离谱的是那次英语演讲,比赛前我流利地背诵了5遍,可是我讲到一半时居然忘词了,木头人般站在那里,整整一分多钟,那时我真想放弃,但是我还是坚持下来了。就在停止的那一刻,注定了我的失败。

"相信自己一定成功",这句话是我的座右铭,它让我从一次次失败

223

中站起来,可是一次次失败的同时也注定这句话对我不管用。从而让我走上自卑之路,愈演愈烈。

学习成绩似乎主宰了我的喜怒哀乐,我也清楚地知道这是一件可悲的事,但是我就是无法从中摆脱出来。同学们也曾一次又一次劝我别把成绩看得太重,但陷得太深了,实在无力自拔。我担心再如此下去,我会受不了的,因为有太多太多大大小小的考试在迎接着我。

我希望您能够告诉我,怎样才能从这样的阴影中走出来……

高三学生,高三上学期

D

杨老师:

您好!很久了,一直想找个合适的机会跟你聊聊,可是,每次我来找您的时候,您都不在。今天我终于按捺不住心中的那份压抑了,我想,再这么下去,我会崩溃的。所以,我想写信来请您帮忙,帮我摆脱现在的困境。

我是高二的一名普通女生,或许是从小到大都是在老师的关注中成长的原因,老师们对我的重视,使我养成了一种不服输的性格。我是班里的团支书,高一的时候,我参加了学生会的竞选,我入选了,当时的我很兴奋,也尽着自己最大的努力去做好自己作为学生会团委副书记的工作。我干得很认真很认真,因为它对我来说真的真的十分重要。

转眼第二年,学生会改选了,而这时的我,同样对自己充满着信心。因为,我相信自己能行。可是在一次原学生会成员的例会上,老师说这次学生会改选要大换血,原来学生会的基本上不可能继续留在学生会工作。那时,我意识到,我有可能被换下了。可是,我仍然默默地告诉自己:我一定可以。因为我相信自己的能力。

但是我不想发生的事情终于还是发生了,我落选了,她——我承认是一个比较优秀的同学。但是,我不甘心,真的很不甘心。虽说成绩她比我好,可是我自认为比她拥有更多的管理能力。毕竟,我比她多半年在学生会工作的经历!我真的万分地不甘心!

自从那次落选以后,我变了,我觉得自己开始变得叛逆起来。我对老师产生了一种强烈的反感,在我的思维中,世界开始变得不公平。同时,对于学校以及班级的一系列团体活动,我开始变得不积极。我开始认为,真心努力的付出换来的终究还是一场空。

我怕面对同学们,怕他们谈起学生会,谈起团委副书记。可是,我毕竟还是生活在他们之中。有时,一句在常人看起来平常得不能再平常的话,却会使我心中泛起一种莫名的委屈与不快。一次,在开玩笑中,一位同学笑着对我说:"啊!你团支书的竞选落选了?真没用!"我明白,他的这句话并不是有意中伤我的。可是刹那间,我被震住了。一下子,很多天以来一直强忍着没流出来的眼泪如潮水般涌了下来。我躲在角落靠着桌默默地拭着眼泪。我不想让同学们看见我哭,因为我不想承认我是多么不堪一击。可事实上,我却如此。好多次,在黑夜里醒来,我告诉自己,决不能够被击垮了,一定要振作起来。可是自己的感情却始终不能受理智的控制。纵使我知道,我目前的所作所为对自己是无意义的,不好的。但我按捺不住心中的那一丝不平与委屈,我不服!

现在,学生会这三个字对我来说是一个莫大的伤疤了,我怕走教学楼那边贴通知的过道。因为那儿时常有一些有关学生会的通知。学校的广播中有关学生会的字眼往往会使自己心中泛起一阵痛楚——我不再是学生会的成员了!

我好怕,我怕再这么下去,我会对整个学校的一切事物一切人产生一种恨意,我不想因此而影响自己的学习。这几天上课常开小差,我不清楚是不是这个原因。总之,一切都好烦!……

高三学生,高三上学期

爱情是什么

两三年前，每天早上经过图书馆，都会看到一个长得像棵嫩竹子似的修长娟秀的姑娘在那里等公交车——"杨老师好！"每次看见，她都喜滋滋地叫我。我没好意思问，但是直觉告诉我，她就是当年写这信的女孩。

第一次来信——

忽然之间才觉得，一个人长大了真的好累，好累。为生活而累，为学习而苦，为感情而烦。

学习上，身在这个班级里的我，处于中等状态。这样的我，前途一片沼泽，将来该怎样在社会上立足？我已不想去设想，也不敢去设想。但是对我来说，最烦的还是感情问题！

是的，所有的学生都明白一个真理：学习为重！但真能做到的有几个？学校里的情侣如雨后春笋，一对对，一双双，感情深厚，相亲相爱。

他们也知道，高考之后，各自单飞。但是高中的恋爱就是这样不负责任的。

爱情究竟是什么？我很迷茫，很伤感，很郁闷。

爱一个人到底是什么？也许我们还不懂。

我是高二×班的一个女生，在班里也算乖，追我的人有几个，似乎从未间断过，班级里也有。班上有一个男生，上学期开始追我，但是，出于自己的骄傲，对于这个没有身高，没有过人之处的男生，我一直相敬如"冰"，对他爱理不理。他过来跟我讲话，我好几次都转头不理，而他的行为却从未停止，问寒问暖，买零食买水果，关心我，爱护我。渐渐地，我发觉自己喜欢上了他，可是，他却与他从前的女友在一起了。

我真的很难过,我知道这样对自己是不对的,应该不要再去想他。可是当失去一个人时才知道珍惜的这种滋味真的很难受,很痛苦。我根本不想读书了,听不进课,心情很差,精神颓废。而他却很快乐,每天都嘻嘻哈哈。

我知道根本不值得为他这样的人而浪费光阴,我比他优秀,家庭、自身条件……

这些所谓的不值得我都知道,可是这个叫"感情"的东西,我真无法控制自己,我不知道自己该怎么办!!!

我发觉自己真的好失败……那么没用!也许是因为我是女生,我放不下很多东西?!

早恋真的是魔鬼,影响学习,影响自己,影响的东西有太多太多,特别是像我这样多愁善感的女孩。

我根本不知道怎样处理这样的事情。回想曾经的我,是多么潇洒和自由,还暗暗发誓,高中不会想感情这种事,可是现在的我……

我不知道所谓的美丽,所谓的善良到底有什么用,如果说因为这些而把自己弄到这步田地,那么我宁愿放弃这些而换回快乐。

似乎我的快乐从来就是由"伤感"组成的。是的,日记是很好的释放,但我依旧很难过。怎么办啊???

我从来没想过自己会落到这样的困境,大概是自己过于骄傲吧!在这样的心境中成长,我不知道这样长成的花朵会是什么颜色。我似乎无路可退,同班同学,我更不知道该怎样面对他!

我不知道,向老师透露这种感情问题,是否是明智的做法,但我依然跨出了这一步……

老师,请帮帮我,但请您绝对保密!

高二×班　×××

笔者回信——

向老师透露自己心底深处的秘密,虽然可以说得深、透,但却不一定算得上明智;而跟身边的朋友倾诉虽然明智,却又不一定能达到释放心情的目的。

227

生活中的事,有时的确是如此的两难! ——不过我想,我是会替你保守秘密的。

很理解你此时的这种失落和苦闷,毕竟也都从雨季中走过来。而且也有着同样的敏感和细腻心思——这种源自心灵上的苦闷和失落需要时间来平息。而且可能在相当长的一段时间都还会萦绕在你心间,它将构成你少女时代的一份美丽的哀愁——谁人的青春日记中,不曾有过几许美丽的惆怅?

其实,这些也许你自己都懂。那么,我就只从一个旁观者的角度谈点自己的感觉,好吗?

失去的东西才觉得它的可贵。但我总觉得,你不曾对他动过感情,你现在对他也不见得有过什么好感。那么,与其说是因为失去他而情绪低落,倒不如说是你因为暂时失去以前的那种被人追、被人围着转的天鹅姑娘的生活而失意。这其中甚至还有一点点女孩子的虚荣心在作怪。

你的家庭条件,你自身的优秀,加上一直以来生活中总习惯于受到男孩子们呵护而养成的一种贵族小姐的骄傲,而这种骄傲现在却因为他的转移目标而受到了伤害。

从这个角度上看,与其说你是失恋倒不如说是因为自尊心受到了伤害。而且是受到那样一个曾经有过一个"女朋友"、断了后又来向你献殷勤、被你拒绝后又去和前"女友"好了的男生!

在他这里,实在是让人看不见什么"关心"和"爱护"。更谈不上对感情的专一和执着! 要说看见的话,也只是看见一种手段和作秀。

这样的男生从你身边溜向别处也许正是你的一种幸运。要是他再"关心"下去,将你的心完全俘获,那你付出的牺牲和代价才更要大呢!

你是个思想比较成熟的女孩,千万别像一般不自重的女生那样在自己心境寂寞的时候,随随便便找个男生便把自己给出卖了。越是在这样的时候越是要冷静和理智,写写日记,听听音乐,散散步,向周围要好的女孩倾诉一下。

转眼就到高三了,一年之后不论自己去到哪里,都有时间和自由去结识那些比他更优秀的男生。

说了这么多,才发现最想说的还是这句话:耐得住寂寞的人,才会等来别人享受不到的幸福！而你现在，正走在寂寞里面！祝好！

杨老师

2005 年 5 月 16 日

第二次来信——

看了你的回信，我想通了很多。

我想，是我自己太傻太不懂事。当初拒绝他三次，自己是头也不回，但他的不放弃和别人的劝说，让我的心一次比一次软了。记得有一次，他落泪了。一个男生为我落泪，我真的束手无策。他在我们彼此的短信中发誓，爱我一辈子，永远不会离我而去。那种信誓旦旦也许就是他欺骗女生的招数吧！

是啊，不曾拥有又何谈失去！如果爱可以那么快转移，那么这个世界上的爱情也就太没有价值了！

是我自己太傻了。你知道吗？当他告诉我，爱上别人时。我一下子真的接受不了，大概是因为自己的骄傲吧！也许这就是他的聪明之处，得不到我的心，就用这个方法来打击吧！

那段日子的我失去了理智。我哭了很久，他对于我的哭泣视而不见，也许这就助长了他的骄傲吧！女孩子就是犯贱！

我想我应该学会坚强，否则会被他瞧不起。

他现在变了，以前追我，绕着我时，他戒了烟，不再跟那些狐朋狗友一起，成绩也一直在班里十几名的。现在他又开始抽烟，又不太读书了，成绩也将近垫底。路是他自己选的，我也无力去让他变好，我想也不关我的事了。

我真的很骄傲，别人都说他配不上我，所以我一直都很嫌弃他，也许他知道吧，所以用这个方法来削削我的锐气，也许是上天给我的礼物吧！

其实现在谈感情的事真的很伤神，影响到的东西太多了。是我自己不好，对不起父母，对不起老师，更对不起自己！

不知道为什么，自己总是那么多愁善感，总会有那么多的不快乐，似乎自己的生活中总会不平坦。你分析得再对不过了，我从未爱过他，

229

他在我身边转的时候，我总会觉得反感，跟他一起走的时候，我害怕别人看到，怕别人奇怪的目光。

其实说句实话，他也是那种并不健康的 boy，他提出很多，牵手，拥抱……我想，没有答应他的任何要求，这也是我值得骄傲的事……

我也曾金马玉堂

有一段时间，我到处去找那种酸楚惆怅的青春文字，直到那天才忽然醒悟：其实我手上这些，才是最本色的青春"美文"——

杨老师：

我是高二×班的烦恼者之一，心中有无限的愁丝，想向你倾吐，希望你能给我一点意见。

曹雪芹曾经在《红楼梦》里写到过："我也曾金马玉堂，我也曾瓦灶绳床。你笑我名门落拓，一腔惆怅，怎知我，看透了天上人间，世态炎凉……"的字样，这些话，让我感触颇深，心中不免油然而生一种同病相怜的错觉。虽然称不上金马玉堂，也没有落到瓦灶绳床，但性质还是有几分相似的。我爸爸曾经是××集团的执行董事兼总经理，妈妈是××宾馆餐饮部的承包者，我也是全班唯一拥有手机的学生。仗着家里有点钱，我"清高"的个性也渐渐养成了，总觉得自己高人一等。吃的、用的都是奢侈品，穿衣服也要追求档次。在我上小学五年级那年，我们搬进了镇上别墅式三室一厅的房子，我也跟着转了学。也许是自身条件还不错，外部包装更为我增添了光彩，还是插班生，一下子，我似乎成了"焦点"，走到哪儿都能吸引人的目光。我清楚地知道那是一种羡慕、爱慕的眼神，心里自然很甜。也似乎每天都会收到所谓的"情书"。但我并不把它当回事，无论是谁，我都没理。虽然有时候是会很任性，但对父母的教诲还是牢记在心的，从小爸爸就让我和男生保持一定的距离。初中三年，同样我也是在别人的羡慕中度过的。一切的一切都让我的虚荣心得到了很大的满足，渐渐地，在不知不觉中，也把自己捧得老高老高。可却不知道，举得越高，摔得也就会越痛。

231

上高一了，第一次离开父母的身边，离开那个温馨的"小牢笼"，爸爸担心从小娇生惯养的我一个人在学校住寝室会很不适应，所以就在离学校不远的地方给我租了间房子，还找了个同学陪我。日子过得很自在，也很平静。但这种平静是短暂的，他的出现，使我的生活掀起了轩然大波。就在进高中没有几天，我收到了一位"神秘人"的信，信封上没有任何东西。信是托高年级的同学给我的，打开一看，内容跟从前收到的那些都差不多，全都是那种肉麻兮兮的话，我没多想随手把信塞进了抽屉。那天晚上，我接到一个电话，他说他是高三的，白天的信是他写的，我没多睬他，没等他说完我就挂了电话。但他还是反复地打，虽然觉得很烦，但也不得不佩服他，这才几天，他居然知道我的班级，还有我手机号。第二天，他来找我，见到他的第一眼，我也说不清那是怎样的一种感觉，突然发觉心跳加快，脸也红了。他足足有一米八的个头，长得也很帅气，这种形象一般是在小说或是偶像剧中才有的。后来听八卦的同学说，他是学校篮球队的主力，还是学校"老大"级的人物，心里不禁就有了一种幻想……

渐渐地，我们间的交往也多了，有好心的朋友告诉我，让我跟他保持距离，说怕我会吃亏的，虽然他表面上人模人样，但整个儿一个花心大萝卜，换女朋友的速度比翻书还快。可在我心中他根本不是这种人，也许正是他的虚伪和自己的无知蒙蔽了双眼，有时候我甚至会有他比我父母更关心我、更疼我这样的错觉。我们之间的关系一直都很好，但我始终都没有正面答应过做他的女朋友，尽管他恳求再三。一次为了一点小事，让我很生气，我让他以后都别来找我。那天晚自修结束后，他来我住的地方说有事要讲，一进门他便哭着跪倒在地上，让我再给他一次机会，不要对他不理不睬。当时我整个人都傻掉了，像他这样的一个人，居然会跪倒在一个女孩子面前哭着求她，让她别不理自己！都说男儿膝下有黄金啊，都说男孩有泪不轻弹啊，可他却……我不顾一切地抱住了他，现在想想，那天我肯定是疯了。也许就是从那天开始，我们的关系正式确立了。从那天起，我把自己宝贵的初恋给了他，那段时间，我们真的很开心，这是一种前所未有的快乐。

但人生不可能是一切顺利和几乎完美的，你得到了什么，就要付出相应的代价。就在那段时间，家里发生了天翻地覆的变化，爸爸他们的公司出现了严重的经济危机,妈妈承包的宾馆也让人以高价标走了,家里的经济来源似乎一下子封锁了。不久,爸爸离开了公司,开始凭着自己以前积攒下来的本钱做点生意,有句话说得没错,"祸不单行"！人倒霉的时候,真的就连喝水都会塞牙缝,爸爸的生意总是亏本,还欠下了债,为了还债,最后不得不把在镇上新买的房子卖掉了,又搬回了老家。生活也没以前那么奢侈了,所以那段时间总是很烦,脾气暴躁,有时甚至有种不想回家的感觉,因为我不敢面对家里的变化,也不愿看到爸爸妈妈日渐消瘦、憔悴的脸。我并没有把家里发生的一切事情告诉任何人,包括他,我怕别人因此而对我有看法。我把所有的一切都隐藏得很好。但人心理承担烦恼的能力总归是有限的,总有一天会因超载而爆发出来。那段时间,我只要一心情不好,就会莫名其妙把火往他身上发,我多次跟他提出过分手,每次都没有任何理由的,可每次他总是令我感动,他哭着叫我不要。但毕竟人的忍耐也是有限度的,渐渐地,他开始无法忍受我这样动不动就要分手。最后一次,他接受了,在两个人的泪水中,我们结束了亲密关系。一下子,我整个人都崩溃了,我不知道自己在做什么。我是那么在乎他,可为什么每次都惹他生气,令他伤心？直到深夜2点多,我还是无法入睡,我拿起手机给他发信息,想挽回我们之间的关系,但他的回答,让我近乎窒息,似乎周围的空气一下子被抽空了,他的回答是"爱到尽头,覆水难收"。老天怎么能跟我开这么大的玩笑,它非要把身边的一切都夺走才肯罢休吗？它怎么能把原本高高在上的我,一下子摔入万丈深渊,跌得粉身碎骨呢？曾经一度,泪水是我唯一的陪伴,孤独、痛苦都拢卷而来,似乎非把我冲垮不可,那时,我心头甚至还闪过"自杀"这种可怕的念头。死对于死者来说也许是一种解脱,但留给生者的那是多大的悲痛啊,我很快打消了这种可怕的念头。

都说时间是治愈伤口的良药,但都一年多了,我承认我还是忘不掉他,尽管时间会逝去,但感情却没有减少,虽然有人说往日的恋情就像塔克拉玛干河一样,裹挟着巨大的忧伤从雪山顶上奔腾而来,开始时汹涌澎湃,惊心动魄,但流着流着就消失在无边无际的沙漠里了。我倒希望如此,但自己却做不倒,因为他总经意不经意地出现在我的脑海中,让我的心一颤,然后便痛起来。我本以为随着时间的流逝,再刻骨铭心

233

2005年

的痛也会淡漠，我本以为繁重的学业会使我全力以赴，无暇顾念其他，但我错了，似乎是命中注定，我永远忘不了他的。老师，到底怎样才能忘记不想记得的事呢？

自认为我是个多愁善感的人，也许有些事情根本是我不应该也没能力去管的，对很多人来说是杞人忧天，但我就是无法置身事外。对家里的一切变化，对爸妈的变化，我一直看在眼里，疼在心里。一向轻松惯了的爸爸，不再像以前一样下班便一头扎进棋牌室了，他会做一些力所能及的家务。体弱的妈妈也在家里摆上了两台绸机，无日无夜地接受着噪音的折磨。就这么短短的一年，我发现，爸妈都老了，两鬓的白发已悄悄爬出来了，这一切的一切都让我心痛，有时甚至有一种不想回到家的感觉，也许是我还活在幻想中，无法接受眼前的现实。这根本不是我想要的生活，我不想一回家便看到爸妈疲惫的眼神，不想还没进家门就先听到高分贝的噪音。

成长是要付出代价的，我现在真的深刻了解这句话的内涵了，随着年龄的增大，烦恼也像滚雪球一样越滚越大了，压得我喘不过气来，我真的后悔长大了！难道，这就是生活？老师，你能告诉我吗？

高二学生
2005 年 5 月 26 日

此时是 2017 年 5 月 8 日星期一 18:21，下了一天的雨。我在学校的心理咨询室里。窗外是被雨水浇得湿漉漉沉甸甸的郁郁葱葱的树林，再外边是池塘，池塘那边是学校的围栏，围栏外面是街道。

望着窗外渐渐浓郁起来的夜色，脑子里忽然冒出来一个想法：当年给我写这封信的这位学生，现在也是近三十岁人了，现在，此刻，她在哪里呢？

躁动的青春

高二的男生，主动到"心理氧吧"来找我。

很开朗，很阳光，一进门来就笑。我也笑。

生："杨老师，我这个人似乎有点不大好。"

我："是吗？你觉得自己哪些地方不大好啦？"

生笑，揉鼻子："在这里是不是什么事情都可以说？"

我笑："当然啦！我们单独谈的事情都是保密的。"

生笑，扭头看门。门开着，他进来时没有顺手给关上。我笑，走过去将门轻轻合上。

生："那我就说了啊！我这个人，从初三开始，似乎就一直需要身边有个女朋友。高一一年的时间，我的整个心思都在这个事情上了。"

我："是吗？时间可够长的——有收获吗？"

生："没有！我追过不下5个女生，但都没有成功。高二上学期为了追求一位上海籍的女生，还差点引起我们班和他们班学生的群殴。她后来转到另外一所高中去了。现在我是喜欢本班里的一位女生，常常控制不住地要去想她……"

我："噢，她知道吗？"

生："应该也有点感觉吧！但是没有反应。说实在的，我知道自己不该这样，知道应该以学习为重，但就是克制不住自己。"

我："噢，那你最近心情怎么样？"

生："很纠结！情感么情感很波动；学习么，感觉自己耽误太多，现在在普通班里都要排到后面几名去了。"

我："是够纠结的，做过什么努力没有？"

235

生："尝试过！可是我学习缺乏恒心和毅力,计划好的东西,常常连半个月都坚持不到!"

他父母在乡镇上开了一家厂,家里条件比较好,有小轿车(2005年)。父母管得比较严,也比较"到位",基本没有独立活动的可能。但管得住人,管不住心。初中三年常常夜里趁父母睡着了,一个人偷偷溜出去上网。上高中后为了让他住得舒服一点,父母在县城里租了一套房子,每天晚上母亲赶来陪他,第二天一早他上学后,母亲再赶回去上班。

自己也知道父母为了他操心,父母为了他付出了许多。但就是克制不住对女孩的这种冲动和渴望。担心哪天自己突然失控做出傻事,因此才来求助心理咨询教师,希望能够得到一些建议。

个人的基本情况,学习方面,基础不好,小学、初中以来"欠账"太多,一般的大学是没有希望的,只想考个艺术类的学校。独生儿子,家里条件好,缺乏吃苦精神。人善良,开朗。曾经尝试过靠学习来转移和升华生理和心理上的冲动,但觉得没有多少效果。

在商讨的基础上,我们共同制定改变策略:

1. 平时尽量将心事转移到学习上来,时刻提醒自己为了梦想中的艺术学校而战;

2. 课余时间多和同学(包括女同学)聊天、开开玩笑,在交往中求得心理释放和满足;

3. 每天安排一点时间,到操场上跑步或者打篮球,释放和转移生理的冲动……

一周后,我们交流执行情况:第1条执行不彻底,反反复复;第2条、第3条执行得比较好。

在此基础上,我们共同协商,制定出了一个"最后底线":

1. 高中阶段不要发生性行为;

2. 不做令自己和父母丢脸的事情;

3. 不做没有品位的堕落的人;

4.实在坚守不住最后的防线,就偶尔用自慰来缓解生理和心理上的压力;(没有不提倡、有了不反对、最好没有,分寸自己把握。)

5.积极乐观看待学习、生活:一切终将会有的。

几次交流之后,生活、学习、与家长的关系趋向正常和平静,没有出现过大的违规事情。其中第1、2、3条都能够做到,第5条完成得较好,第4条的事情有,次数和频率不知道。

举止"怪异"女生的成长之旅

一、人物标签

高二年级,女,理科班学生。

二、事件回放

A

希望自己能像个正常的学生一样学习生活,同学老师不会对我有什么"与众不同"的看法与偏见。有时,我很想只和周围的同学交个朋友,但又害怕我会将友谊毁掉。我很珍视它,但越珍视却越显得笨拙,而难以拥有。有时,我又觉得一个人独来独往的生活是很美好,很自在的。我总在逃避,当我在教室中,早上刚走进去,里面已有几个人了,我便很想一个人逃到厕所中去,在里面,很舒畅,只有我一个人——一个人的世界是如此的美好。我也有几个很要好的朋友,但我发现,有时我会很依赖朋友,什么事都同来同往,她们也觉得有些"粘人"。但有时,和她们在一起,又觉得有些不自在,虽是朋友,但我会想,一个人吃饭会不会更好呢?我可以慢慢地漫步在校园中,仅我一人而已。我很害怕人群,觉得和人在一起是种压力——有时甚至亲朋好友。我觉得我向往那种"隐士清淡"的生活,我觉得自己不适合这个社会。周围的同学都说我写文章写得很感伤,可我并不觉得,我只是把心中的想法写出来而已。我自觉有些"才华",可得不到"施展",我很想和他们很好地相处,可是被冷嘲热讽,甚至,连我自己都怀疑:我是真的有些变态,或者我是个妖怪?

我常常会做梦，梦中有"死尸、凶手、断臂……"待在教室中，我会不寒而栗，有种压力与恐惧……

（以上摘自其来信）

B

今天，我走出这个班（指文理分科前的高一班级——笔者），是被迫，是自愿，我无法回答。我的回答是无力的，是苍白脆弱的。一年后的今天，它就会不同，是成熟，是铿锵有力的。默默地吞下去。只有忍受常人不能忍受的痛苦，才能完成常人不能完成的成就。我相信我的选择，我相信我是与众不同的！

（以上摘自 2004 年 7 月 2 日的随笔——笔者）

C

血是红色的，天空是橘黄色的，除此之外，便是无边的黄色覆盖了你整个眼球的视线……

我决定把那些人带到这片荒芜了 50 多年的土地上，这儿有水源，有生命的颜色。

开始，他们不相信我，以为我这个疯老头在说大话，后来，终于还是决定随我去看一看。

在沙漠中行走是一种冒险的旅途，随时都有可能丧失生命，尤其在烈日中。可想而知，他们对我还是有些信任的。

刚开始，一切都还算顺利。就在我们走了没多长路之后，天空中突然起了一阵恶劣的沙尘暴，整个黑压压地围拢来，眼前顿时漆黑一片，痛得无法睁开眼，有种要窒息的感觉。我拼命地喊叫，耳畔只有撕心裂肺的风吼声，根本无法辨别。当一切都安静下来时，我才发现只有我孤身一人处在沙漠中——失散了！

（摘自其小说习作《断臂的战士》——笔者）

三、师生眼里

模样周正端庄，但脸上无论什么时候都是一副愁眉苦脸、痛苦不堪的表情。在走进教师办公室和被教师叫住谈话的时候更甚。

中考超水平发挥,以年级第一的成绩进校,但后来一直走下坡路。

在班级里不和人交往,独来独往,旁若无人。兴之所至总会有些出乎人预料的动作和声音,整个人给人一种怪怪的、与众不同的感觉。

在班级里极度敏感,常常认为周围同学在议论她,有一次后面几个男同学讨论与她无关的事情,她忽然转身和人吵,说别人说她坏话,并将其中一位同学桌上的书和讲义掀翻在桌上。

四、心理"咨询"

(一)情况概述

主动与心理教师联系,如约来到心理咨询室,仍然是那样愁眉苦脸、全身僵化,而且坐下后约半分钟才开口说第一句话。面谈时没有说几句话便开始啜泣,在近45分钟的谈话时间中,一直弯着腰,埋着头,俯身接近地面,双手神经质地将笔者递给她的餐巾纸在地上撕了又团拢来,团拢又撕……这个过程一直持续到离去。

第一次来访自述:我已经尽力地在改变自己,变得和他们一样,可他们为什么还要这样对待我啊。("他们"指班级里的少数几个男生。"这样"指周围人对自己的个性、动作的评价。自己觉得只要有自己在场,周围人便要彼此咳嗽,发出怪声,这些怪声常常搅得自己心烦意乱。)他们的举动已经令自己对人产生了一种恐惧感。

(二)分析及诊断

综合各方面收集的材料,基本可以确定问题来源于以下几个方面:

1.青春期特有的情绪和心理上的不稳定性。由于生理(荷尔蒙的作用)和心理(心理上的断乳期)的原因,青春期时代人们内心波动比人生中的任何一个时代都强烈,想要的多,而条件有限,种种欲望如同奔放的野马驱使羁绊在校园和书本里的心灵,还有自身不确定的认知……这是人生中的一个狂风暴雨时期。该同学的压抑和陌生感有很大一部分来自于此。

2.个性敏感的人的纤细的触角和易受伤害感。该生在很大程度上具有一种抑郁质人的特点。较高的感受性,精细的观察力,对外界刺激的敏感,缓慢的反应,迟钝的动作,对情绪深刻持久的体验,谨慎小心,内向压抑、不善与人交往,此外还有胆小、孤僻、忸怩、多愁善感、挫折感强和猜疑心……抑郁质人的这些特点该生无疑都已一一具备。过分的敏感和触角尖锐的神经,从这个角度上说,该生的问题有自身的气质和认知的原因。而她的那些关于残肢和墓地的梦便是这样一种个性和生活的折射。

3.环境的压力。该生的问题还表现在一种环境的压力,应该说这是后期的一种主要的压力。由于自己的独特的个性和与人不一样的举止,再加上平时又总是独来独往不与周围同学沟通,该生于无形中便给了人们一种神秘和怪异的印象。而人的心理又总是习惯于常常有意无意地排斥异己的,于是周围人看她的眼光便不可能不常常带了一种审视和异己。而这对她这样敏感、孤僻、多疑的人便常常不可能不构成一种压力。因此,尽管这不是在势利和等级观念强大的贾府,但她还是常常体验到"一年三百六十天,霜刀利剑严相逼"的压抑。她在人群中的恐惧感、孤独感,以及一个人逃到厕所里才有的自在和舒畅感,在很大程度上也是出于此。

4.学习上的压力。由于中考时的出色发挥,该生心理上可能不由自主地有种学习上的优越感,而要保持这种优越感和曾经有过的名次,又必须加倍地付出和努力。但学习上的事情常常在很多时候不由自己决定。在深感周围环境压力的同时,在深感力不从心的同时,该生不可能不产生一种焦虑感,而这种焦虑感则于无形中加重其心理上的压力。

以上,应该是问题的症结所在。

(三)措施及调整

根据以上的分析,我们制订了以下的调整方案并做实施:

1.重组认知。给其介绍人的四种气质类型以及每种气质人的不同的禀赋和特有习性。建议在生活中扬长避短,以提高自己生活和学习的质量。

在肯定其一些认识和习惯正确的同时,鼓励照自己的正确方式做下去,一切顺其自然,无须照别人的"标准"来衡量和改变甚至重塑自己。放弃自己的个性,刻意地去迎合别人是一件非常没有必要也是非常痛苦的事情,而且事实上也是不可能的。

人都需要友情,但不能期望所有人都能够成为自己的朋友。期望过高,往往失望也就越大。

241

对于一个一心想要学好而且比较自律的同学来说,学习只要自己做到真正的付出,必然会取得应有的回报。从这个角度上说,人应该自信地去学习、生活,做自己喜欢做的事情,不必对周围人的议论有太多的顾虑。

2.行为调整。肯定了她对文字的爱好。在不影响学习的情况下,认可其借小说和随笔,来排解生活中的负面情绪和压抑心情,求得心灵的平静和解脱。

同时鼓励其在课余时间多散步,参加一些体育活动。

3.环境改善。在取得案主本人同意的前提下,心理咨询人员与班主任和科任教师做了必要的联系与交流,一致为该生提供一个友爱与宽松的学习生活环境,尽量减少无意中刺激她的事情发生。

另外,班主任通过班干部和学生骨干,同寝室的同学协调好,积极主动与她交往,积极主动帮助她。最低限度是不要刺激、嘲笑、挖苦她,以免加重她的心理负担。

五、干预效果

该生前后共有过两次直接接触,都是采取面谈的形式。第一次主要是疏导,并做了些必要的暗示和建议。那之后她写来了一封信:

跟您的谈话,我得到了很多启示,忽然之间也就更加肯定了自己的人生价值。每个人都有或这或那的烦恼与缺点,正由于这些才更知快乐与无忧的来之不易。世上有很多很多不同类的人,如此才组成了一个世界,大家相同,也谈不上人们与世界,更何来个性与异同? 当然,有些事还是在脑海中沉沉浮浮,毕竟我只是位女生而已,女生,具有与生俱来的胆怯与害怕。一次谈话,滤走了溶液中的颗粒沉淀,但还有许多的细小的粒子,希望您来分离。

明天,下午第四节是活动课,不知您是否有空。我来,行吗?

而第二次接触则是巩固她的认识和变化,共同协商今后烦恼的应对和环境的改善。

该生后来没有再来访。从侧面的了解得知,她的适应能力已经有了明显的提高,与同学相处比较融洽。在期末考试中,成绩已经有了明显的提高。

六、干预手记

1. 充分尊重和肯定学生合理个性的教育才是真正意义上的素质教育

世界上没有两片完全相同的树叶，世界上也没有两个完全相同的人。人，作为一种生命的个体，由于其不同的遗传基因，不同的成长环境，以及不同的生活体验和教育，其个性、禀赋、爱好及生活习性也不会完全相同。

而作为培养人才的学校，鉴于种种原因和现有条件，在从事教育的过程中常常很容易忽略甚至漠视了人的个性，按照完全统一的标准和尺度，要求和培育整齐划一没有个性的人。

群体的最大好处是能够让人在获取信息的同时彼此得到交流，从而打破内心的孤独感。但群体的最大的弊端则在于常常压抑甚至漠视了人的个性的存在。

这位学生表现出来的是环境适应和认知的问题，但更深层次的则是一种个性的保持与弘扬的问题。

综合其整个问题来看，她不但不应该"尽力地在改变自己，变得和他们一样"，相反，她应该保持自己的这一对人对事敏感的个性和体验，从自己的这一特殊视角去理解生活和人生。

2. 对学生的行为和认知的调整一定要尽可能地与环境的改善相结合

对环境适应困难和存在某种程度障碍的学生进行行为和认知的调整，一定要结合环境的改善和师生的配合来进行。

人是社会的人，人的心情和情绪很多时候除了受气候和自己的认知影响外，在相当的程度上还受周围环境的左右。对处于青春期的少男少女尤其如此。

因此在对他们的心理困惑进行疏导与干预的同时，一定要取得环境的支持。有了外界的支持与配合，对于个体的调整和改善将会更加有把握和保障。

243

少
少
足
迹
烟
雨
中

与单相思男孩的几次通信

如果前面说的小学时那个苗族女孩算是我的第一场单相思的话，那这样的单相思在后来的初中、高中和大学也发生过，而且不止一场……

杨老师：

您好！我现在很苦恼，你能够帮帮我吗？以前我总觉得自己怎么活是不受任何人影响的，可你知道吗？我现在脑子一片空白，心情非常差。

我喜欢同班一位女生，而且她就坐在我前面，我很怀疑我自己。我是去年上高二时才认识她的，才几个月我就发现自己喜欢她了，杨老师，你说我这正常吗？

上个学期，我很快乐，因为我们经常聊天，每次我都会很开心。我有一次差点跟她说我喜欢她。可终究没有说，我怕会影响她的学习，当然，我也怕她说"不"。她是个非常优秀的女孩，她在我们学校拿××奖学金，考试总是名列前茅，有时我都觉得自己很自卑。

寒假里，我让爸爸给我买了台电脑。那时我有个想法，就是把我的想法在网上告诉她。因为我知道她自己有台电脑，经常上网。说白了，我买电脑也主要是因为她。而我也就欺骗了爸爸，我骗他我用电脑主要是学习。虽然我家不穷，但这毕竟是爸妈辛苦赚来的，我很过意不去。

现在，我们之间已经无话可说了，我也不知道为什么。她现在和一个男生很要好，在别人眼里他们就是"一对"。我每次在她后面看他们谈得很开心的样子，我真的很心痛，有时真觉得想哭，因为我是一个脆弱的人。

我现在在学习上总不能专心，脑子一片空白，有时我也想过换个班级，可是怎么向爸妈解释，毕竟我是在他们的期望中考上创新班的，而现在换班，我不知道该怎么办⋯⋯

有几次我想去找你的，可不知道你的办公室，问同学也不知道，我真的很需要你的开导，帮帮我吧，杨老师！

高二学生××

2005 年 3 月 5 日

第二次来信——

杨老师：

自从上次你跟我谈过之后，我也试图改变什么，可是事实上却丝毫没有变。

我想和她讲话，可我发觉我自己根本插不上话。每次下课，我都会去阳台上，一个人呆呆地望着远方，脑子一片空白。

世界上最遥远的距离并不是天涯海角，而是明明无法抵挡这股思念，却还故意装作丝毫不把你放在心里。我以前有些不解，而现在，我体会到了，这种心情只有经历过才会知道⋯⋯

高二学生××

2005 年 3 月 20 日

回信——

××同学：

你好！感情上的痛的确一时间很难从心里根除。这种刻骨铭心的经历的确也只有经历过的人才能够体会。

然而如果不夸张地说，每个人的一生中或早或迟又都会有这样的经历，只是有的人把它写成了诗和小说（那就成了艺术品），有的人写成了日记，而更多的不善于写的人则把它埋藏在心底深处只让自己一个人知道。

2005 年

你现在正处在这种经历的最深处吧？心情的抑郁、刺痛，还有那种痛苦的思念是最难免的。

生活中并不是所有的痛苦都能够根除，那是生活的一种体验，甚至那本来也就是我们人生内容的一部分。所以我们很多时候只能够背着这包袱前进。我们唯一能做的只能是不让自己被这包袱压垮！

于是很多时候，我们的确就只能够去阳台上走走，找同学聊天，或是一个人默默地品尝内心那份强烈的执着的思念。

一次的谈话不会滤去多少痛苦，你这样不轻易动感情的人，一旦动了感情要忘记它那更是不会那么快。

但是不管怎么样，我们也得忍受下去，学下去，在忍辱负重中学，求得学习上一点一滴的长进——你说对吗？

我在想，你此刻的心情和处境，在完成学习任务的同时，去找些令人刻骨铭心的诗歌和其他文学作品来读读倒不失为一种办法——既舒解了内心的酸楚，同时又丰富了自己的文化底蕴！你说对吗？

杨老师

2005 年 3 月 22 日

结巴男孩

我得承认，我基本上没帮上他什么忙。尽管我们在 QQ 上交流了那么多次，尽管我给他说了那么多。时隔 6 年，他已经快研究生毕业了，我见到他（是我第一次见到他，以前都只是手机或 QQ 联系），谈话期间，我面对他，目光关注，回应。

开始他的表达很有条理，也还算流畅，尽管有些地方语速是比一般人慢些。到后来，他想要强调一些问题的时候，就开始偶尔出现一些反复、结巴。而当他父亲认为他讲得不清楚，在旁边开始补充的时候，他额头上的汗水开始冒出来，脖子上的青筋凸起，说话就开始真正结结巴巴起来。

到最后，他说话简直就像是北方老人们扭秧歌那样，进进退退，反反复复，一句话说了半分钟都还没有说完整。他父亲还在旁边一个劲地说"慢点说，好好说，你急什么急？"到最后，看到儿子越来越结巴。

父亲终于绝望了，苦笑，无可奈何地望着笔者……

247

2006 年 10 月 15 日致父亲的短信

爸爸，这几天我又非常口吃了，你能不能找到一个心理医生啊？

你能不能找到？我 8 号之后特别严重，放假前几天特别流利，这说明跟心理很有关系，今天迟点睡没有关系，明天是周末，我想把一些困扰和你说说，然后你帮我去问问心理医生好不好的啦？

那我就说啦，4 天后就成年了，我想开心，手机费用浪费点也不管了。

今天一位同学说我说话有点累，我就为这事痛苦一天，话都说不出。

心情好时说话很好,一下子心情差就不行。

英语课老师要提问,我害怕,我就为这天天担心。

同学们在打电话时自己很羡慕,而自己不敢打,只打给高中同学,但很不满足。

同学们在交流时也很羡慕他们,他们敢大胆问问题,而我不敢。

我不敢打电话,但敢接,我不敢咨询,但敢答。我在服务台时不敢说请问什么,但敢说替我办什么(这也不是完全敢说)。

只不过中学时体会没那么深,我也想试,但那么多人,我也不敢。妈妈说我根本不想改,其实从高二开始我满脑子都在想口吃,已超过学习了。

其他心理困扰也很多,我非常在乎别人对我的看法,在社交场合感觉紧张,我一听到别人说话就想到我有口吃。在1月份要体育长跑,我现在就已忧心忡忡了。

那么我小的时候什么时候有口吃的,是怎么产生的?是不是口吃的人语言表达能力就很差了?你把我这些都去问问心理医生吧,我可能还有问题,就明天再聊好了。

这几天我的心情很糟糕,比哑巴的人还要难过,我的那些短信应该没删掉吧?你今天帮我去问问杨老师让他具体说说应该怎么做而不是笼统地要靠毅力。

2006年10月23与笔者的QQ交流

生:我现在有很大的忧虑症,比如老师说期末考试体育要考2400米,虽然我还有很长时间,但是我提前3个月就已担心了,而且天天担心,这应该怎么办呢?还有对口吃这毛病我也天天苦恼,本来我接电话是不怕的,但我前天在接电话时也变成这样了,于是我变成接也怕了,我天天都害怕寝室里的电话会随时响起,于是也变得很郁闷,怎么办?在上英语课时,老师老是提问并且老是叫人朗读课文,这对我来说是最怕的了,我每次都害怕上英语课,所以天天都为这事而担忧,而且我有事情也不敢向老师同学服务部等去说,就怕说不好,我知道你肯定会说叫我大胆开口，不要怕口吃，但除了这方法外还有什么呢？现在复旦大学附属医院有个矫正这病的方法，你能帮我打听吗？谢谢。

生：我要的不是像我爸老是给建议的那些谁都知道的答案，而是对我有实际用处的，多谢了。

我：你好！我仔细地看过了你的留言，感觉你的"口吃"——也就是你自己所谓的"病"，并不是病！它的真正的来源其实在于你内心的紧张，而你内心的紧张很大一部分原因又可能来自你的幼稚和不成熟——这其实是我们这个年纪的人的一种通病！我很想知道，你身高多少？体重多少？几岁上的学？是不是比别人早读书？还有你平时是不是很内向，不大和别人交往？你肯定是属于那种比较典型的乖孩子——在我们现在的生活中，很多乖孩子其实胆子都很小，也很幼稚和不成熟！乖孩子刚刚离开家，到外地上大学（甚至上中学住校），都有个适应的过程，也就是说，要经历一段时间的痛苦的心灵的磨炼！看见我的话后，你先回答我上面的几个问题，其他我们下次再好好聊。你别太着急好吗？bye bye！

生：身高172—174cm，体重74—76kg，8岁上学，在义乌来说正常年龄，但小学只有五年制，大学同寝室中我最小，性格在熟人面前比较外向，也比较会说话，但在生人，或不大交往的同学，或所有的老师、上级面前则完全相反，从不爱主动说话。你为什么说我算比较轻，可以调节，是不是为了安慰我？我从高二开始就苦闷了，但在高一以前恰恰相反，我最喜欢的就是在全班人面前说话。朗读课文，我以前敢的，现在什么都不敢了。这反差怎么能让它缩小，就是让现在去靠近以前的心态，你能帮帮我吗？谢谢！你所肯定的那些一般都是符合的。

我：你能够回想得起来高一、高二时候的生活吗？那段时间有没有具体发生什么让你难忘的事情？在课堂上、课堂外？或者是在学校、在家里？你能够仔细回想一下吗？我说你算比较轻，可以调节，并不是为了安慰你！因为你的烦恼说是烦恼也是烦恼，要说不是烦恼，也的确算不上什么！你去过农村吗？你看过哪些住在破房子里的人吗？你看见过那些打工的人吗？你看见过学校里的那些贫困生吗？还有那些生得特别矮小的、瘦弱的男生！他们比你更加不幸，不是吗？而你呢？身体好，强壮，家里经济条件比较不错——说句开玩笑的话：女生们最喜欢的男孩子就是像你这样的人！呵呵！你相信不？

而口吃算什么？不把它当成一回事情，它就什么也不是！

我感觉得出来，你是个比较勇敢的小伙子，你一直在努力地想改变自己的"毛病"——不是吗？而且也感觉得到，为了改变自己的这个所谓的"毛病"，你已经看过一些这方面的书和资料了。对吗？矫正口吃的一个原则，就是"顺其自然"，要求父母和老师不要过多地强调孩子的这个问题，要求孩子自己不要太在意自己的这个问题。一切"顺其自然"下去，到了一定的时候，这个所谓的病自然就会消失的。然而你爸爸妈妈过多地要求你努力改掉这个毛病，当然他们主观上也是为了帮助你，但是在客观上，却起到了一种吓唬你的效果——让你觉得这真是一个天大的毛病了，让你觉得如果不去改掉的话，就找不到工作，找不到女朋友，就不能在世界上活下去了……还有你的同学，他们一半是出于孩子气的搞笑（学你说话），一半是出于对你的关心（当然是一种幼稚的关心），他们常常是说过之后就没有事情了，很多时候甚至只是随口说说的。但你却被他们的话吓住了，真以为自己是得了什么"不治之症"，于是，忧心、焦虑、恐惧，甚至是绝望。于是就越想改，而越想改也就越改不了——我甚至还能够感觉得出来，因为这个原因，你有点怕跟人接触了，对吗？

生：可我的问题就是不能很好地顺其自然，要是真能这样，我也就不用怕了，还有那个刚考上大学的人他现在状况如何，和我哪个严重？

现在我连最基本的打电话，咨询都不敢了，你说这正常吗，我应该怎么办？我就是做不到顺其自然。

我：你说得太对了，很多时候我们都想做到"随其自然"，而且也知道，对很多事情，必须做到随其自然，可是具体落实到生活中，我们就是做不到！或者说是一时半会做不到。其实，这正是我们每个人的成熟的一段历程。而当哪天我们能够做到一切"随其自然"了，我们也就真正成熟了！人的成熟（身体的成熟和心理的成熟）总不是一帆风顺的，总要有许多的坎坷，甚至是误区。你一直以来，比较的善良、懂事，对人真诚，做事情细致认真——这是你的收获，不足的是，在以往的生活中，你有点内向、腼腆、害羞、胆小，独立生活能力不强——这是你的弱项（其实现在的独生子女像你这样胆小和脆弱的人有很多很多！），当然，同样是弱点，你们的脆弱和胆小，与那些在成长道路上变得品质败坏、油腔滑调、玩世不恭，甚至是损人利己的不良青年比起来，则又幸运得多了！不是吗？因为我们的本质都很好，我们只需要再"补"一点社会方面的课，多一点锻炼，让自己变得成熟起来就行了——不是吗？

　　生：可我还是不能够明白，那我又应该如何去克服这种心理上的不成熟呢？我现在总会这样认为，我现在连哑巴都不如，他们反正都已经不会说了，他们也就放开了，而我却始终放不开。我还忘记不了高二时的一段经历，我和一个同学说话，另一个同学说你和他说话连你也变结巴了，和我说话的同学说我是危险品，以后不和我说话了。我知道这是开玩笑，后来照样和我说话，但是我的心理始终就有种感觉。那应该怎么办呢？还有你说只要品行好就什么都好，但好像从我的现实中却不是这样的。我的口吃就好像被人看不起，有些人一看到我就会笑，但我知道这笑绝不是微笑，这是怎么回事呢？

信那边，泪流满面的高三女生

肯德基店里，那个被青春辣哭的女孩——

杨老师：

你好！我想我肯定是疯了，不然我怎么会有这种不可思议的想法呢？

遇到他以前我是个阳光明媚的女孩，遇到他以后依然是，但双子星的另一面似乎有些蠢蠢欲动。喜欢上他也是一瞬间的事，但理智告诉我，这是绝对不允许的，他是我的老师，早已经有了自己的家庭。

也许高三的生活真的太单调了，心里的空虚慢慢地滋长，对高考的恐惧，让我好想找个温馨的避风港躲起来，而他似乎总能给人一种安全的感觉！只有在他的课上，我会静下心来，听他讲他喜欢的地方，喜欢吃的东西，他说他喜欢每天早上喝上一杯纯奶，既可以补充能量，又有利于身体健康，还可以养颜。于是，我戒掉了每天必喝的酸奶，改喝纯奶，喝惯了酸奶，总觉得纯奶好淡，但想到他说过的话"纯牛奶可以养颜，特别是女孩子，更应多喝"，我还是会把它甜甜地喝下。

今天是星期天，照例下午上完两节课后，我跟同学结伴上街瞎逛，逛累了，习惯性地我们进了肯德基，我喜欢坐在靠窗的位置，因为这样可以看见窗外发生的一切。看着窗外穿梭的人群，我四处张望，似乎在搜索着谁的身影，我低声告诉自己，他怎么可能出现在这里？！但也许是老天对我垂怜，一个熟悉的身影从我眼前晃过，我确信这不是我的幻觉，真的是他！还是那么温柔灿烂的笑容，他身边还有一个人，看上去纤细而精致，她挽着他，看上去很幸福，因为有他在身边吧。他给她安全感，给她呵护，给她爱，给她一切一切……渐渐地他们从我眼前消失了。"怎么哭了?"等我回过神来才发现脸上湿湿的。"没有,今天的烤翅好辣!"我躲避话题。"没发现啊,还不是跟平时一样。"我没有理会她,我陷入了失意中,无论怎样,我都不能从这种思想中挣扎出来。尽管我明白,他永远不会发现微不足道的我的存在与伤感,我又有什么资格在这里胡乱愤懑与嫉妒呢? 我安慰自己,我被刚才的场面感动了,但心是最透明的,是任何虚伪的东西都欺骗不了的。这是一种内心流离失所的荒芜,我想这不应该是我该承受的。

我明白,他只是我一手捏造的海市蜃楼,只是一个虚幻的梦,只是一种孤寂情感的寄托。我知道,过多的迷茫与失意,对自己有害无益。我告诉自己,是该醒悟了,沉沦只会心碎。

这一夜,我失眠了,不停地问自己,对他,我是出于简单的爱慕,还是真正地倾注了爱恋之情,我渴望得到的是心灵深处最真切的答复。夜深人静,辗转反侧,时钟以它固有的频率,不食人间烟火地前进着,不会因为有人陷入痛苦而加快前进的步伐,也不会因为满足有些人追求快乐的永恒而定格在一刻停滞不前。夜更深了,时钟滴答声更清晰了,似乎在提醒自己,算了吧,何苦如此逼迫自己!

这一晚,我没有得到任何的答案。我强颜欢笑告诉自己:我的幸福不可能是他,何苦呢? 可瞬间,又是泪流满面。

杨老师,我这是怎么了?

是在第一个学期收到的信,没有地址,也没有落款。只知道是个高三学生,一位女孩。

手机"掩体"后的女生

时间:2007年2月19日

交流方式:手机短信。

杨老师,我是一中的一个高三学生,我现在有好多烦恼,好想找你聊聊,可以都保密的吗? 杨老师,我是个女生。

我现在饭店吃饭,待会跟老师聊,老师不忙吧?

我成绩一直不错,是好班的,一直都在前10名。我长得也还不错,追的男孩子挺多。就在追求我的男孩子中,我选择了我的男朋友。

这些都是高一的事了,所以我跟他也交往了快2年。可是2个月前,我们分手了,这让我情绪很不稳定。我哭闹着挽留他,他说累了。

他成绩不好,是普通班的,以前他追我时他身边的人都说不可能追到的,即使一起我也马上会甩他,可是我们一直这样过来了。

我当初就喜欢他的单纯,人挺幽默,根本没考虑什么配不配的,而他自己说过他是配不上我的,我们之间是有差距的。我因此也有优越感吧。

我在家很受宠,脾气很不好的。也总在他面前乱发脾气,他一直很包容的。杨老师,我有时是很过分,冲动时说得很难听,也打过他巴掌。

他都忍下来了吧,在一起那么久我每次吵架也总提分手,其实这次也是我提的,但他居然答应了。我挽留他再也没有回过头。我已经习惯身边有个人疼爱我,陪伴我,没想到他会离开我。他说太累了,我们不适合。我们是在12月前一天吵架的,他第二天去杭州学画画了。所以没见面,也刚好错开了。我于是天天发短信打电话给他,他原先说考虑,后来更铁了心,而且说我好烦,说他讨厌我了,我真的想不到。

我知道现在应该放一放,高考啊! 我成绩不错,老师和父母叫我考一本的,我却因此退步,我才发现自己陷得很深。

　　我想他应该没有欺骗我感情的,他以前对我确实好,所以我才感动的!

　　……

　　……

当青春女孩遇上"暴力"男

杨老师吗？我是三中高三的学生。我有些事想找你聊聊，行吗？
（2007 年 12 月 29 日 22:15）

现在吗？你在哪？

在家。用手机聊吧。（2007 年 12 月 29 日 22:24）
啊，哪方面的？这么晚，你爸妈不说你？

他们睡了。（2007 年 12 月 29 日 22:28）
你说说看。

我在高二的时候，我们班的一个男生追我，我觉得他对我挺好的，
就答应了。到后来发现他这个人和我脾气不合，所以就总是和他提分
手，但他总是想方设法地求我不要和他分。后来就没分。（2007 年 12
月 29 日 22:28）
现在对学习影响大吗？你觉得？你和他的目标是第几批？

关于学习的，也有其他的。（2007 年 12 月 29 日 22:29）
他发现我是留不住了，就在回家的公交车上，诋毁我的名誉，为的
就是让别的男同学不要看我，那他就不用怕有别的男的会和他来抢
了……（2007 年 12 月 29 日 22:38）
这样啊，那明年你上高校了，他又用什么手段？

他这个人有暴力倾向，我以前总是被他打，在同学面前，他也照样

打。现在他总是来骚扰我，故意在班主任在的时候，走到我桌子旁，来拿我的东西吃，为的就是让班主任以为我们好像还在一起……（2007年12月29日 22：42）

还有吗？

你听我说完啊！就这样大家都以为我人品不好，都在背后说我坏话了。我们现在分了。（2007年12月29日 22：43）

似乎他也不怎么买班主任的账？对吗？你一般都怎么处理的？

他到现在还限制我不能和别的男的讲话。要是看见我和别的男的开几句玩笑，他就会传张纸条过来："你给我识相点，不然后果自负！"有时还会当着全班人的面骂我"婊子！"（2007年12月29日 22：48）

你像被软禁？他家里是不是很复杂？你们学习成功吗？

他爸妈把他当宝贝，什么都听他的。我学习下降了，他反正只有那么一点。我高二分班时本来应该进重点班的，但一个普通班只能有两个人进重点班，我们班的一个人靠关系进去了，我就被挤出来了……（2007年12月29日 22：56）

我只能乖乖地听话，有时则火得敲书，打桌子。要么只能一个人默默地流泪。今天我想起这些事，想想又哭了。（2007年12月29日 22：57）

如果不按他要求做，你估计他会怎样对你？

他说他会把我弄得生不如死，他说他大不了不读书了。他已经吃了好几张严重警告了，况且他不想读书了。（2007年12月29日 23：04）

现在你打算咋办？你考文还是考理？

理科的，我想考警察，但现在发现成绩不够了。我该怎么办啊？（2007年12月29日 23：07）

没和爸妈说过？

没，他们知道的话，我别想活了。（2007 年 12 月 29 日 23:10）

你觉得单靠自己能处理好吗？

所以我来找你了啊！（2007 年 12 月 29 日 23:12）

他这个人，如果我对他很好，他就不会来弄我。但我无法对他好，我做不到啊……（2007 年 12 月 29 日 23:14）

所谓的好是个什么概念？

就是平时多关心关心他，但我的朋友都反对我们在一起，况且让我怎么能对他好呢？对他好，别人又以为我和他在一起了，最怕就是老师也这么认为就惨了。何况我见他就头大，我的脾气也比较倔，所以每次他和我来讲话，我都会爱理不理的，还总是朝他吼，弄得他很没面子，他就越要弄我……（2007 年 12 月 29 日 23:17）

总会有办法的。晚了，先睡吧，明天上课呢！

杨老师，这手机不是我的，我明天就要还给别人了。以后我就不能和你联系了。还有你不要把我的这件事当作上课的教材噢，同学一听就会知道是我的。（2007 年 12 月 29 日 23:30）

那是当然的，你放心好了。也希望你理智冷静地对待和处理好这事……

一位大一女生的心结

这是一轮来自大学校园里的"咨询"。

第一封来信——

杨老师：

　　我是去年毕业的学生，现在有一些问题想要请教你，希望你能抽出时间回我的信。谢谢！

　　自从上了大学，学习变得轻松了好多，以前上高中的时候，因为心里想得最多的，是高考。没有时间去想其他的事情。我有一个并不完整的家。我以前总是借学习的借口逃避着，可是，当现在空闲了下来，会去想很多事情。本来这一切我都能忍受，可是，我想事情的转折应该出现在寒假。

　　我不知道老师有没有听过那样一个故事。一个小孩摔倒了，当只有他一个人的时候，他会自己站起来，可是，如果有个爱他的人在旁边关怀，他就会狠狠地大哭起来。现在的我就是那样。现在有个很关心我的人，他知道我家里的情况。他知道我心里的难过。面对他的关心，我只是像那个小孩一样，变得无法忍受以前的悲伤。

　　我身体很不好，老是生病。都是些小毛病，可都是忘记照顾自己的后果。当我心里难过的时候，我就晚上一个人在操场跑步，或者到处走。我最近失眠变得很严重，一天不能睡几个小时。也因为这导致了一大堆问题，偶尔睡着，也会做噩梦。从很久以前开始，我就这样，每隔一段时间，就会每天做噩梦。

　　我上个星期去找了学校的心理老师，可是和他聊天并没有让我觉得轻松多少。他说，我需要和过去告别。可是，我做不到，真的不行。他和我约好了每个星期五见一次面，我不知道这到底有没有用，不知道还该不该去。

我是个很没有安全感的人，以前在学校的时候，我有想过找你聊天，或者写信给你，可是，我怕，我怕人家会知道我家里的事，知道其实我并不是那么坚强。现在，有人关心，有人那么担心，我觉得我不能像以前那样对自己无所谓了，所以才去找我们学校的老师。可是，我发现他并没有像你那样让我觉得信任和能让我看明白些什么。

事情很多，有些事我还说不出口，我真的要和过去分离吗？老师，我希望你能给我些建议，我们以后能常联系吗？

最后，祝一切都好！

SXX

笔者回信——

XX同学：

你好！因为忙，今天才得以坐下来看你的信，让你久等了，对不起！

首先衷心地祝贺你！终于结束了压力重重而又有许多规矩和束缚的中学生活，走进了相对自由和个性的高校！

大学是个性张扬的时代，因为如此，以前靠着学习一直压抑着的一切也就喷发出来。从这个角度说，大一、大二是多事之秋，是心灵的过渡期！既然是过渡期，那肯定也就免不了一些苦闷和迷茫！

如果没有说错的话，你中学时代一定是个比较乖、比较听话，也比较循规蹈矩，同时又有一点内向的女生！你中学时候的乖更多的不是出于你的懂事和成熟，而是你的压抑和幼稚！

正是因为这样，你在大学里的这个心灵的过渡也就会来得格外艰难！

中学时代痛过的人，到了大学里，痛得不太剧烈；中学时代一直回避和压抑着的人，到大学苦恼相对要重一些。人，成长是艰难的，好比是过桥，早点过，迟点过——你的中学相对比较平静和单纯，你是把这桥放到大学里来过了！

其实人要避免烦恼几乎是不可能的事情！我们没有办法回避人生各个时期的那些烦恼，但我们可以掌握一些排解烦恼的方法！

你说你心里难过的时候，晚上一个人在操场跑步，或者到处走——这些都是比较好的方法，除此之外，还可以心理咨询、向关心你的人倾诉、选择一些轻松的音乐听、看书……唯一需要掌握的度是：这些排解烦恼的方法不要伤害自己，同时也不要伤害别人！

十几年来积累在那里的情绪不是几天就能够"清理"干净的，你要有信心、有耐心、有韧性。只要坚持，迟早会渡过眼前的这个难关的！

你是在哪里上大学？学校的心理老师是男是女？多大年纪？在目前这个情况下，你还是每周应该去一次。当然，如果你觉得有必要，也可以继续和我联系。

再聊！祝你开心！

杨老师
2007 年 4 月 24 日

第二封来信——

杨老师：

你好！

首先，我很感谢你能在百忙之中抽空回我的信。如果可以，我希望能保留自己学校的名字。也许你会以为那是无关紧要的事，但是，不把一切都说得那么明白，让我比较有安全感。

我现在的那个心理老师是男的，大约 30 岁。和他聊天的时候，感觉老是出现冷场，当我不知道说什么的时候，他也只是沉默。我希望他能说些什么，比如给我些建议什么的。我不知道老师为什么会说我幼稚，这让我很接受不了。我一直以为我是很懂事的孩子，而且所有的大人都那么说我。当然，并不是他们那么说我才那么认为的，我是真的那么看自己的。我可以承认我真的是比较压抑的一个人，我把什么都放在自己的心里，从来不和别人说。

现在，我突然越来越觉得自己情绪很不稳定，当然，那只是心里的，我并没有把它表露在外面。我有尝试着找人倾诉。那天晚上，我刚想

261

把我心里的想法告诉一个人,他就告诉我他很困,想睡觉了。我知道他是无心的,可是,我是好不容易才鼓起勇气想要告诉他的,那让我的心里特别难受。最近老是做梦,梦见自己自杀,我不知道那意味着什么。有一次,梦见自己跳楼,在下坠的时候,我依然记得那时的感觉,不是害怕,而是解脱一样的舒畅。难道我的潜意识里真的有那样的想法吗?现在,我老是有一种内疚感,觉得自己很对不起家人,我觉得自己什么都不好,有时候我甚至会觉得,我活着,就是不让家人承受一次失去亲人的痛苦。有时候,我也会被自己心里那样的想法吓一跳。他说,那么我呢?你就没有想过我吗?我不知道我现在恋爱是不是个明智的选择,我害怕把我心里那些不愉快的东西带给我在乎的人。现在的我,只是渴望能平静地生活,不想经历太多的跌宕和起伏。

等一下就要去和心理老师见面,说实话,我有些胆怯,不知道该说什么,也不知道他到底能给我带来什么。

最后,祝您一切都好!

ＳＸＸ
2007 年 4 月 27 日

笔者回信二——

ＸＸ同学:

是不是恋爱对你的冲击?

恋爱中的某些付出引起了你心灵的某些震撼和内疚?

并进而牵动了你过去生活中的那些一直藏在心灵深处的东西?

杨老师
2007 年 4 月 27 日

第三封来信——

杨老师:

你好!

恋爱的确给我带来了很大的影响。我想老师一定还记得我最开始说的那个故事吧。不知道为什么，谈恋爱以后，好像感觉自己变得脆弱了很多，突然变得想要倾诉，想找个人说话。

我喜欢有人在乎的感觉。可是，由于过去的经历，我很害怕失去，我希望能完全拥有。但是，即使很渴望什么，也不会说出口。所以有时候，就会很痛苦。因为比较敏感，所以想的也多，那样就加重了我的失眠。

我在潜意识里，觉得以我的情况，就是要好好学习。谈恋爱需要很大的代价，我怕我因此而影响了其他方面的事。所以，当回家，或者和妈妈发短信的时候，就会特别难受。妈妈要我好好念书，我却在做这样奢侈的事情。

可是我又无法割舍这份感情，我把它当作我生命里唯一份感情看待，不是很多人一样打发时间，或者只是太孤单。

老师，我应该谈恋爱吗？它和我现在因为过去的一系列事情有关系吗？

S X X

2007 年 4 月 29 日

笔者回信三——

X X 同学：

无论从年龄，还是从现在的生活来说，都已经是一个没有必要拒绝的时期了！

更何况也拒绝不了——内心深处，谁没有对感情的向往？！谁不想日子里有个疼爱自己同时也让自己疼爱的人？！

"孤舟一叶任自流"的人是有的，如果是自己的一种选择，那他一定是个非常有定力的学生，是个比较难得的理想主义者！但，我们一般人却做不到，所有我们就选择了随大流和平庸！

然而爱情的到来又总要失去些什么。对女生来说，尤其是在将自己的心和身体付出去了后，又难免那种失落，有的人甚至会产生一种自己已经不再纯洁的难堪感！越是以前乖和纯洁的女孩这种失落和对父母的内疚便会越重！

2007 年

其实,既然是个可以不拒绝爱的季节。那爱了也就爱了!毕竟,爱是一种崇高的情感的体验,而不是犯罪!只是在爱的时候不误自己的学习、不引起一些不必要的后果、不像我们周围的少数人那样过多地放纵自己肉体的欲望,一切也就无可非议——不是吗?

祝心情好!

杨老师

2007 年 4 月 30 日

第四封来信——

杨老师:

您好!

我现在有在尝试着去接受,可是,我很害怕它对我造成的影响。就像有种说法一样,叫作"痛并快乐着"。

我们在一起的时候,每当谈起那个话题,就会出现冷场。我实在是不知道应该如何开口。有几次我试着去说,可结果总是最后哭得很厉害。我不知道这到底好不好,是不是算宣泄的一种方式。可那感觉对我来说,就像是被赤裸裸地置放在阳光底下。

也许爱情是一种疗伤的方法,可是,我总是会担心以后的路。我希望能一路走到底。可是,大学里的爱情,有多少能走到最后的呢?我是不是想得太多了?

对于爱情。我更多的,是停留在理想的层面上,我从没想过在现实中,还有那么多其他的情况。老师,两个人走到一定程度后,是不是一定会发展到身体的接触呢?这个世界上,有没有柏拉图式的纯精神爱恋呢?

祝您一切都好!

S X X

2007 年 5 月 8 日

笔者回信四——

ＸＸ同学：

五一过得好吗？对信中的说法有几点要请你澄清——否则将影响我的判断，呵呵！

"我很害怕它对我造成的影响"，"它"是指谈恋爱呢，还是仅仅指今后可能会出现的"肌体接触"？还有"我们在一起的时候，每当谈起那个话题，就会出现冷场"，"那个话题"指什么话题？是恋爱的结局还是指他对你身体上的一些亲昵的要求？

也许别的方面你是个经历过很多事情的成熟的女孩，但在爱情方面，你的确还是个比较稚嫩的纯洁的小女生！"大学里的爱情，有多少能走到最后的呢？"这个问题怎么说呢？答案应该是肯定与否定各占一半吧。关键是看两人是不是都有默契感和责任心！

两个人走到一定程度后身体的接触是一定会出现的。这个世界柏拉图式的纯精神爱情当然有，但是非常非常少，我们这些凡夫俗子几乎是做不到的。

从文字中看得出来，你内心非常非常的矛盾：你想得到爱情，但你又怕今后可能会出现的彼此身体的接触！你已经暂时有了一个爱你的人，但你又担心今后会失去他，而这一切的担心中最核心的似乎还是"彼此身体"的接触！如果没有说错的话，这个担心已经很大程度上抵消掉了你恋爱上的快乐，从而产生了很多的矛盾和担心甚至恐惧，以致夜不成眠。

那么，我在想，你是不是认为恋爱是美好的，而性则是丑陋和肮脏的呢？如果是这样，那你从前是不是心中曾经有过一些什么阴影？！

第五封来信——

杨老师：

不知为何，上次的邮件我无法看到，麻烦您再发一次．谢谢！

现在，我发现我的情况在慢慢好起来，可我不知道什么时候，我才可以坦然面对一切。

265

时间是否真的能改变一切？

对于这段感情，突然感到迷茫、疲惫。我该怎样处理呢？

SXX

2007 年 5 月 13 日

第六封来信——

杨老师：

您好！

在前面的信里，我所说的"我很害怕它对我造成的影响"，是说恋爱，而不是身体接触。而我所说的"那个话题"并不是和爱情有关，而是我的家庭状况。

我从来都没有认为性是丑陋的，我只是认为，女孩子如果在结婚之前就把自己给对方，那么受伤的，最后一定是女孩子自己。现在很多大学生都不把这当一回事，可我觉得，这种事情，对方一定要是自己的丈夫才好。老师，我是不是太保守了？

他的确有提出那样的要求，但都被我拒绝了。我不排斥，但我害怕我们不能走到最后。那样，我会觉得我对以后的丈夫不忠。

他以前有个女朋友，他们曾经很好，很亲密。但最终还是分开了。我害怕会重复她的道路。他人不坏，只是当感情消失了，人再好也没用的。

SXX

2007 年 5 月 14 日

笔者回信五——

XX同学：

你好！你是个比较冷静和理智的女孩，既然自己能够这样把握分寸，恋爱就不会对你有多大的影响，相反可能还会对你的生活起到一定的促进作用——当然，前提是也不要因此而耽误自己的学业！

至于你的家庭情况，就不知道他能不能真正地明白、理解和帮助你了。毕竟,他也才是个大男孩! 也许他听了,想帮助你,但心有余而力不足;也许他无法理解,而只能够对你泛泛而谈;也许他不想理解也不想明白……

爱一个人,不能渴望他给自己解决所有的问题! 不能拿一些他根本就没有能力解决的事情去苛求和责难他——你说对吗?

有些问题可能还是去向你的心理教师寻求帮助为好,当然你也可以向我说……

天天开心!

杨老师

2007 年 5 月 16 日

第七封来信——

杨老师:

您好!

不知不觉中,已经和您聊了那么久。我很感激您能在百忙之中抽出时间回我的信。现在回想一下,发现自己心情已经好了很多,也没有像以前一样那么迷茫、难过了。

也许是那段时间受到的冲击比较大的缘故吧。现在学业也忙碌起来了,所以也很少去想那些事情了。我并没有要求他帮我解决什么,相反,很多时候我甚至做不到把一些事情告诉他。他老是说我把一切都放在心里,把那些难过都自己一个人扛,不和他分担。但是那么多年了,我都习惯了自己一个人,我不希望别人知道我的那些事情。我害怕别人眼里的同情,那对我来说是耻辱。我也知道,有时候,过度的自尊是因为心里的自卑。但是,我就是过不了心里的那道坎。

两个人在一起就是要坦诚,对不对? 我却连这也做不到。

我是不是应该学着分担呢?

S X X

2007 年 5 月 16 日

笔者回信六——

XX同学：

　　"两个人在一起就是要坦诚"，但这也只是相对而言的。为人为己考虑，有时候一点善意的隐瞒甚至欺骗还是必需的，即使是自己最亲近的人！

　　你没有必要为自己的"不坦诚"自责！

　　人，是应该学着分担自己的一份生活与责任！但对于那些自己无力分担的事情，并且亲人也无力替自己分担，或者是自己出于某种顾虑不愿意让他们知道和介入——那就应该学会向别的地方寻求帮助——这就是今天的心理咨询存在的价值！

　　今后我们还可以再联系，如果你觉得需要的话！祝你学业有成，天天开心！

杨老师

2007 年 5 月 17 日

第八封来信（时隔半年之后）——

杨老师：

　　最近您好吗？我的一切都很不错，生活都很平稳地进行着。也一直很努力地生活着，要自己去快乐。只是感情上出了一些问题。我一直在忍耐着，以为自己对他的感情可以让我抵挡这所有一切的阻挡。一直在回避着，可是每每提及，就会使得自己的心情变差。很容易受到他的影响。我觉得自己是个很会钻牛角尖的人，问过他喜欢还是爱。答案是喜欢。知道这是很多恋爱中的人会做的事。我也一样。更何况自己是个很缺乏安全感的人。极其希望得到肯定和保证。这几天他一直未曾联系我，知道我在生他的气，却没有任何表示。可是今天他以前的同学，就是我现在的同学心情不好，他就要我去安慰。然后什么也不说就说要睡了。我真的很心烦，不知道要怎么办？是不是真的要分手？

　　我曾经以为爱情能够彻底拯救自己的孤独，是在浪费了很多时间和精力之后才发现,这是个很大的错误……

ＳＸＸ

2007 年 10 月 20 日

笔者回信七——

谢谢你!

最近一切可好? 因为忙,还没有和你细说前面的信。

其实大学生活就是人的一种体验、一种摸索、一种尝试。包括感情! 对的,走下去;错了,选一条路再走,反正路是越走越宽广! 不要在错了的地方停下来垂头丧气和自怨自怜!

祝你天天开心!

杨再辉

2007 年 10 月 20 日

第九封来信——

杨老师:

您好!

经过那么多天的思考,现在我已经想明白很多的事情了。我们需要爱情,可这并不代表它就是我们的全部。虽然现在我们很多时候还是会忘记这一点。可我相信我能够做到。我知道我比其他人更有理由去努力学习。生活不会给我们太多的时间去为这种事情烦恼。老师,也许以后我还是为它难过,会让它占据我一部分的精力,但不会像以前那样多了,我一定会调整好的。也希望您能工作顺利,一切都好!

ＳＸＸ

2007 年 10 月 22 日

269

三封电子回信

三封回信,应该是分别给三个不同的学生。只是很奇怪,当初我怎么会没保存他们的文字?!

×××同学:

你好! 谢谢你对我的信任!

不知道你学习成绩怎么样。但我想也许不会很理想,即便是现在还好,但到了高三和高考的时候也还是很让人担心的。

因为,你心里装着这么多"东西"!

你似乎不是个很有定性的人,而且还摇摆在两个女生之间。我不否认男女同学之间的友情,但很多时候这友情冲破了一定的界限,变成男女同学之间的"喜欢"和"早恋",要说不影响学习,那是假的!

一年又一年,已经高二了,再有一年多点,就要走进高考,没有多少时间给我们拿来彷徨和犹豫了。

我以前也有过喜欢的女孩,学生时代,但这种喜欢基本上都只藏在心里和日记中。结果,除了能够常常品味一下那种暗恋的甜蜜之外,基本上没有耽误我的学习,没有浪费我多少时间,更没有给我喜欢的那个"她"带来烦恼——当然,生活中,我们也说话,有交情的,但是也只是保持在一般的朋友的交往而已。

高中时代,真正把握得住,真正属于我们自己的东西基本上只有学习和我们的成绩。至于其他的包括感情上东西,我们都还不能向别人做出什么承诺——当然别人也不能给我们一些什么承诺!

呵呵,说得生硬了点,供你参考吧!

再次感谢你对我的信任！并祝你学业有成！

杨老师
2007 年 10 月 22 日

×××同学：

你好！

很理解你的处境和心情，在这样的艰难环境中，能够走到今天，你也很不容易！

关于大人们的事情，我们都无能为力——对吗？我们不能左右他们，我们更不能为他们做选择！

不过有一点：我们的未来我们自己可以把握！而我们的未来不外乎两个方面：一是我们从事什么样的工作；二是我们怎样做个受人尊敬的人。今天的学习目的说穿了，就是为了实现第一个目的，从这点上说我们应该努力学习，尽自己最大的力量去学习。学习上的事情没有底，有时候尽力了也不一定有大的收获，我们努力了，无怨无悔就行。

但在做人上我们完全可以把握自己。一个人的涵养是最稳固、最能够吸引他人的。人的良好涵养包括一个人的诚恳、坦率、幽默、欣赏他人等的素质。

你意识到了自己和人交往上的一些不足，可以从这些方面做些改正。

人，都需要几个知心的朋友，有了烦闷的事情能够向他们诉说，这对自己是一种安慰，也是一种心情的释放。

慢慢在生活中结识几个同性好友，释放一些内心的压力，你会轻松起来的！

再聊，祝好！

杨老师
2007 年 10 月 25 日

271

2007 年

×××同学：

你好！

按照我的习惯，回信最多一天就可以给你们的，但是这周我实在太忙了，家里的事情，学校的事情，全部搅在了一起。回信就一拖再拖，实在对不起！

看得出来，你应该是个很文静的、很重感情的人，只是你的感情寄托得不是时候。以我们现在的生活和年龄来说，我们都还不能够向别人承诺些什么，我们也不能要求别人对我们承诺些什么，因为我们都还是正在发展的人——谁知道高中毕业后，我们会去到些什么地方?！那么，今天我们把自己的一颗心托付给某个人，是不是太轻率了点?

还有，似乎你也托付错了人！我从来都不认为一个朝三暮四，一个把找朋友看得比学习还重要的男生是一个值得女孩子爱的男生！

也许这一切，你自己也都已经意识到了?！

是不是应该把他从记忆里完全删除掉，让他完全变成一个陌生人? 让他的一切变得与自己完全无关? 自己把心重新放回到学习上来?

心情郁闷时，自己听听音乐，散散步，或是和比较要好的同学诉说烦恼，必要时，也可来我这里谈谈，即使不能够解除你的烦恼和痛苦，但是至少可以给你提供一个诉说的地方！

经历了这场苦难，如果能够幡然醒悟，全身心扑到学习上，说不定因祸得福，能够帮助自己用心学习呢！

下次聊，祝你开心！

杨老师

2007 年 10 月 25 日

一个妙龄女孩的特殊爱好

一、基本信息

1. W×× 性别：女 年级：高三 家庭成员：父母、本人
2. 整理时间：2007 年 3 月 25 日

二、事情经过

从高三第一学期起，就开始偷窃寝室同学的发夹、手机、衣物、钱财。所窃得的东西全部放在寝室衣橱里，也没有用出去。知道这样做是不应该的，也对不起自己的同学，但就是无法控制自己的行为。事情暴露之后，刚开始矢口否认，后在证据面前才承认。痛哭、羞愧，感到无脸见人。

性格敏感，内向，文静，结交的朋友都是女同学，很少和男同学交往，在家里平时也只是看书写作业，偶尔看看电视，显得很乖，很听话，父母忙于工作养家，很少交流。自己说"内心常常感到很寂寞"。认错态度诚实，在心理教师的指导下认识到自己的心理问题。

三、情况分析

不属于品行上的原因，而是心理上的原因——一种心情的寄托方式，一种爱好和女孩情趣的满足，某种程度上与"收藏爱好者"有相似的心理动因，尚不能够视为偷窃癖。

四、处理方式

1. 从心理干预的角度看待和处理。
2. 班主任主持退还钱物，做好学生间谅解工作；家长配合心理教

师,与子女多交流沟通;本人认识到自己寄托心情方式的偏差,尽可能扩大自己的交际面,发展自己的健康的兴趣爱好。

五、处理结果

高三剩下的最后几个月,在寝室、在学校没有过类似的事情出现。

看了"黄色"画册的男孩

最不满意这封回信,但是也没有办法。不知道他后来怎么样了!?

心理咨询老师:

你好!

上初二时,由一个大"朋友"的介绍,我看过一本黄色的画册,后来陆续看过类似的画册、图片和杂志,学会上网后看过很多黄色的东西,包括网站、动漫,甚至录像和电影。

这时候已经由"朋友"的介绍变成了自身的一种心理和生理的需要,一段时间不看,自己心理就烦躁不安,但看过之后又更加烦躁不安,更加想去体验。

高一时和一个同学商量准备好"春药",由同学去把初中时的一位同班女生(这时已经在工厂上班)邀来,一起去山上野炊,将预先准备好的"春药"给她吃下,然后在她身上体验。但后来没有实行,没有实行的主要原因在于怕由此事情传开,自己被村里人和班上同学指指点点。

高二时有一次自己和同学吃了一个星期的方便面,省钱,决心去找妓女玩,亲自体验一回。但临行时又动摇了。不是怕得性病和被抓住出丑,而是担心这样做,自己和爸爸妈妈在邻居面前丢脸。

常常想起女性,想女性身体包括乳房和生殖器在内的局部器官。看书时间书上的文字也会莫名其妙地变成那些器官,听课时黑板上的字也会莫名其妙地变成那些局部的器官。甚至对身边的女同学,也常常想象她们的裸体和性器官。

包括自己在内的一些同住的人曾经去买过避孕套,大家一起戴上做性游戏。

最近一次看黄色图片是上个星期。

现在成绩下降。而且成天无论什么时候脑袋里都是关于女性乳房和生殖器的模样，没有心思学习，想要摆脱都已经不可能。

当时的回信——

××同学：

你好！

你所遇到的是一种比较典型的青春期男孩女孩的困惑。相信你一定对人青春期生理和心理有所认识吧？

青春期又称为"思春期"，是指男孩和女孩由于荷尔蒙的作用，引起身体上及情绪上的变化，逐渐转变为成人的一段生理期。青春期始于十一二岁，整个过程约 10 年。

每个人的青春期的开始时间是有差距的，有些较早，有些较迟。通常女孩比男孩早 1—2 年。进入青春期我们的身体迅速长高，体重也明显增加。

青春期男女体征上有了很大的变化，出现了"第二性征"。伴随着性生理发育而来的是性心理发展。青春期的心理具体地说来有以下几种：性渴望，即对异性产生兴趣；性冲动，即产生性的欲望；性幻想，即白日梦和性梦。青春期时人经常会出现些与性有关的各种幻想，这些幻想又称"白日梦"。而在夜间做的那些与异性交往有关的梦则普遍称为"性梦"；性自慰，又叫手淫，即情不自禁地刺激自己的外生殖器，以满足性欲，获得性快感。

青春期的时候，我们男女同学间要正常、自然、纯正地交往。在交往中释放对异性的向往与好奇带来的压力，求得心理上的满足与平静。注意掌握交往的技巧，注意交往的广泛博大的包容性，避免一对一的交往，避免走上早恋的交往误区，因为早恋可能会带来生活、学习、事业等方面的一系列严重后果。

每天在完成自己的学习任务之后，我们可以适当地运动。疲劳和汗水可以冲洗身心的白白的内耗，也可以使人坚强自信起来。当我们吃饭香、睡眠足、精力充沛时，我们就会感到幻想、"白日梦"都是"庸人自扰",都是多余的了。

学会转移兴趣,分散注意,适当地转移兴趣,分散注意力。将精力和心思转向对知识的探求,对能力的锻炼,对各种健康有益的活动的参与上,珍惜时间,坚定目标,树立理想。专心致志地欣赏音乐,可以使我们的心灵得到净化,使我们的"白日梦"融入音乐的旋律,让思绪插上翅膀高飞,我们便会有了一个心静如水的头脑。写日记。在日记中抒发自己的情感,在日记中记下自己的幻想和思念,日记可以使我们学会约束自己,使我们的青春的心趋向平静。

要有自己的朋友"圈"。观察和感受你的朋友在做什么,把自己的苦恼说给知心朋友听,朋友会给你新鲜的生活目标,使你走出自己冥思苦想的怪圈,你就会拥有一个新的生活天地。

最后还有一点哦,如果以上的方法还缓解不了自己心理和生理上的冲动和渴望,就应该主动和心理咨询教师去谈。

通过这些具体的行为干预和调整措施,你一定能够在主动的调整中一步一步走出困境。

杨老师

遭遇性骚扰的女生

A

地点：清早上学的路上

时间：2007 年 4 月

开学第一天，早上 8 点左右，我一个人走在通往学校的路上，遇到一个骑自行车的中年男人。本来相安无事地走。突然，他做了一件可能让我这辈子回想起来都会觉得恶心，甚至成为阴影的一件事情：

他拿出他的那个生殖器官，很恶心地叫道："小姑娘，我跟你弄一个哦！很舒服的！"

天哪，这样的事我从来没有想过会发生在我身边！我第一次感觉到害怕，我拼命往前跑。幸好那是白天，幸好来来往往还有些人。否则，我真的不敢想象。

作为一个女孩子，遇到这样的事情，叫我怎么好给人家去说。但是憋在心里真的很难受，我不想让一切事情影响我的学习，影响我的高考，影响我的未来……

B

地点：清早上学的路上

时间：2009 年 5 月

今天早上，我碰到一件非常郁闷的事。我到教室后，第一个告诉了我的同桌，可她只劝我不要再想了，但这根本不可能！

事情是这样的：早晨我来得比较早，我和一个同学一起骑车。刚到那座桥边，一个中年男子骑着摩托车慢慢经过我身边，竟趁我不注意，伸出手来摸我的胸部，然后就骑车走了，还发出怪怪的声音。我当时就是一声惊叫。而和我同路的女生竟然还以为那个人和我认识。天哪，我居然会碰到这样的事，真是让我难以启齿，但我闷着难受。

我本想把它忘了，看开些，反正他又没把我怎么样！可是我是个才长到18岁的不谙世事的女孩，你让我怎么看这件事？怎么平静心中那股怨气呢？

我一想到晚上回去或者第二天早上上学又要路过那个地方，心里就紧张。

......

2007 年

大二女孩的故事

又是一组凄美迷离的青春祭文——

杨老师：

你好！可以听我讲一个故事吗？应该说是一篇流水账。

女孩和他在同一个部门，他是她的头儿。平时，她亲切地称呼他为"学长"。

在一次例会中，他生病没来，女孩觉得心里空空的，有一种说不出的感觉。女孩后来发现自己可能有点喜欢他了，只是不敢确定而已。女孩每次例会都会准时参加，只是为了能看到他。

但女孩还是把这种感觉埋在心底。一次在办公室整理资料时，他买了许多冰激凌，当他把一杯草莓味的递给另外一名女生P并说：你喜欢这种口味的吧？女孩听了，心里酸酸的。于是她回去看他们的校内留言，希望能找到"蛛丝马迹"。接着发现他换了QQ头像，和P一样的头像。女孩就一直在想：他和她什么关系呢？

大一的暑期社会实践——支教，得知他带队去支教时，女孩心里默默地想：我一定也要去！凭着自己的努力和他的帮助（他是面试官），女孩顺利地通过了面试。

支教的日子。一起吃饭，一起备课，一起开会，女孩觉得很幸福，虽然也没和他说几句话，女孩不敢轻易流露对他的喜欢，怕打破这份美好。

一天，一同事请他们去她家吃饭，他喝了几杯后醉了，躺在一间小卧室里。女孩马上去打了水，拿了毛巾，敷在他额头上。女孩静静地陪在他身边，什么也不说。女孩不停地给他换毛巾，他问女孩是谁，女孩说了自己的名字,后来他哭了,他问女孩:"我是不是哭了啊?我怎么哭了呢?"女孩不知怎么回答他。女孩知道他有心事,他不开心。只是女孩也不知道怎么办,在回去的车上,女孩不停地给他擦眼泪。

到宿舍后,他让一同事帮他打一电话,号码是 P 的,女孩很难受,原来他真的喜欢 P,之前的猜疑没有错!女孩拉了一位好朋友躲在教学楼后面偷偷地哭。

之后女孩就不再去吃饭,因为她怕面对他。

在一次彩排中,他对着女孩拍照,女孩很没风度地跑掉了,因为她真的很难受。另一同事 H 追了出来,问发生了什么事,但女孩什么也不肯说。

最终女孩还是和同事 H 说了,因为把什么都压在心里真的很累很累……

接下去的几天女孩都没去吃饭。

他发短信给女孩:你这几天不去吃饭饿不饿啊?

女孩很惊讶,因为这么多天他第一次发短信给她。女孩以为同事 H 告诉他了(H 和他关系很好)。

后来他还约女孩一起去机房,一起去家访,一起去爬山,他对女孩说:我们是同一个部门的,又一起出来支教,不想看到你不开心。

支教很快就结束了,他和她一起去车站,她送他上火车,她泪如雨下。女孩给他发了一条短信:我会想你的。他回答:我也会的。

女孩是次日到家的,他打来电话关切地询问,还让女孩好好休息。女孩很感动。

可是接下去的几天,他像消失了般,可女孩不敢发短信给他。直到他在群里说:我失恋了。

女孩默默地关上电脑。女孩觉得自己一直在自作多情。

他写了一篇日志,其中有一段说:谢谢你,给我擦眼泪的那位女孩,虽然现在我不记得你是谁了。

H 对女孩说:别再想了,他爱的人是 P。

但此时的女孩有一个冲动的想法,她要告诉他。于是女孩写了一份邮件给他,婉转地述说了自己的感受,绝无要他什么答案之意。

很快他回了邮件,他说他不知道女孩喜欢他。还以为 H 喜欢女

281

孩。他觉得很抱歉。可是 P 不太喜欢他,甚至有点怕他,开学一段日子后,就不在一起了。他很伤心。后来 P 和 H 居然在一起了,自己喜欢的人和最好的哥们在一起了,他几乎快崩溃了……

看到他颓废的样子,女孩很心疼。他经常写一些奇奇怪怪的文字,很是让人害怕。也会在凌晨给女孩发一些稀奇古怪的短信,女孩只能尽最大的努力来安慰他。女孩为了能及时回复他的短信,睡觉时把手机放在枕头底下,当他问是不是把她吵醒了时,女孩总是说:没有,还没睡着呢。

女孩觉得他在找一些话题来和她聊天,后来女孩经常在半夜醒来,醒来的第一件事就是去看手机……当没收到信息时,女孩心里有一种莫名的失落。这样的状况持续了好几个月,后来觉得他应该走出来了,女孩也很开心。

……

……

……

最近,女孩看到他送一女生回宿舍(很多人都在说他谈恋爱了),女孩只是淡淡地笑了笑。

回寝室后,女孩躲在被窝里偷偷地哭。

一起支教的另一同事对女孩说:感觉他女朋友和你长得很像。

呵呵,女孩觉得很悲剧。

前几天是女孩的生日,他打来电话,可是女孩不敢接。后来在 QQ 上问他有什么事,他说想对她说声生日快乐的。女孩……

这几天,女孩的心情越来越糟,比那天看到他送女朋友回寝室时还要难过。

女孩也很后悔没接他电话,如果当时接了他的电话的话,至少还可以听到他声音。

那女孩现在很痛苦……

杨老师,我给你发了一封邮件,有空的话可以去看一下吗?

583388×××　22:13:36

你好！信读过了。

杨老师 09:15:53

内心里有一种缠绵悱恻的感觉,为那些文字,更为文字中的女生。

文字中的女生是个含蓄、善良、情感丰富,并且很自尊的人。

她目前的痛苦也许来源于她的优柔寡断和延误战机?——但很多时候,我其实很欣赏这样的优柔寡断,因为这正体现了她的矜持和自尊自重。和眼下的为了一时的所谓感情,就轻易把自己付出去的女孩比,她很懂得珍惜自己。

也许她和他是不可能了,也许以前的酸甜苦辣只适合收存到她的青春的记忆中去,但是不管怎样,我都预感像她这样的女孩,今后肯定是有很好的归宿的……

583388×××09:17:29

谢谢杨老师!

青春的酸甜苦辣,本来就有一种美——不是么?

有的事情不一定要得到——因为现在得到也不一定就守得住!

那么拥有一份惆怅、拥有一份记忆,不是也同样是一种得么?

所以,伤感而不沮丧、寂寞而不沉沦,含着泪水继续走自己的路,属于自己的东西,终究在前面等着自己!

杨老师 09:20:05

四年后，街头相遇

那天来学校的路上，遇到那个年纪比我大的男人。偏分的头发白得更厉害了，一张脸还是那样的僵硬，面无表情。我们都骑车，迎面相遇。他看了我一眼，没有打招呼。我也没有叫他——

是 2008 年 3 月 21 日的事情了。晚自修第二节，高二班级里的两位女生借口感冒到医务室配药，向值班老师请假来到了"心理氧吧"。

问她们什么事情。其中一位长相端正的女孩说，要请教我"怎样才能摆脱前任男朋友"！说他作为恋人很自私、很变态，占有欲特别强烈。自己已经多次想要和他"断绝关系"了。但男生对"断绝关系"表现得很激动，采取威胁手段；更多的是他自己"绝食""跳楼""撕书"，以此来要挟她恢复关系。

男孩子是通校生，女孩子住校，上学放学根本不走同一条路。但是每次晚自修结束，男孩子总是邀请女生和他一起步行到自行车停车场。女生不从，男孩子就粗暴地拉、拽。边上的同学都不敢招惹他。

班级里的同学也利用谈话、写纸条等方式劝他：散了就散了，现在也不是恋爱的时候；不应该这么要挟对方和虐待自己。但每次他都表现得很过激、很凶，甚至暴力倾向，有时候近乎呵斥和谩骂："关你什么事?!""不要你管！"

两位女孩子不想心理老师告诉班主任和他家长，也不希望心理老师去找他谈话，怕遭到男孩子的报复，不想把事情闹大。只想从我这里得到能够平安摆脱他的办法。

我坦率地告诉她们，按照她们的想法比较困难，这个事情必须得跟班主任和家长联系。不过我可以承诺不透露她们的个人信息，不给她们带来不必要的麻烦。

同时我给她们提了三条建议：第一，态度坚决，断了就断了，不再回头，不再让对方存幻想。但语气要委婉，不要刺激对方情绪；第二，平时尽量回避他，尽可能少接触，实在遇上，则礼节性地打招呼，不卑不亢，不多谈；第三，真的到了危及安全的时候，立即向家长、班主任、心理老师或附近的人求助。

2008年3月23日学校家长会，我通过班主任与男生父亲在"心理氧吧"单独交流。他在东部一镇政府，高中毕业，沉默寡言，表情严肃刻板。近40分钟交流时间，脸上表情基本没有变过。妻子在县城开了家服装店。孩子平时跟父亲亲近些。

以下为当时家长叙述的材料：

初一以前放任孩子自由发展，但成绩每况愈下，后来家长插手开始管，但感觉效果不大，而且孩子与家长产生对抗情绪。父母的话已经基本不听，家庭教育、亲子沟通基本已经陷入僵局。自己反思和打骂为主的缺乏耐心粗暴的管教方法有关，自己也意识到这样不好，也知道要多引导，但气头上常常控制不住自己。最近一次发生在年前冰天雪地的夜晚，大约晚上9点钟，孩子回来晚了，家长将门反锁，将他关在门外达3个小时。直到后来才从里面打开保险放他进来（后来学生自己说是和高三同学去学美术，回来时看看还早就去书店看书，但父亲没有给自己解释的机会，不分青红皂白就处罚自己）。

家长会时候，在孩子座位抽屉里看到一张纸条，内容两部分，前面一句是该学生的话，问自己撕了书"她"有什么反应没有；后面显然是另外一了解内情的女生的话，劝他不要再纠缠，越是这样"她"只会越反感，劝他要像个男子汉。家长将纸条装进自己口袋里，此时拿出来给我看，并征求我的意见，是放回去还是拿走？我劝他将纸条放回儿子抽屉，并且回去假装不知道这回事情。最后我们商量，近期由我跟孩子交流一次。

2008年3月26日下午学生如约前来。外表文静清秀的一个男生，不像想象中的问题学生。我以那张纸条为突破口，切入亲情、友情。男孩逐渐开始打开了心扉，说起自己的家庭，几次要掉下眼泪。我要求他各用几个词语对父亲和自己做概括。

他对父亲的印象是:关心孩子,慈父,但容易猜疑、独裁。

对自己的评价是:不懂事、不懂得父亲的苦心、学习静不下心,爱玩、耍小聪明、偏激。很怀念以前和爷爷一起的日子,因为爷爷肯听他说话,不是粗暴地要他做什么或不做什么。并且表示情感的事情经过了几天他说已经差不多平静下来了。

对纸条事件的看法是:知道父亲已经看见了,并且已经做好了回家挨训的准备,但回家后父亲没有骂也没有提起。他觉得怪怪的,觉得自己心虚,于是也很小心。

给我总的印象是:该男孩聪明可爱,本质挺好。好好引导,能够转变,亲子关系能够修复。不过需要家庭的积极配合。

第二天(2008 年 3 月 27 日),我通过短信与他联系。

你好! 我是一中杨老师。昨天和×××(男孩名字)交流了一次。坦率地说,他文静清秀的样子和我想象中的问题学生一点也不像! 我是以那张纸条为突破口的,感觉交流很成功。说起你和家他几次要掉下眼泪。他对你的印象是:关心孩子、慈父,但容易猜疑、独裁。对他自己的评价是:不懂事、不懂得父亲的苦心、学习静不下心,爱玩、耍小聪明、偏激。他很怀念以前和爷爷一起的日子,因为爷爷肯听他说话,不是粗暴地要他做什么或不做什么。

情感的事情经过了几天他说已经差不多平静下来了。总的印象是:孩子很聪明可爱,本质挺好。好好引导,是个人才。

我建议他学习尽心尽力,人品要好,他比较接受。他喜欢美术,也很有悟性。家长会回去你没有像以前那样呵斥他,他很意外,也很感动。这是一个成功! 耐心＋平等沟通＋彼此信任,一切会好的!

没有回复,我又发了第二条信息:

我是杨老师。前面信息有没有收到? 孩子身体好人品好,就是没有考上好的学校也仍然有指望,有一个孩子在那里。真逼出点事情就悔不过来了。××偏激,已经有过几次要离家出走的打算。一些家庭方法已经到了该引起重视的时候了。前段时间某镇,一家孩子任性,家长手段过激,结果孩子喝农药自杀了。2008 年 3 月 27 日 10:01

后来他给我回信了:

谢谢! 我应该改进方法,请你继续帮助和指导。特别是孩子这一边,你做工作的效果比我好。谢谢! 2008 年 3 月 27 日 09:56。
两条信息都收到。我们一起努力!(2008 年 3 月 27 日 10:10)

他的短信都和他的人一样。于是我长话短说,匆匆结束了交流:

不谢! 下次交流。我忙去了!(2008 年 3 月 27 日 10:15)

在后来的日子,我不再和他有过交流,我一般都只偶尔和那男孩子聊聊,有时候通过班主任了解他的近况。那之后,直到毕业,男孩没有什么事情发生。
再后来,就是那天来学校的路上,我遇到他——偏分的头发白得更厉害了,一张脸还是那样的僵硬,面无表情;我们都骑车,迎面相遇,他看了我一眼,没有打招呼,我也没有叫他……

一位高二男孩的爱情分析

　　我都忘记了这封信是怎么送到我手里的,我当时又给了他一些什么建议?!

　　我只记得这是一个人品很好,个性很强,很有自制力的男孩。他的自制力常常让我想到军人,想到为了自己的信念宁可舍去那份美好的情感舍去"冬妮娅"的保尔。

　　坐在"心理氧吧",他彬彬有礼,侃侃而谈,一双眼睛微笑着坦荡地看着你。他不是个在陌生环境里会手足无措的男孩。

　　他常常会来我的"心理氧吧",有时候翻翻我的书,有时候和我聊聊天。这封信是在他和我有过交往之后的一个暑假写的,是他写给他自己的——

　　我该怎么办? 我对柳××的感情该怎么办? 我已经无法否认我爱上了柳子。可是我该怎么办? 在一起时我总想看到柳子的笑容,听到柳子的声音,分别后无时无刻不想打电话给她,每天夜晚脑海里也塞满了她的微笑,在梦中看见她被欺负也会被惊醒。对她的感觉甚至超过了我对周××的感觉。我自知我已经深深地中了柳××的毒了,甚至已经到了无可救药的地步。我会因为她的开心而开心,因为她的失落而失落,因为她受的欺负而愤怒,时时刻刻都关心着她生怕她会受到一点点的伤害。在她因为流言蜚语而一次又一次拒绝我时我会暗自神伤。在别的男生向她表白或是和她亲热或是菲薄她时我心中也会有一种酸酸的感觉。这大概就是李××和政委他们所说的爱吧。我不想再逃避自己的感情了。但是我眼前有太多血淋淋的事实了。政委对王××的泪水我可以理解成爱的一种享受,可是铁××为了和另一个人争

××时群挑所留下的伤疤难道也是爱的享受吗？而他的××呢却一个人都没选。是的，我也一样可以为了柳××发起一场群挑。而柳××又会选谁？我怕受伤但我更怕失去她呀。不，我根本没得到过她。也许这已经是我在无可救药地追她之前最后一次清醒地想问题了。接下去就是我的分析。

如果我去追她，是的，我就不用再逼自己不去想柳××。我是可以省去不少的烦恼，内心的感觉也可以得到释放，不用再过这种她累我也累她痛苦我也痛苦的生活。

但要是她拒绝了呢？（毕竟她表现出对我有一点点感觉是在几个月以前了而且我当时也选择了逃避）那么我想结果可能是这样：

1.不要说像现在我们这样朦朦胧胧的生活过不下去，我想弄不好连朋友都做不成，本已是惨淡经营的外交关系我已经再也受不了如此大的打击了。

2.我的内心会将遭到前所未有的打击，这个伤疤不是我几个月乃至几年所抹得去的。远的影响先不说，就近而言，第一，我将有可能将几个月都生活在忧郁中，从轻而论，最起码会使我经过了坚苦卓绝的斗争才得来的成绩被毁于一旦。就算我化悲痛为动力，也只会是第二个斯大林模式。第二，会使连续遭受了三次打击的人际关系网从此一蹶不振，我将会回到被彻底孤立的地步。再也得不到任何帮助甚至后悔落到人人厌恶的地步。

如果她要是答应了，那么第二段的好处毫无疑问都将会有而且还会有以下几点附带的好处：

1.我将会在内心上找到填补，得到我从父母那里很少得到的关心，从而得到继周××后的再一个强大的内心动力。

2.我和柳××将会成为继徐××和章××之后的又一对的情侣，会得到全班人的祝福和友人的祝福，将成为我们班乃至所有认识的人羡慕的对象。甚至会因为柳××的美貌而使得我的虚荣心得以满足。

3.我将永远没有被彻底孤立的危险而且可以增加许多事的稳定性和安全系数。

不过也有一定的坏处：

1.就算我们彼此都互相许诺要以学习为重，并且在一番心理斗争后彼此愿意让这份爱在这个时期为学习而服务,那么在以下的这几种情况下占用你们彼此的时间是免不了的。第一,像现在范××这样欺负柳××时就算那时候柳××依旧可以忍让认为这只是第 n 次因为无心而开过头的玩笑,但是我还怎么可能无动于衷呢? 更何况一个人在心有所属和心有所属后接受事物的心态是不一样的。第二,比如她有什么事让你去做时你不可能不去做。第三,她在接受你之后你们将更乐此不疲地去关心对方将不会再满足于在休息时仅仅关心彼此作为一种调剂。我们不像××他们二人有足够的基础做后盾(至少我没有)。我们也一样没有海××那样有足够的时间资源(在有姜××的同时一样垂涎着柳××)。

2. 恋爱一样会给你原本已经捉襟见肘的经济以沉重的负担。在那时你们就不会再仅仅满足于水果零食的分享和点心的准备。如果真的要说出爱,钱也是一个不可不考虑的问题,毕竟恋爱是一个富人的游戏。

3. 在恋爱时你势必会把社交上的大部分的精力投在柳××身上,那么可想而知,在时间本已不充沛的情况下你是不可能再在社交上投更多的时间,这样必定会疏远了现在的朋友,那么社交网能否承受这样的压力还是很难说的。

以上就是我对现在我在柳××的感情上的处境的分析,主要的矛盾集中在时间、精力和金钱上,要是我们再提高一个层次来讲是唯心的服从和唯物的冒险的矛盾。但是它的终极的问题是一个度的问题,在表面上,矛盾的问题其实也是相互影响的,唯心是唯物的目的,而唯物是唯心唯一的基础与依靠,两者的天平则掌握在自己的手里。

至于说你如果去追就要照我们班里成功的情侣来做,那么我可以明确地告诉你,在我们班里(除去姚王因其他原因暂且不谈)没有一对情侣是成功的。杨于二人虽有极其好的基础可结果是杨××成绩出现摇摆最后感情走向终结。徐××根本无须议论。姚姜相比来说较为超过但是海××是在拼时间资源和在投机取巧才暂时稳住更何况有多少人在帮他们两个,而我与柳××则将会几乎是孤军奋战。再则必须声明的是爱是没有固定模式的,哪怕是同一个人身上所发生的两段情。我敢肯定如果我与柳××能走到一起,那么这也将是一份独一无二的感情，但是你也一样会付出独一无二的代价。

最后再奉劝几句：假如你要去追她，那么最好在追之前做好一切准备，特别是学习上的准备，毕竟现在对我来说学习是一切之本，甚至学习就是现在唯物的唯一中心，而你一旦放手去追那就将无法停止，一旦由你瞬间停止那么危害将无异与拒绝你。而且要提醒你，你已经高二了。如果一旦开始已经不再有你和××她和姚××的分别一样有长达一年的时间来养伤了。

一切的好处和坏处之比为 5：6，但是就是那爱的那个优点会使我疯狂。一切的决定看自己是去是留还是维持现状必须快下决定，宜快不宜迟，一旦开学我就拖不起了，犹豫将会错过一切。

在彻底地爱上柳××之前最后的清醒分析 ××× 2008 年暑假

2008 年

淌在餐巾纸上的文字

最先寻找我,是在学校的留言贴吧。她留了大量的帖:

——有人知道一中杨老师的联系方式吗?

——有人知道一中杨老师的联系方式吗?

——有人知道一中杨老师的联系方式吗?

……

有学生告诉了她我的 QQ 号码。在取得最初的联系后,她迫不及待地给我发来了下面的 e-mail——

亲爱的杨老师:

您好!

久违的感觉。只是换了种方式,不再是雪白纸巾为背景,不再是蓝色笔迹跳动的心灵乐符。而是机械般如此,如此机械般……

我现在所就读的学院是我们学校最好的,甚至全国有名,且在国际上也有一定影响力。每当我在校园遇到新的朋友,他们问到我所在学院,无不竖起拇指,啧啧不止。而我又是以学院第二名的成绩保研上来的,还是公费生。对于别人来说,这是何等殊荣。可是……笑在脸上漾开,而痛在心里弥散……

我读研是违背了我最初的意愿,违背了爸妈的寄托。只因一切来得太顺,太顺。老天总是这样,当我需要顺利时,它总是会与我开各种玩笑,总是弄得我哭着可还要逼着自己笑……原本矛盾的两种表情,在我脸上不曾消失过。我太不喜欢读研了,一是,我绝对不是搞研究的料子。我了解自己。二,是我最心痛的原因。也是让我因在此读研后悔至今的原因。关于我的父母。眼看着他们在岁月的摧残下,渐渐老去,身体开始承受不了干重活。而，我，23岁的人，却还需要他们提供生活费。这对于我，是耻辱。更让我内疚的是，很久之前，我告诉过爸爸，我不会读研，我要工作赚钱，为家里减轻负担。我爸爸很高兴，虽然他不说，但眼神说明一切。可是……可是……我违背了曾经给予我父亲的诺言。我最终还是读上了研。知道吗？我爸爸因为我读研，他压力更大了，身体也越来越不如当年……

我一直自责，一直内疚，可是我完全没有退路。这研究生生活，对于我，实在有点辛苦，我无法适应，想到明年要进入实验室做实验搞研究，我就心慌。无数次，无数次想逃离，有一次终究还是承受不了现实的压力和心灵的愧疚，我一个人去了北方，逃课一个星期，没有告诉任何人，悄然离开了学校，离开了无锡。没打算过再回来。走的时候我泪流满面。抑制不住自己内心的种种不舍。那么多的亲人，那么多朋友……太多的不舍。

……

后悔读研的另一个理由。是最近才发现，也许我离天堂不远了。而想到，在我有生之年，我居然未能报答父母的养育之恩，心痛到窒息。

怪自己，为什么要选择读研？为什么那么傻？为什么不珍惜时间多多和爸妈在一起，尽管他们为了家庭的生计根本没时间长时间让我陪着。为什么不早点去工作，赚钱孝敬父母呢？

现在的我，该怎么办？退学吗？可是，谁会接受一个半途而废的学生呢？

剩下的岁月，我该如何度过。（我不确定，需要做了检查才能确定我是否真的要离开……）

回想年少，踌躇满志，信誓旦旦，而如今，我在追求的东西，有多少真的属于我？杨老师，会有那么一天，我能看到自己实现梦想吗？泪水奔泻，心崩溃。

天大地大，天地之间，有谁知我？

现在的我，看一切都那么美好。每个人的微笑，情侣间的打闹，篮球场上的飒爽英姿……空中的云，灿烂的阳光，和煦的风……还有那穿梭云际的小鸟……一切，都让我留恋。

不怕死，但贪生。

293

2008 年

希望我只是在梦魇梦语，希望只是我想多了。希望，我还能多留些时日，还能让我好好报答我亲爱的父母亲。求你了，天。你给我的苦与难不算少了，我都扛过来了，难道你就舍得放掉一个你折腾了那么久打造出来的女孩吗？求你了……

好吧，你可以带我走，但求你让我的父母健康长寿，最主要就是幸福，拿我的寿命来换，好吗？带我走，给他们幸福。

抛去江山如画　换她笑靥如花

抵过这一生空牵挂

心若无怨　爱恨也随他

天地大　孝路永无涯

只为她 袖手天下

一生有爱　何惧风飞沙

……

屏幕越来越模糊，看不清键盘……

亲爱的杨老师，我是不是又吓着你了。人长大了，而文字依旧悲伤，依旧阴暗。只因那一颗潮湿的心，从未干过。

不为人知的，无数不在的痛。真的很痛。彻心彻肺。

致

礼！

2008 年 9 月 4 日

正式的聊是在 2 天之后的一个晚上，QQ 上——

我：你好！最近好吗？我在咨询室值班，一直有学生来。

霄：呵呵，还好，谢谢老师一直的关心。虽然在拼了命地要找到你时，我把希望都寄托在你身上了。可是，后来才发现，最后还是要我自己解决问题，面对这些痛与伤。所以，我就打算不打扰您了。

我：不谢，呵呵。你是我的学生嘛。对的，我只是一根暂时的拐杖。

霄：我想，每个人都有自己的生活，没有人有义务帮助别人解决问题。

虽然想通这个问题的那一刻，我几乎崩溃了。但，是现实，我除了面对,别无他法。

我:嗯,对!

霄:我的好朋友们,有时遇到了打击,受了伤,就会打电话给我,对着我哭……我会很有条理地安慰她,鼓励她勇敢面对。

我:很高兴,你终于长大了! 成大姑娘了!

霄:但挂了电话后,我自己心酸得要命,抓狂般哭泣……劝得了自己,劝不好自己。安慰别人的同时,给自己添了伤。

霄:为什么朋友有我这样的人可以不断用貌似很对的道理去安慰她,而我没有? 为什么我受了伤,只能一个人哭,还要偷偷地哭。

我:有男朋友了吗?

霄:男朋友啊? 有的,很多。

我:男朋友,有很多? ——不明白啊。

霄:很多很多。

我:我说的是可以发展成丈夫的。

霄:哈哈。应该有吧。

我:呵呵。

霄:我的心理问题已经严重到一定程度了。怎么办啊?

我:哪方面的?

霄:生活不顺。总会受委屈,压力太大。心里有打不开的结。

我:你啊,呵呵,总是只会看到自己的不足,没有看到自己的优点和已经得到的东西——我都很美慕你呢。呵呵。

霄:有吗? 我没觉得自己有什么地方好的。我自卑,但是奇怪的是,我还很骄傲。被称为"骄傲的小公主!"

我:读研,不是很大的成功吗?

霄:唉,这纯属运气好。

我:呵呵,悖论就在这里,似乎你的成功都是运气好得来的,似乎,你天生就应该是不幸福的,呵呵。你对自己的评价永远偏低!!

霄:老师你骂我吧? 我欠骂。

我:总是用运气啊偶然啊来解释自己的成功! 是要骂!! 哈哈!

霄:我是不是对自己的要求太高了? 有点不切实际?

我:是的,要求太高了,一旦达不到就彻底否定自己了!

霄：我除了学习好外，我还参加各种活动，平时忙得很。现在是研究生会的学术部部长。刚刚把一个全校性的活动成功举办了，十佳研究生的评选，都是我负责，活动现场人爆满，站都没地方站。

霄：我是不是不太像你认识的那个我了……

……

……

说起来没有人会相信。但却是真实的。

这个时候，我们不再联系已经有四年之久了。四年之前她还是高三学生，那时候，她给我写信。如她所说的，"雪白纸巾为背景""蓝色笔迹跳动的心灵乐符"。那个时候，她的信都是写在雪白的餐巾纸上。

高三女孩的情感八日

傻傻的、真真的女孩，水晶般透明的女孩，现在已经不多了——也许在任何时期其实都不多。但是，一定有。她们在也许算不得富裕的，然而却在很和睦、很善良的家庭长大。她们自己也一派宁静、善良，善良得你都不忍心去伤害她。

但是，生活中总会有人，有事，有物会触及她。尤其是在她们花蕾般的年纪的时候——

"杨老师，七八个月前，我们班里一位男生追求我。当时他信誓旦旦、规划未来美好生活，做出种种承诺。我听到他这些，当时就动心了，接受了他的追求。我以"今后考进同一所大学，共同生活"为动力，学习加倍刻苦，我是住校生，甚至晚上打手电筒都要悄悄在被窝里完成当天的作业。

"但是前段时间，他却常常与另外班级一个学习和表现都不好的女生交往密切。昨天他竟然通过别人来告诉我，说我们两人在一起不合适，要分手。

"听到这个话，昨天晚自修我一直哭。班主任和生物老师分别找我谈话，安慰我。回寝室后我好了十几分钟，又开始伤心地哭。我觉得自己心里一下子空荡荡的了。后来在同学们的照顾下我好不容易才睡去，但是半夜时分又突然惊醒，非常痛苦。

"今天一早我又找到班主任办公室，一到她面前，我就又哭了。我们班主任建议我来你这里……"

这是 2010 年 5 月 10 日。

297

2010 年

　　女生长相文静。理科普通班学生。学习用功,成绩一般。喜欢读老舍等人的作品,喜欢有计划和条理清楚的生活。与"他"交往很多时候也都只是承诺,不像别的情侣"一起吃饭",也没有答应他的"最后要求"。男生成绩比她好,通校生,"嘴巴很会说",计划考本科,但现在成绩下降了。人很"活络",上高中以来已经换过六七个"女朋友"。

　　单纯、幼稚的小女生遭遇登徒子。故事陈旧,但是放在她身上,一切却都是全新的。包括那种痛苦,那种真实的、彻骨的痛。

　　用情过深,事发突然,内心必然有许多困惑、悲切、失意、委屈……"当痛苦袭上心头之后,怎么办?"

　　我先是花了一节课的时间听她诉说她的遭遇,和她交流。刚开始她哭得说不出话来。后来她边哭边说。到后来,就不再哭了,但还是:

　　"杨老师,我先不想回教室去上课,我不想看到他!"

　　于是这个上午后面的二、三、四节课,我让她在"心理氧吧"看宣传片《大学生安全警示录》(片子是我刻意安排的)。看了有十几分钟的样子,她觉得内容不轻松。于是改为听班得瑞的音乐。

　　其间我一直忙自己的事情,当然也在悄悄留意她的举动。

　　中午她回寝室、教室去休息。

　　下午1:30的时候,她带着书来。

　　"怎么样,还好吧?"我问她。

　　"还好,只是中饭我没有去吃,没有胃口。"

　　"噢!"

　　她自己坐在角落看书、复习。第一节课后她主动给我提出回教室去上课,第二节课是物理,她怕落下了耽误后面的内容。第二节课下课她继续来"心理氧吧"复习,但一会儿后就趴桌子上休息了。后来去食堂吃晚饭。晚自习时间继续来看书。有别的学生来访,她懂事地回避,到办公室的另一端戴上耳机听音乐。晚自修第三节课没有结束,她就回教室去了。

　　这是接触第一天,5月10日,星期一的事情。

　　第二天(5月11日星期二)早上8:00她就来了。

　　她告诉我,昨天晚自修从我这里回去,看见"他俩在一起"。心里还是很难受,回到寝室后,在同学们的劝解下,才释怀,后来安然入睡,一夜睡得很香。

为了不碰见他,她早上刻意晚点去教室。但不想"正好看见他俩","心里又是一阵难受"。倾诉了一节课,后来的两节课她一直自己看书、复习,很专心。

第四节课她回去吃饭,中午在教室休息,下午第一节课后来"心理氧吧"看书,一节课后回去上课,后来又来复习、听音乐。晚上在教室自习。

第三天(5 月 12 日星期三)。上午、中午她都在教室上课、休息。下午第二节课她来"心理氧吧",和我谈她的最新感悟:

他失去自己是他的损失。奶奶说现在基本上都是独生子女,女孩子中今后像自己这样,家里有弟弟而不要招女婿的很吃香,所以完全可以选个好的、出色的……

我也暗示她:到了高校读书,接触的人将更多,素质也将更高。

一番交流后,她神色释然。晚自修没有来,一直在教室学习。

第四天(5 月 13 日星期四)。上午课间的时候,她来,告诉我这两天胃口很好,晚上睡眠也很好。同时向我借《中国文学史》,我告诉她,书不外借的,但是可以在这里随便看。

下午 1:30 她来看《中国文学史》(一节课时间),其间有来访学生,她又懂事地回避,去戴上耳机听音乐,坐到另外一端。看了一节课,她才回教室去上课。

第五天(5 月 14 日星期五)。这天是高三周考,她没有参加,"反正这个星期都没有怎么学习,肯定考不出来! 还是来看看书好!"

"现在我看见他们两个在一起,内心里有点难受,但更多的是一种动力,有一股学习的劲头。我想到要高考时候考出好成绩!"

考虑到接下去是周末,下班之前,我留给她钥匙,告诉她晚上、周末都可以来我办公室复习。她表示晚自修不来,要听生物老师上课。如果周末来此看书,走的时候将把钥匙留下。

第八天（5月17日星期一）一早，我办公室。办公桌上有她还给我的钥匙，另外还有她留下的一封信：

杨老师：

很感谢你这段时间一直开导我，就算我要逃避，你也提供场所给我。只是自己骗不了自己，我还是喜欢他的。尽管他这么对我，而完全没有一点内疚感。男女分手原本正常，只是他说得太好却又不算数，这让我接受不了。

他的家庭或许很复杂，他妈妈最看重的也应该是他这个儿子了。他可以伤我的心，因为我们可以分手。但是我希望有一天他可以变得更负责任些，做一个真正的男子汉，不要让他妈妈伤心。

我会变得更坚强一点，努力去过没有他的生活。而且高考临近，也许心里还想着他，看到他们在一起，就会很难过。况且有些东西会时不时地勾起我们的过去。但是我要更努力地学习。因为还有你们、家人、老师、朋友陪在我身边，支持我，鼓励我！

高三×班　×××

2010年5月15日

她是个高三女孩。出身农村，家庭成员有父亲、母亲、上小学四年级的弟弟。家境一般。

麦田里的守望者

高三男生和心理教师。

2011年3月3日,晚自修第三节课。

生:老师,这节课有同学要来吗?

师:暂时没有,你有事情?

生:也没有什么事情,就是有些话想跟你聊聊……朋友现在出来了(指前几年在东部小镇某银行门口抢劫,后被判刑的一个小学同学)。但现在也很久没有跟他联系了……

师:朋友现在做什么?

生:帮一些帮派做点事情……有个东北帮,二三十个人,他和他们在一起。年前去强卖烟花、帮人收账,有时候也去帮人家出气、打架……

师:提着脑袋在生活?

生:就是,特别危险的,没有前途,也被人家看不起……所以现在和他们也慢慢接触少了。

师:生意还在做吗?(去年曾经和心理老师说过他投资买游戏机,放在东部一中学门口小店,托人代管,坐地分红。)

生:在,不过现在是在炒股……数目不大,三千块,前段时间亏了将近三分之一,最近持平了。

师:你们考试好像也没有多少时间了……

生:是呀,3个月,特短的。

师:有什么打算吗?

生:我报考专科的。想学绿化、花卉养殖之类的,看过了去年的招生介绍。

师:成绩……怎么样?

生:分数绰绰有余,我们老师要求我去考本科的,可是这类专业只有专科,没有本科。

师:压力大不?

生:不大。考专科只学三门,另外三门不学了。平时时间很多的。老师,您说我现在最主要应该做什么?

师:当然是高考了,先准备充分点,高考分数尽可能考高点,到时候也可以选个好点的专科……有的专科可以专升本的……

生:这样啊,我还不知道呢。

师:各个学校情况不一样,到时候你可以去打听……反正现在一切精力都放在高考上。

生:嗯。老师,您说我应该看些什么书? 我说是高考之后。

师:你现在看过一些什么书?

生:佛教、禅理一些方面的书……其他几乎没有看过,也不大有时间。

师:嗯,今后可以读一些有品位的书,比如四大古典名著之类的。

生:哦? 我们班有些同学在看一些网络、言情和玄幻的……

师:这些不能给人以美的享受和艺术的提升。

生:嗯。那《读者》呢?

师:《读者》太浅。

生:噢。

师:学专业是为了今后的发展、生存、赚钱……但是不读书,人没有素质、没有品位钱再多也不见得好。像现在社会上一些赌钱的大款、花天酒地的暴发户。我们要向比尔·盖茨这些为人类做贡献的富翁学习……而如果只钻在钱眼里,不读书,不提升个人的素质、品位,就做不到这些。

生:噢,老师,这些我倒一直没有想到呢……

师:呵呵,人是慢慢在提高的,你现在已经比第一次来我这里的时候懂事多了。对了,你有时间可以先去看看《狼图腾》和《藏獒》这两本书,很有趣味性,也很有启发性……

生：好的，谢谢老师！

师：不谢！今天我们就聊到这里吧，下次再聊好吗？

生：好的，老师再见！

　　这是心理咨询么？彼此之间一直就只是交流、倾听和商讨……我是一个"麦田里的守望者"——但现实生活中恰恰很多孩子都需要"麦田里的守望者"！

　　不是么?！

2011 年

高中女孩和中年母亲

　　2011 年 10 月 23 日下午,高一学生家长会,总结第一次月考情况。会后班主任致电心理教师:班上有位女生,人很聪明,但是学习不努力。家长基本没法跟她沟通,三句话不合就吵架;对父母(主要是母亲)的话和观念不屑一顾。亲子沟通陷入僵局。家长目前很困惑,很焦急,很无奈。班主任建议求助心理教师。

　　2011 年 10 月 24 日星期一下午,班主任带学生母亲到"心灵氧吧"与心理教师见面。以下信息来自学生母亲自述——

　　女儿不听话,与自己不能好好交流。常常两句话不合,就发火、嗤之以鼻或是不理母亲。有时候在她面前说话都提心吊胆,生怕哪句话又激怒了她。女儿对父母的观念、见解都一概持否定态度。相比之下同母亲还好些,在母亲投其所好,不涉及学习、"理想"的情况下,还能够毫无顾忌说话,一旦涉及学习,就又会陷入僵局;与父亲则基本上没有交流。暑假期间,因为上网和一个人住阁楼的事情,被父亲动手打过。被打的时候,不哭,不逃,也不反抗。一耳光扇过去,连人带椅子(带轮子)溜开后,她又移过来,面朝电脑,迎接父亲的巴掌,一副"随你打"的抗衡样子。暑假期间自作主张,一个人住到没有空调的阁楼上,宁可热、闷也不愿意在父母眼皮底下过(一个人在阁楼上好玩手机)。开学后,住武康舅舅家,几天后嫌被舅舅管,要求搬到学校住。母亲向她提议,把自己家在武康的房子装修起一间和厨卫,母女住在一起。坚决反对,称宁愿住校。要装修就装修两间房间,自己单独住一间。

　　与父母情况如上面。与周围人的状况——舅舅有时候给她做工作,很礼貌也很专心听,一切都答应得好好的。但到了母亲面前就发泄出来"神经病！啰里吧嗦！"（在学校看上去也很听话，但是学习也是不认真，按照她的水平，肯用心点，成绩肯定不止这点的，她就是表面答应得好好的，背地下并不认真去做——班主任插了一句）。

心理教师：她在学校上课怎么样？作业都能够完成吗？

班主任：上课表面上看不出什么，作业都能够完成。学校作业能够完成，回到家想叫她再学点她死都不高兴——学生母亲在旁边插话。

对女儿，自己投入得比周围的母亲都多，教育的方法也一直追求民主（她要什么就给什么，她想学什么，就答应什么。她不愿意的事情，也不勉强——伪民主：笔者）

她手机短信显示有网友，有时候半夜一点都还有短信，网上也有。暑假里她要求一个人去贵州，说那里有朋友因为自己发生互殴，人都住院了，自己一定要过去看看（有视频截图证实）。母亲不让去，指责母亲"冷血""没有人性"。

基本情况：2014届高一学生。东部某镇中毕业。以普高分数考入一中。目前在普通班。家里有父母，爷爷奶奶住乡下。父母做生意，母亲经管财务。舅舅是某部门领导。

成长历史

1）外出旅游，开眼界

因为家庭分工的关系，更因为"自己懂得比较多"——母亲自己语，女儿的教育一直都是自己在做。丈夫忙于生意，只是空闲时候偶尔过问一下；最近的过问则是教训甚至打骂。为了让她长见识，从四五岁时起，就常常带她出去旅游——北京、上海、南京、科技馆、故宫、南京大屠杀纪念馆，出去旅游一次基本都要求她写游记或感想，但是在后来她坚决反对之下，才不要求写了。现在女儿再不高兴跟自己出去玩乐，称要去就去马尔代夫这些地方。另外一方面，如果是跟一些同年龄的女孩子，则哪怕是去街上走走，她都非常乐意。

2）培养爱护，重能力

三年级起，注意培养她的能力，学音乐、学古筝、学拉丁舞。前几样都是因为"老师骂人"不愿意去了。拉丁舞跳得很好，也比较感兴趣。但是后来是母亲不让她再学下去。现在喜欢和同学朋友（女孩）上街玩、吃吃小吃，但是母亲觉得这种玩没有价值没有意义，而且另外同学

305

中有人穿"乞丐服"之类的怪异服装,担心女儿被带坏。所以一般也不答应,一定要出去玩,也以用心学习提高成绩作为条件。

　　家长咨询目的:希望女儿能够好好与父母沟通,改变目前这种三句话不合就僵持的局面。希望女儿学习刻苦用功,不要自行一套阳奉阴违。

　　笔者与家长间的一段对话(B:笔者。J:家长):

　　B　你平时有过鼓励和表扬吗?

　　J　她目前这个样子,我哪里还能够夸奖她。

　　B　那你觉得她有哪些优点?

　　J　小时候谁见了都夸奖她,聪明可爱,可是现在……

　　B　如果一定要找她的优点,你觉得她现在数得出哪些?

　　J　这个么,聪明……人品好……有同情心——可是,她的成绩……

　　B　你现在还希望什么时候都把她带在身边,不放心她和同学出去玩,哪怕是逛街,你不怕她三年高中毕业后,今后进入社会,融不到群体中去吗?

　　J　这个我倒不怕,我们自己以前也是这样被爸爸妈妈管过来的……

　　……

　　一段对话充满张力与暗示,但是,能不能起到促进家长的自我反省呢?

十八岁的花季雨季

那扇长方形的门里面,是我
是我在收拾碎了一地的玻璃花瓶
玻璃花瓶实在太易碎,我思索着
思索着便起身关了门
门把我隔在了我的世界
我的世界里只有我,只有我在清理这一地的狼藉
就像在驱赶笼罩在我心上的那片阴霾
唉,青春少年的心就像这瓶子一样……

耳畔传来一阵敲门声,放下手中的活去开门——
可是无人
余光扫过地面的一片白纸
那上面写道:
人生的十八个驿站,你已走过,辉煌也好,庸碌也罢。那第十九个
就在前方,勇敢向前走吧!

啊
我的未来不是梦
我要搏,并为此准备着
像个陀螺那样在鞭策下用力飞旋起来
我知道
在脚下的是条崎岖的路
我了解

在路边的是些平淡的风景
我深谙
在风景里是个勇敢的拓荒者
我,即是

把所有的愤懑装进垃圾袋
把全部的烦恼抛到脑海外
留下满腔的热情,坚定的信念,不懈的努力
我,就是我!

（作者为浙江德清县第一中学 高三创新班一女生　时间是 2011
年 9 月—2012 年 4 月）

跋

　　这是杨再辉老师继《菲菲的成长日记》和《天底下有一片红绸子》之后的第三部书，也是德清一中心理健康教育的第三阶段成果。

　　德清一中心理健康教育于 1999 年起步，而我是 1998 年大学毕业分进学校的。工作后，我先后当过班主任、年级组长、政教副主任、政教主任、分管德育的副校长、校长，到今年因为工作需要调到教育局……可以说，我是一路目睹、见证和亲历了这份工作的起步、开展和成熟的。

　　励精图治，万物相因，十几年的咨询案例精选出来的这些文字能够出版，要感谢湖州市心理健康教育指导中心办公室费为群主任、德清县教育局姚文忠局长、德清县教育局沈美仙老师、德清一中历史上的亓建胜校长、褚林根校长、现在的姜伟校长，以及学校所有已经退休和正并肩奋斗着的教职员工；更要感谢湖州市计生协、德清县计生协、德清县妇联等部门多年来的合作与支持，没有你们的关心，也就不会有德清一中这间在学生心目中具有特殊地位和魅力的"心理咨询室"。

　　最后我们还要特别感谢庞红卫和杨静龙两位先生。庞红卫博士是浙江省中小学心理健康教育指导中心办公室主任，多年来一直关注、关心和鼓励我们，他的序《心理叙事，青春足迹》准确精到地回顾了德清一中的心理健康教育历程，也是对学校心理咨询室成长的高度肯定。杨静龙先生是目前正以强势的创作激情活跃在中国文坛上的著名作家，他的短篇小说《遍地青菜》曾经入围 2014 年"鲁迅文学奖"，早在 20 年前我就读过他的中短篇小说集《白色棕榈》，并为他清新隽永饱含怜悯与人性之光的文笔所折服。

　　衷心感谢你们，所有在成长道路上给过我们鼓励和支持的单位与个人！

潘云祥

2017 年 8 月 13 日